项目组合管理原理与方法

李京基　编著

应急管理出版社
·北　京·

内 容 提 要

项目组合是为实现战略指标而将其组合在一起来管理的项目、项目集、子组合和运营工作的集合。项目组合也可以被视为一组经过评估及能够共同为组织创造最优价值，并与组合发起组织或业务部门的战略高度一致的组件启动方案的集合。本书主要阐述项目组合管理的原理、方法及案例。全书共分为10章，前5章对项目组合管理的原理和方法进行了总体性阐述，第6~10章按项目组合管理生命周期的5个阶段，分别对每个阶段的各个过程及其方法进行了具体描述，并介绍了一些案例。本书可作为项目组合管理相关人员的参考用书，也可作为高等院校管理相关专业的项目组合管理学习参考书，并适合任何人自学项目组合管理的知识和方法。

前　　言

有关项目组合管理原理和方法的研究已经进行了几十年，然而只是在近20年，随着企业面临的利润率降低、市场竞争加剧及价值最大化压力，项目组合管理的重要性才逐步显现。在西方发达国家，项目组合管理方法的应用在近20年得到了快速发展。但在国内，项目组合管理方法的应用正处于起步阶段，亟待推广和普及。

项目组合管理是大多数企业都绕不过去的坎儿。许多企业管理者，不管是否了解项目组合管理的原理和方法，都在自觉或不自觉地参与到项目组合管理的实际工作中来。在当今瞬息万变的市场环境中，高度成熟的项目组合管理方法已被证明是组织成功的重要工具。

项目组合是为实现战略指标而将其组合在一起来管理的项目、项目集、子组合和运营工作的集合。项目组合也可以被视为一组经过评估、能够共同为组织创造最优价值，并与组合发起组织或业务部门的战略高度一致的组件启动方案的集合。项目组合中的每一个元素或子集称为“组合组件”，可以是项目、项目集或子组合。项目组合管理是为实现战略指标，对一个或多个组合的集中管理。它依据组合管理原则，通过调整组合及其组件，使其与组织战略保持一致。项目组合管理可以被视为一种动态活动，通过该活动，组织投入它的资源，通过识别、监控、评估、整合、选择、排序、优化、平衡、授权、转换、控制和终止组合组件来实现它的战略指标。项目组合管理的基本任务是制定合理的战略决策，保证组织的长期生存和发展。项目组合经理与项目集经理、项目经理的重要区别是：项目集经理和项目经理关注“正确地做事”，而项目组合经理关注“做正确的事”。

项目组合管理对于创新项目的管理具有特别重要的意义。在创新管理领域，有效的项目组合管理方法的价值是巨大的。任何企业投入创新项目的资源都是有限的，创新型企业领导者的责任是让有限的创新项目资源持续地产生最大的投资回报，因此创新型企业需要学会如何有效地进行创新项目组合管理。对于创新型企业来说，项目组合管理方法中的项目筛选、优先级排序及资源配置都是决定研发项目成败的关键因素。特别是在我国当前不断强化科技创新战略的大背景下，项目组合管理方法作为创新项目管理的核心方法，将会在科技创新、产品创新、组织创新、商业创新等方面起到关键推动作用。

项目组合管理对于企业战略管理同样也具有特别重要的意义。根据斯坦福专业发展与知识产权学术中心（Stanford Center for Professional Development & IPS Learning）的一项统计结果：

(1) 只有7%的管理者在制定目标时使用长期优先级指标。

(2) 管理者所做出的一半决定都失败了。

(3) 81%的管理者通过说服来推行他们的决策。

(4) 90%的公司始终无法有效地执行公司战略。

(5) 80%的公司员工声称他们不了解公司目标。

(6) 只有9%的业内人士表示他们有自己明确的目标。

出现上述问题的主要原因是企业不能有效地进行战略管理，因而无法有效地执行公司战略。而项目组合管理中的战略管理可以为解决上述问题提供有效方法。

项目组合管理对于提高企业的商业价值也具有很重要的意义。基于福瑞斯特调查（Forrester Survey），组合管理方法应用的改进，能够为组织带来基于收益的商业价值包括，但不限于：

(1) 减少非战略项目的数量。减少与组织战略不一致或不必要的、会损害组合整体价值的项目。

(2) 改善资源使用。改善资源的利用率，兑现更好地进行资源管理及可视化的目标。

(3) 改善成本控制，减少预算超支。改善能力以避免因不当的评估、进度计划或项目可视化的缺乏而导致成本超支。

(4) 降低项目失败率。降低因预算、进度或成本超支而导致的不能交付商业价值的项目失败率，降低因不能满足商业需求而导致的项目失败率。

（5）减少项目交付时间。通过使用更有效的项目方法及改善项目决策的可视化能力减少完成一个项目的时间。

（6）减少行政管理时间。通过采集项目数据及手工编制状态报告减少行政管理时间。

根据 PMI（Project Management Institute）发布的 2019 年《职业脉搏调查》显示，随着科技的不断发展，未来的工作方式将会发生根本性变化，工作的本质将变为“由一个个项目组成的项目组合”，并且也越来越多地与新科技相结合。

项目组合管理是一门涵盖范围广泛的学科。目前，国外有很多研究项目组合管理的书籍，但是很难找到一本在深度和广度上能够同时充分阐述项目组合管理方法的专著。一些项目组合管理的书籍缺少对组合优化、平衡，以及组合能力管理、价值管理等关键主题的阐述，而另一些书籍则对这些关键主题只进行了一些浅显的描述。在国内，有关项目组合管理的书籍几乎都是从国外翻译来的，市场上几乎找不到由国内作者自主编写的有关项目组合管理的专著。但是，经过翻译的项目组合管理书籍，受原著作者写书背景不同、国内翻译术语不统一，以及不同译者对原著理解程度的差异等因素的制约，常常难以阅读和理解，处于“水土不服”的窘境。

笔者在编写本书的过程中广泛参考了国外有关项目组合管理的文章、专著、标准和指南。本书主要阐述了项目组合管理的原理、方法及案例。全书共分为 10 章。前 5 章对项目组合管理的原理和方法进行了总体性阐述，其中第 1 章回顾了项目组合管理方法研究的历史和现状；第 2 章解答了为什么要寻求正确的项目组合管理方法及研究项目组合管理方法的要求和目标；第 3 章对项目组合管理的原理及方法做了总体介绍；第 4 章分别介绍了项目组合管理的 6 个绩效域（即组合战略管理、组合治理、组合能力和技能资质管理、组合干系人争取、组合价值管理、组合风险管理）；第 5 章介绍了项目组合管理过程、组合生命周期及其组织环境；第 6 ~ 10 章按项目组合管理生命周期的

5个阶段，分别对每个阶段的各个过程及其方法进行了具体描述，并介绍了一些相关案例。这5个阶段分别是组合启动阶段、组合计划阶段、组合执行阶段、组合优化阶段、组合监控阶段。

不同于当前业界较为流行的以绩效域为主线来阐述项目组合管理的方式，本书以项目组合管理生命周期为主线阐述了项目组合管理的原理和方法。在早期项目组合管理方法的研究中，项目组合管理生命周期的概念并不突出。但随着组合管理方法研究的不断深入，项目组合管理生命周期管理的方法逐步被重视。笔者认为，以项目组合管理生命周期的角度来理解项目组合管理，更符合中国人的思维习惯，更易于将项目组合管理的方法应用到实践中。这是因为，虽然从宏观上讲，项目组合管理的各个阶段相互交织、相互迭代，很难区分当前项目组合管理工作正处于哪个阶段，但是从具体工作的角度来看，项目组合管理工作还是按照项目组合管理生命周期分阶段进行的，特别是刚刚开始引入项目组合管理方法、构建项目组合管理体系的企业更是如此。

本书所阐述的项目组合管理的原理和方法不仅对项目组合经理、项目集经理、项目经理及其团队成员，以及PMO（项目组合、项目集或项目管理办公室）具有指导意义，而且对企业总经理、高管、财务经理、部门经理、运营经理、产品经理、资源经理、商业分析师、实施工程师、客户及董事会、治理委员会成员都很有参考价值。这是因为，项目组合管理与企业管理是紧密交织在一起的，项目组合管理中的战略管理、治理、资源管理、价值管理和风险管理都应成为企业管理的重要组成部分。总之，与项目组合管理相关的所有战略、规划、治理、财务、人力、市场、研发、运营、风险、资源或供应链流程相关的负责人都能从本书中受益。

在本书出版过程中，应急管理出版社刘永兴副编审、杨晓艳编辑对本书的编写提出了很多宝贵建议，并为本书早日付梓做了大量工作，在此一并表示感谢。

李京基

2019年8月于北京

目　　录

1 组合管理方法研究的历程

早在20世纪50年代，美国经济学家Harry Markowz提出了投资组合的概念，建立了金融证券等领域的投资组合方法，从风险和回报的角度来评估投资资产的价值和收益，形成了现代投资组合理论（MTP）。随着现代投资组合理论的推广，一些商业公司开始考虑如何在商业项目中应用这一理论。1981年，沃伦·麦克法兰首次将现代投资组合理论应用到项目的选择和管理中，通过项目组合的运作方式实现了风险在一定情况下的收益最大化。在这一应用中，利用了现代投资组合理论的概念及3个评估标准：项目承担的成本、存在的风险及投资的潜在收益。那时，项目组合被视为企业的一种投资行为；项目的投资决策开始建立在项目组合的基础上，而不建立在单个项目的基础上。从那以后，随着项目组合管理方法研究的深入，特别是近年来，项目组合管理在项目管理领域中得到了快速发展和广泛应用。当前的项目组合管理已不是从前单一的现代投资组合理论的简单应用，而是成为一门涵盖范围广泛的学科。

项目组合（以下简称组合）管理方法的研究，自20世纪70年代初期开始以不同的形式浮现出来，如项目选择、资源分配、优先排序等。在早期涌现出的关于此课题的数十篇文章中，多数作者只进行了浅显的研究。早期的研究方法中提到最多的是管理学中的最优化技术，其目的是在一组资源约束条件下，通过开发一个新的或现有的组合实现指标功能的最大化。这些早期文章在很大程度上只是学术层面的研究结果。

1.1 组合管理方法研究的新进展

随着组合管理方法研究的进一步深入，各种文章和专著提出了一些新的或改进的组合管理方法。在近20年的文献中，有关组合管理方法的阐述如下。

1. 财务或经济模型

这类模型处理项目评估的方式与传统的投资决策特别相似，使用了一些传统的计算方法，如回收期、盈亏平衡分析、投资回报率和折现现金流［现金流量折现，包括净现值（*NPV*）、内部收益率（*IRR*）］及各种财务比率（如生产指数）。虽然一些财务方法在组合管理中得到使用，但是这些方法存在弱点，其主要缺陷在于缺少坚实可靠的财务数据。

2. 评分模型与检核表

评分模型与检核表属于“收益测量技术”的通用类别，需要经验丰富的管理团队基于多种特征来评估项目。这种方法的特点是较少依靠传统的经济数据，如计划销售额、利润率和成本，而更多依赖的是作为战略变量的指标评估，如企业指标的匹配度、竞争优势与市场吸引力。收益测量技术的缺点在于项目早期阶段缺乏具体的财务数据及有可能面临财务分析不可靠的结果。

3. 财务概率模型

为了更好地处理风险因素和不确定事件，在大多数项目实施过程中，上述财务和经济模型得到了调整。以下主要介绍 3 种方法：

（1）蒙特卡洛模拟法。蒙特卡洛模拟法是为一个项目构建多种场景以展现各种可能的财务产出成果。使用者需要为每一个财务变量提供多项输入，如提供悲观的、乐观的及最可能的等多项评估值，而不仅仅提供单一的评估值。

（2）决策树分析法。在决策树分析过程中，项目以树干和分支的形式被简化为一系列的决策、活动和产出成果。每个分支的可能性、每个决策点或活动的产出成果及每种产出成果带来的财务成果，都会标注在分支上。

（3）期权定价理论。期权定价理论认为，项目投资是以一种增量的方式进行的，而不是以“全部投入或一分不投”的方式进行的；管理人员一次只“买进”项目的“一块儿”，这与在股票市场购买期权的做法很相似。

4. 行为方法

设计这类方法的目的是促使管理人员达成一致。行为方法包括：

（1）调整后的德尔菲法。经过调整的德尔菲法是一个引导的行为过程，一组决策人经过公开讨论后分别做出个人决策。每轮结束后，每位参与者向全组展示自己的个人决策或最佳推测。经过更深入地讨论后，每位参与者再次做出个人决策。经过几轮回合后通常会达成一致。

（2）Q 排序法。每位参与者都有一叠卡片，每张卡片描述一个项目。经过对全部项目的讨论，每位成员反复将这叠卡片由“高”至“低”分为 5 组，并依据预先设定的标准对每个项目进行评估。其结果以匿名的形式标注在表格中并向全组展示。上述流程反复进行，全组通常经过 3 轮后会在项目排序上达成一致意见。

（3）成对比较模型。层次分析过程（Analytic Hierarchy Process，AHP）属于该模型的一般类别。通过一系列的两两比较，一组决策人可以对决策标准和项目进行排序。AHP 方法通过在一系列的成对标准之间进行选择来确定每个标准的相对重要性，然后依据这些标准在一系列的成对项目之间进行选择，进而识别出哪个项目更佳。

5. 数学优化模型

数学优化模型（Mathematical Optimization Procedures，MOMs）也称作运筹学，用于寻找最优解决方案。MOMs 是在资源约束条件下，为使某些指标最大化（如利润）而寻找最优项目组合的数学程序。MOMs 使用的技术包括线性和数学编程、统计决策理论、博弈论和概率论（如马尔柯夫过程）。采用的指标必须是可量化的和具体的（如利润或成本）。

6. 决策支持系统

决策支持系统（Decision Support Systems，DSS）是允许管理人员进行干预的基础数学模型。更加正式的表述是：决策支持系统是帮助人们在无人确切知道该如何去做的领域进行决策、做出判断，并采取行动的交互系统。与数学优化模型相比较，决策支持系统灵活性更强，因为该系统把决策者纳入系统，作为系统的一部分。决策支持系统为数据操作提供信息、模型和工具。该系统能够自行解决部分问题，同时可以将需要管理人员判断和了解的地方隔离出来。为了适用于组合管理，决策支持系统所采用的方法常常包括数学模拟或优化程序。这些方法需要考虑决策者深入分析理解的能力和工作量（输入数据）。这也说明了决策支持系统在当今推广受限的原因，高层管理者通常更愿意接受他人的分析成果而不亲自来做分析工作。

7. 映射图方法

映射图方法通常是指通过 X、Y 坐标来表示项目的泡泡图。泡泡图本质上是战略业务部门初始组合模型的扩展（波士顿咨询集团模型：明星、现金牛、狗、野猫；或通用电气/麦肯锡模型）。映射图方法将各种参数按照泡泡图的格式彼此对应标示。一个典型的组合图或泡泡图，能够依据项目的成功概率标示出每个项目的回报。泡泡图及其他更传统的图表，可以良好地展示组合的平衡性。

1.2　组合管理方法的地位

虽然组合管理方法的开发面临诸多挑战，但是也取得了长足的进步。这体现出了组合管理方法当前所处的地位。专家们意识到没有一个模型能够单独地给出正确答案。反之，经过更多裁剪的用于组合项目选择的混合方法正在不断地得到开发。

一些传统的方法，如评分和分类模型，作为组合项目选择的辅助工具，经过不断地修改和完善，变得更加适用。特别是评分模型，经过多年的完善和检验，已经成为当前项目排序的有效工具。虽然基于财务、战略和其他标准对项目进行排序的方法实用性很强，但是仅依靠评分模型经常无法判断组合中的项目是否得到了正确的平衡。

改进后的映射图方法和泡泡图受到了使用者的欢迎，因为它们极大地简化了组合问题，而且能够为所面临的选择提供直观展现。映射图方法对于我们来说或许太新颖了，以致难以评估它的影响力，但还是发现了一些问题。在二维矩阵中对项目进行映射可能有一些过于简化，毕竟组合管理是一个复杂的问题，简单的几个映射和少数几个维度很难将其解释清楚。注重财务回报的映射图方法被指过于依赖财务驱动，并且组织高层管理人员很难消化大量战略及其他定性因素的映射关系。

近年来，数学组合和项目选择模型变得更具有实用价值。这类模型可以将多个约束条件、多个时间周期、不同的目标和指标及其他参数整合成为一个单一的选择模型。

1.3 组合管理方法与实践的鸿沟

尽管提出了种种解决方法，但对于更新、更好的组合管理方法的应用进展仍然缓慢。例如，一项研究结果是，项目选择和项目排序是所有组合管理方法应用中最薄弱的环节。组织的管理者通常在以下两项能力方面对自身评价很低：

（1）在活跃项目数量与可用资源（项目过多）间获得适当的平衡。

（2）对项目进行可靠的分级和排序。

组合管理不善，导致项目更趋向于依靠自身发展。在许多组织中，项目在没有经过严格审查的情况下运作了很长时间。项目在即将进入商业化的时候才认识到严峻的事实：市场并没有预期的那么大，生产成本比预期的要高，或其他早该将项目取消的原因。

缺乏严格的通过/淘汰决策点，意味着出现太多失败的项目，资源浪费在错误的项目上，以及缺少重点。结果是在管道中存在过多的边缘项目，真正有价值的项目却被冷落。

组合管理的方法与实践之间存在鸿沟。虽然在过去的几十年中提出了许多关于组合管理和项目选择的方法，却很少有将这些方法运用到管理实践中的案例。因此，面临的问题是：组织应该如何选择项目的适当组合？

1.4 组合管理方法面临的挑战

组合管理被认为是一个特别慎重的决策和资源分配过程。那么，为什么有效的组合管理过程会让人感到难以捉摸呢？主要原因就是这个问题有多方面的独特性，它也许是当今组织面临的最具挑战性的决策工作。

（1）决策的环境是动态的。由于新的研究成果逐渐为人所知，市场和技术检测得到完成，以及新的竞争和市场信息的浮现，组合中项目的现状和前景总处于变化之中。一个在6个月前还被视为杰出的项目，也许转眼间就没有希望了。另外，与现存项目争夺资源的新机遇也不断被发现。

（2）组合中的项目处于完成的不同阶段。其中一些项目尚在早期阶段，它们的信息往往难以获取。另一部分项目则进入了商业运作和实施阶段，其预测的数据相对更可靠一些。困难在于，所有项目为了争夺资源而彼此竞争，因此，在不同的阶段都必须对项目进行比较，每个阶段的项目比较所依据信息的完整性和可靠性程度是不同的。

（3）资金、人力和时间的有限性导致资源竞争的复杂性。对一个项目进行投资的决策，可能意味着减少对另一个项目的资源投入。如果项目间不是完全相互独立的就会导致决策更加复杂。例如，一个项目中所需要的人才同时在另一个项目中也很关键。最终，使一些资源缺乏足够的灵活性。与资金不同的是，人员不可能以无缝的方式在项目间及时转换。

（4）组合中的项目是互相关联的。与项目的组合不同的是，在股票的组合中，投资都是互相独立的。例如，买入股票A不会使股票B的购买更容易、更快捷或者更便宜。但在项目的组合管理中却不是这样，一个项目的实施可能会促进另一个项目的开展，因为项目间存在协同效应。例如，项目A和项目B可能会共享一个共同的组件或共同的技术。此外，其他项目可能会以一种强制性的方式相互关联。例如，项目C的开始首先需要项目D的完成，此时一个项目的输出是执行另一个项目的必要条件。

2　寻求正确的组合管理方法

2.1　组合管理的含义

近20年，组合管理在全球范围内已经逐步成为组织的一项关键管理任务。首先，组织中的组合管理关乎其资源分配，也就是说组织在诸多机会面前会选择投资哪个项目？哪些项目会获得最高优先级并加速推向市场？其次，组合管理还与组织经营战略相关，因为目前组织的项目将决定将来组织的市场前景。最后，组合管理关系到平衡——在风险与收益、维护与增长及短期项目与长期项目之间的最优投资组合。

在讨论哪些组合管理方法是最行之有效的方法之前，让我们回顾并思考一下，什么是组合管理？我们可以这样描述组合管理：组合管理是一个动态的决策过程，其中的活跃项目清单需要经常进行调整。在这一过程中，新项目得到评估、选择和优先排序。现有项目可能会被加速、淘汰或降低优先级，进而资源会被分配或重新分配到活跃项目中。

组合管理决策过程的特点是：信息的不确定和可变性，机会的动态性，目标和战略考量的多重性，项目间的相互依赖关系，以及决策由多个决策人在多个地点进行。

组合决策过程涵盖一系列组织经营决策过程或与其重叠，包括对涵盖所有项目的总体组合的定期审查（查看所有项目并在项目间进行比较）；对每个项目持续进行通过/淘汰决策；对业务部门与战略领域进行战略性资源分配决策。

组合管理是一个无处不在和无所不包的课题。组合管理不局限于项目选择，项目选择是组合管理的一部分，并且组合管理已经超出了项目年度预算或资源分配的范围；组合管理也不仅仅是简单地开发一个项目排序清单；虽然战略和战略需求是其核心部分，但是组合管理不仅仅是制定战略，也不仅仅是开发满足战略需求的项目的最佳集合。最后，尽管制定组织规划会涉及组合管理或与其互动，但组合管理并不局限于组织资源分配（跨多个业务部门的资源分配），它包括上述的全部方面。

每个人对组合管理的理解或期望是不同的：战略制定者将组合管理看作各种业务之间的资源分配，或者能够支持组织愿景和使命的正确组合的战略开发；财务人员将组合管理看作是对稀缺资源进行分配最有效和最优的方法，以便实现股东利益的最大化；技术人员将组合管理看作挑选正确项目并开展正确创新的途径；营销人员希望通过组合管理能够将项目成果更好、更快地推向市场；首席执行官则希望组合管理交付能够产生积极财务影响的制胜良策，并且要快。

2.2 组合管理方法的必要性

缺少有效组合管理方法的组织可能会面临一条下坡路。其实很多困扰组织业务开发项目启动方案的问题，可以直接追溯到无效的组合管理方法。以下列举一些缺乏适当的组合管理方法带给组织的痛点。

（1）缺乏有效的组合管理方法，使项目难以淘汰，添加到项目清单中的项目过多，缺少重点。项目过多会导致资源分布稀疏，项目不得不排队，管理质量下降，最终导致项目入市时间增加、失败率升高。

（2）缺乏有效的组合管理方法，使决策点薄弱，通过/淘汰决策错误。低价值项目过多会导致调整性和改良性项目增加，优质项目得不到资源，最终导致有亮点的制胜项目过少，很多平淡乏味的项目却被启动。

（3）缺乏有效的组合管理方法，使项目选择缺少严格的标准，项目选择受情感或政治左右，会导致错误的项目被选择出来，最终导致项目失败率升高。

（4）缺乏有效的组合管理方法，使项目选择缺少战略标准，会导致项目失去战略方向，缺少战略一致性，最终导致项目如同击不中靶心的散弹枪，无法支持组织战略。

薄弱的组合管理方法会成为淘汰低质项目的巨大阻力。通过/淘汰项目的测量标准无效或根本没有，并且没有统一的机制来评估是否剔除了低质项目。项目似乎有着自身的活力，就像一列列快速列车驶过审查点。新项目仅仅因为一点好感，便被纳入活跃项目清单，从而能够获得所需资源并忽略对其他项目的影响。结果是失去了重点：有限的可用资源被分配到太多的项目上。

问题还不止于此。项目缺乏重点，并且活跃项目过多，意味着资源和人力分布过于稀疏。结果是项目因为排队而停止，整个流程陷入僵局，项目周期时间开始延长。所以，很快便可以听到对项目入市时间过长的抱怨。更糟糕的是，由于资源和人力分布稀疏，人们开始争夺资源（太多工作需要完成）。结果可想而知：项目执行的质量开始下降。例如，基本的前期工作没有完成，并且由于缺少时间和人力，能够获得客户意见的市场调研被舍弃了。对上述工作及项目流程中其他步骤的低质量的执行力增加了项目的失败率。所以，不仅项目入市时间被延迟，成功率也在下降。

问题甚至还更多。有效组合管理方法的缺乏会导致失去严格而可靠的决策点，从而导致项目选择决策不力。结果通常是管道内挤满了资质平庸的项目：太多对组织只具备边际价值的延伸性、微调性或防御性项目。所以，很多项目以令人失望和平淡乏味的结果而告终，而优秀的新项目赢家却所剩无几。更令人担忧的是，由于资源缺乏，寥寥可数的优质项目或者迟迟不能推向市场，或者不能展现其全部潜力，并且这一结果又增加了在损益表中永远不会出现的机会成本。

然而问题还远远不止于此。没有严格的组合管理方法，会导致组织基于完全错误的理由来选出错误的项目。决策制定并不是依据事实和客观标准，而是建立在政治观点、主观看法和情感的基础上。选择太多不当的项目将注定失败。

最终的负面结果将是：缺少组合管理方法，将无法制定项目选择战略标准，进而会失去项目选择所依托的战略方向。组合管理方法的缺失，会导致项目无法与战略保持一致，许多在战略上不重要的项目也会进入管道。最终导致项目如同击不中靶心的散弹枪，无法支持组织的经营战略方向。

缺少有效的组合管理方法，组织将会为之付出代价。如果组织正面临的问题是：有亮点的项目凤毛麟角，项目开发周期过长，失败率过高，战略一致性差。或许这些问题的根本原因都可以追溯到无效的组合管理方法上。

2.3 组合管理方法的重要性

组合管理方法为项目的成功打下基础。组合管理方法要解决资源分配问题——如何分配资金和人力资源，应投资哪个项目。组合管理方法同样要解决项目选择问题，确保大型制胜新项目的稳定来源。组合管理方法还要解决战略问题：它是执行组织业务战略的一种方法。

近年来，有证据显示对组合管理方法的关注度不断提高，不仅受到技术团队的青睐，也得到首席执行官办公会议的重视。组合管理方法是高层管理人员所面临的一项关键挑战。图 2－1 说明了不同职能区域管理人员对组合管理方法重要性的认可程度。需要注意的是，高层管理人员对此方面重要性的认可程度不亚于高级技术人员。另外，高绩效的组织对组合管理方法重要性的认可程度远远比绩效不佳的组织高。

图 2－1 说明了组织不同职能区域管理人员对组合管理重要性的认可程度。绩效最高与绩效不佳组织之间的巨大差别：绩效最高组织对组合管理方法重要性的认可程度更高。

组合管理方法对组织经营的重要性体现在以下 3 个方面：

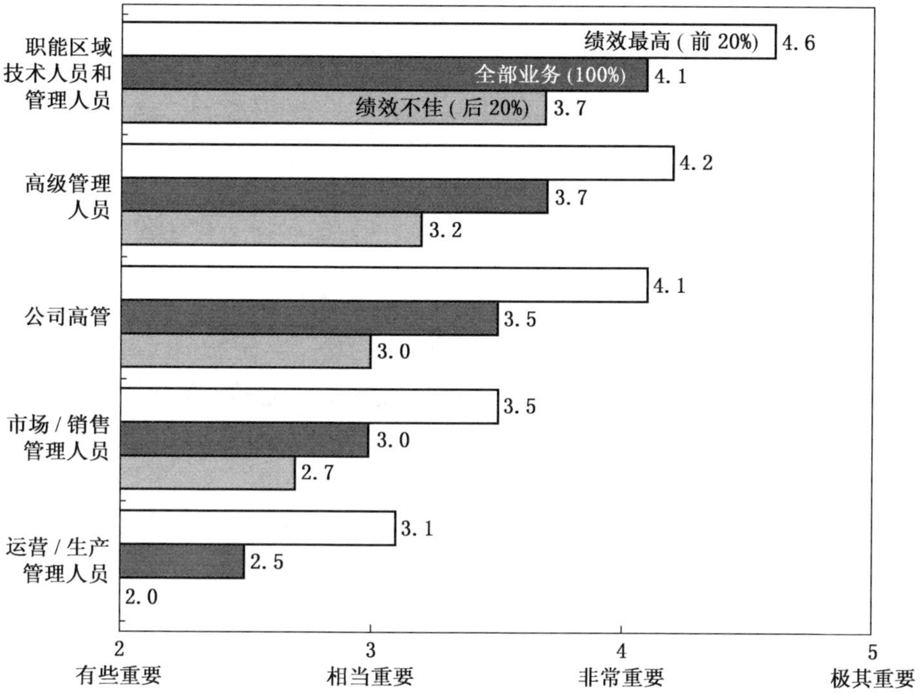

来源：R. G. Cooper，S. J. Edgett，E. J. Kleinschmidt，"Best Practices for Managing R&D Portfolio"，Research - Technology Management 41，1998：P. 24.

图2-1 组织职能人员对组合管理重要性的认可程度

（1）成功的项目开发是组织经营成功的基础。这句话从逻辑上转换为组合管理方法的表述是：当前选择项目的能力将成为未来新项目的制胜点。

（2）新项目开发是组织经营战略的体现。实施组织战略最重要的途径之一是新项目开发。如果新项目启动方案是错误的（错误的项目选择或错误的项目平衡），那么组织经营战略的实施将会失败。

（3）组合管理方法包括如何分配资源。例如，在一心只关心股东价值或少花钱多办事的商业世界里，不容许把已经捉襟见肘的技术和市场资源再分配给错误的项目。不当的组合管理方法导致的后果已经得到证实：稀缺资源被耗费在错误的项目上，其结果是真正有价值的项目却得不到资源。

依据最佳实践的研究结果，可以证明组合管理方法重要性的3个理由如下：

（1）能够获得项目和投资的正确平衡。

（2）能够在组织内部横向和纵向地沟通项目优先级。

（3）能够更加客观地进行项目选择。

组合管理方法中的项目选择和资源分配是项目成功与否的关键。实际上，几乎所有的组织都会经历项目选择和资源分配问题的困扰。寻求能够体现项目投资组合的经营战略的愿望，是改进组合管理方法的另一动力。

2.4 组合管理面临的问题

已经识别出的有关组合管理方法的一些具体问题增加了紧迫感，关于项目选择及组织所面临的问题如下。

1. 组合没有反映出组织经营战略

许多组织（业务部门）已经有其明确的经营战略，甚至一些组织制定了能够明确项目目标的经营战略（如未来 3 年内销售收入的 30% 将来自于组织当前没有的产品）。一些组织明确了实现总体业绩目标过程中创新的作用（如业务增长率中 40% 源于创新开发，30% 来自市场开发，其余 30% 来自市场规模扩大），甚至指明了战略竞争的重点——创新的种类、市场和技术。问题在于将项目支出与这些战略联系起来。项目按类型支出明细显示，组织经营目标/战略与资金所用之处严重脱节。

2. 低质组合

一些高层管理人员不满意或怀疑组织当前的组合。许多创新项目薄弱或资质一般，另一些项目则不适于商业化，而且已投入市场的项目的成功率也不高。有的组织在使用组合管理方法（风险—收益泡泡图模型）过程中，首要问题就是在泡泡图中有半数项目位于错误的象限中，包括一些大项目。最后，项目清单中的一半儿被淘汰了。另一些组织在组合审计过程中，也会淘汰类似比率的项目。

3. 只有通道，没有漏斗

通过/淘汰决策点（项目流程中的关口）经常被视为是无效的。在许多组织中，项目更倾向于依靠自身的活力，一旦获得动力，便无法阻止其前进。一家公司对内部活跃项目进行审计时，其中，88% 的项目好像一列列快速列车，在车站降速（项目审查），但完全没有停下的意愿。仅有 12% 的项目，严格地通过/淘汰决策点并进行细致周到的处理。一些项目，即使被淘汰了，也会按惯例重新启动，或许换了一个新名字。

决定项目通过/淘汰的标准或者不充分，或者无法使用，并且缺乏项目排名、排序甚至淘汰的机制。组织希望项目选择过程像一个漏斗，能够清除低质项目。但遗憾的是，许多组织有的不是漏斗，而是一个通道。提出 10 个项目方案，10 个项目便被启动，最后只有一个是成功的。

4. 资源稀缺和重点缺失

资源太少，不能浪费在错误的项目上。的确，组织内普遍抱怨项目遭遇资源稀缺。多数组织承认，有限的资源承担了过多的项目。结果是资源在各个项目上分布得非常稀疏，甚至最优秀的项目因为人力、时间和资金的短缺被搁置，最终导致项目入市时间过长。许多关键活动，如前期准备工作被压缩，本来应进行的项目定义及征求客户意见被取消。根本原因在于缺乏重点，从而引发了许多其他问题，不仅仅是资源分配不当的问题。

5. 项目平庸化

资源稀缺（重点缺失）引发的最后一个问题是组织内的项目平庸化。当缩短项目周期和渴望创新的要求遇到资源条件的约束时，许多组织会明显选择成本低且易于实现的项目来开发。这类项目具有耗时短、易执行、更省钱的特点，通常资质平庸（修改型的或延伸型的）。而那些真正可以提高组织竞争优势、推进组织突破瓶颈的重点项目却被搁置了。最终的结果是，组合时间周期非常短，那些能够使组织成为赢家的项目或推进组织成长的技术平台项目却被放弃了。

2.5 组合管理方法的要求

多数组合管理方法的绩效平庸，加上不情愿地采用行业指定的方法，促使一长串的关于理想组合管理方法推荐清单的产生。在文献中，虽然缺少经过实践检验或证实的解决方案，但是也对组合管理方法的要求提出了许多建议和见解。

1. 组织的目标、指标和战略必须是组合项目选择的基础

当今，组合管理与组织战略和组织竞争优势的联系比以往任何时候都越发紧密。这一特点在跨国公司中表现得更为显著，而跨国公司所面临的战略选择方向更加宽阔。组合管理必须与组织整体经营战略保持一致，其实，组合管理正是组织战略的体现。组合分析和资源分配一定要与战略构建紧密关联。

2. 高层管理人员是战略驱动者，必须深入参与项目选择决策

这与第 1 点是同一类问题。按照传统的观点，高层管理人员只是周期性地参与项目集、项目及人员的审查，以评估项目进展并确认每个项目为组织目标做出的贡献。但是当今，由于组合和战略的不可分离性，对高层管理人员的要求远不止于此。因此，那些需要开展项目选择和资源分配的组织，必须考虑选用适当的项目选择方法。也就是说，一旦组合工作得到适当关注，获得掌控长期战略方向的高层管理人员的合作与积极参与，对于组合工作来说是最基本的。这就意味着时间和行动方面的承诺（如果需要）。

3. 组织高层管理人员与组合管理人员之间必须有良好的沟通和理解

使用更加复杂的和定量的组合模型所面临的问题是，组合管理人员与组织高层管理人员之间的显著分歧。高层管理人员往往缺少丰富的项目背景，但组合管理人员又缺少与高层管理人员以相互理解和信任的方式进行沟通的技能。这种沟通裂痕需要组合项目选择方法，该方法不仅能够有效地进行项目选择，同时也可以管理项目集、项目及与高层管理人员的沟通。高层管理人员在关键问题上必须达成一致（这常常是欠缺之处），如新项目目标或项目优先级，并确保这一共同立场能够得到组织下级的理解。

4. 组合管理方法一定要与业务决策框架相吻合

明确适当的决策方法是开展项目选择和资源分配的组织需要考虑的基础性问题。例如，利用项目选择工具询问组织整体情况的方法已经逐渐被认可。没有整个组织的参与及对所选定项目的热情支持，"选出正确的项目"将是一种没有意义的尝试。在大型跨国公司中，这个问题会更加复杂。组合决策必须跨越地理界线，寻求在组织层面得到多个业务部门的认可。能够让高层管理人员参与决策过程的方式之一，是将项目选择模型整合进入互动决策支持系统。

5. 组合管理方法应当仅用于信息展示而不生成优化决策

这个结论似乎不合逻辑。早期的设想是管理人员寄希望于通过组合模型来生成决策建议（如正确项目的优先排序清单）。但事实上，管理人员更感兴趣的是使用方法的过程而不是它的最终成果。这些方法的价值在于系统地推进每个项目，评估它的状态并确定它是否符合组织的战略和指标。例如，一个风险—回报映射图或矩阵，往往通过一种非常主观的方式获得，因而不能得到最优解决方案或获取解决方案的分析工具。但它能够作为有效的工具和指南推荐给管理人员（全部待选项目的直观展示），并应用于组合项目选择的整个流程。将优化方法与管理互动和干预相结合的方法，是上文提到的决策支持系统模型。还有一种推荐方法是模糊模型，其灵活性能够将使用部分或全部指标的行为从追求最大化转变为追求满意度。这种方法使管理人员能够依据响应各种期望的不同场景，以一种互动的方式进行调研。

6. 项目选择方法必须适应目标和执行者的变化和互动

组合管理方法必须能够在项目间同时处理资源互动、收益互动和结果互动。至今尚未开发出可以同时处理好这 3 种互动的操作模型。另外，系统必须具备灵活性。系统必须适应这样一个现实：在整个项目生命周期中，其目标、需求及项目特点都可能会发生变化。例如，如果管理者修改了预期，那么系统一定要调整并计算出一个新的妥协方案。最后，系统必须使管理者能够为活跃项目清单如何随时间推进而不断调整做出规划：哪些新项目要增加到清单中、何时增加、组合中的每个新项目应发挥什么作用?

7. 项目选择方法必须适应组织中不同层级的决策

在大型组织中，各个不同的层级都要开展项目选择决策。一些业务单位内部开展的项目是无依赖的或独自开发的；另一些项目，如跨业务单位的项目，包括几个业务单位或部门，并且每个业务单位的子项目相互依赖性都非常强。显然，所使用的项目选择方法一定要能够处理以上两种情况。项目选择方法的选择，一定要考虑组织结构及用于上述不同类型项目的决策过程的性质。

8. 项目选择技术一定要适用于风险处理

战略决策取决于已选定组合中的可接受风险等级，然后寻找降低（或管理）风险的方法。因此，风险、不确定性及成功概率必须以某种方式纳入组合模型中，并且能够在项目选择过程中展现出来。另一种处理风险的方式是采用多样化，所以多样化或组合平衡也必须是要考虑的因素。

9. 需要组织支持结构和适当的支持系统

组合需要可靠的组织支持结构来增强内部沟通。逐步提升的意识和标准化的组合程序可以通过使用内部支持系统来实现。信息管理作为一个过程，可以连接所有参与者，通过正式的和非正式的方式共享知识和结果。经过一段时间的努力，信息管理能够帮助管理人员获得对所追求的组合管理目标的认可和理解。

2.6 组合管理方法的目标

虽然不同组织所采用的组合管理方法变化很大，但是所有组织有一个共同点，就是管理人员都想要努力实现其目标。占支配地位的3个高层级或宏观目标中的一个或多个目标对组织管理人员可能是含混的或明确的。组织最重视目标的不同会影响组合方法的选择。3个主要目标如下。

1. 价值最大化

对于多数组织，其主要目标是通过资源分配使作为组织主要指标的组合价值最大化（如长期利润率、投资回报率或成功概率）。至少从理论上讲，这是一个令人羡慕的目标；但是在实践中，应如何评估那些正在进行中的并且可能永远不会取得商业成功的项目组合的价值或经济价值呢?

2. 平衡性

主要关注如何开发一个平衡的组合——依据若干参数实现预期项目平衡。例如，在以下几个方面实现正确平衡：

（1）长期项目与短期、快速项目。

（2）高风险小项目对低风险大项目。

（3）业务处于不同市场的项目（不要将所有资源分配到一个市场）。

（4）技术或技术类型不同的项目（初期的、进行中的、基础性的）。

（5）不同的项目类型：新产品、改进型、成本降低型、基础研究型。

3. 战略一致性

这里不考虑其他因素，所关注的焦点是确保项目的最终组合与战略保持一致，并能够真正体现出组织经营战略。

以上3个高层级目标之间的潜在冲突会逐渐明朗。例如，产生最大净现值或投资收益的组合，也许不是很平衡的。该组合可能包含大量的短期、低风险项目，或过度专注于单一市场。类似的，为了确保战略性组合，可能会牺牲其他目标，如成功概率。有时，管理人员没有清楚地表示哪一个目标更重要，但公司选用的组合管理工具的性质却体现出了目标分级。原因是，某些特定组合方法更适用于某些目标。例如，直观的模型（如映射图或泡泡图）最适用于表现项目的平衡性（直观的视图是展现平衡的最佳方式）；评分模型就难以获得甚至难以展现项目的平衡性，但将价值最大化作为主要指标时便非常有效。因此，“正确”的组合方法的选择取决于管理人员明确或潜在关注的目标。

组合受到上述3个主要目标的三重约束（图2－2）：

（1）一个目标的改变极有可能导致另外两个目标的改变。

（2）有效的组合管理需要维持上述3个目标的平衡。

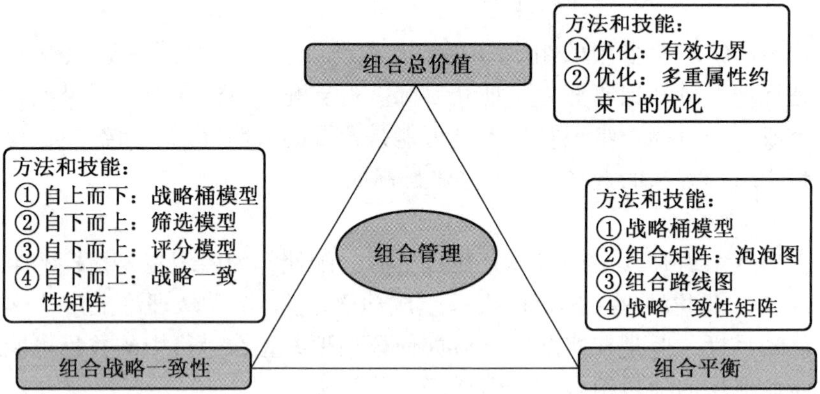

图2－2　组合三重约束条件

组合不是多个组件启动方案的捆绑。这里所说的“捆绑”仅仅是指组织中当前组件启动方案的一个汇总清单，再没有更多内容。即使将已完成的及还没有启动的组件启动方案都纳入该汇总清单中，仍不能称其为组合。一个真正的组合至少应能够切实满足上述3个高层级目标中的1个。当做出组合构成方案的决策时，下列3个方面的组件启动方案都必须考虑。

（1）建议的组件启动方案（资金尚未分配）。

（2）正在启动中的组件启动方案（但是资金已经分配）。

（3）活跃的组件启动方案（“进行中的”或“运行中的”）。

2.7 组合管理方法的价值

组织引入组合管理方法能够为组织带来的收益包括，但不限于：

（1）有助于在通常的制约条件下实现回报的最大化。

（2）有助于减少或清除低价值的组件启动方案，并提高组织所实施的高价值组件启动方案的数量。

（3）有助于维护组织所实施的组件启动方案与组织经营战略之间的关联。

（4）有助于建立组织所实施的组件启动方案之间的平衡，从而不仅能够交付财务价值，而且能够交付其他形式的价值，这些价值可能对组织很重要。

（5）能够为项目选择提供更高的指标，从而促进更有效和更快捷的决策。

（6）有助于更加有效地分配组织的稀缺资源。

（7）有助于减少或清除所实施的、跨组织的组件启动方案中的冗余问题，从而为组织节省诸多费用。

（8）能够提供一个跨组织的有效的沟通机制。

（9）有助于组织在快速变化的商业环境中能够维护其竞争地位。

基于福瑞斯特调查（Forrester Survey），组合管理方法应用的改进，能够为组织带来基于收益的商业价值包括，但不限于：

（1）减少非战略项目的数量。减少与组织战略不一致或不必要的、会损害组合整体价值的项目。

（2）改善资源使用。改善资源的利用率，兑现更好的资源管理及可视化的目标。

（3）改善成本控制，减少预算超支。改善能力以避免因不当的评估、进度计划或项目可视化的缺乏而导致成本超支。

（4）降低项目失败率。降低因预算、进度或成本超支而导致的不能交付商业价值的项目失败率，降低因不能满足商业需求而导致的项目失败率。

（5）减少项目交付时间。通过使用更有效的项目方法及改善项目决策的可视化能力减少完成一个项目的时间。

（6）减少行政管理时间。通过采集项目数据及手工编制状态报告减少行政管理时间。

3 组合管理方法概述

3.1 什么是组合

组合是为了实现战略指标而将其组合在一起来管理的项目、项目集、子组合和运营工作的集合。组合也可以被视为一组经过评估，能够共同为组织创造最优价值并与组合发起组织或业务部门的战略高度一致的组件启动方案的集合。组合中的每一个元素或子集称为“组合组件”，可以是项目、项目集或子组合。

组合组件，如组合中的项目集、项目，是可量化的。例如，可以对它们进行识别、分类、评估、排序和授权，并且，组合组件可能彼此相关或无关，可能相互独立或相互依赖，可能有相关或不相关的目标。组合组件为获得部分或全部有限资源而竞争。一个组合结构中个别组件之间的共享和平衡受到组织战略和技能资质的驱动。所以，组织需要查看它们的特定环境，并决定怎样最好地优化和平衡组合组件。

一个为实现组织和业务部门的战略和目标而构建的组合，可以由一组当前的和未来的组合组件构成。类似于项目集和项目，组合也有生命周期。然而，不同的是，与项目集和项目更加有限的生命周期比较，组合有着更长的生命周期并更加注重管理。由于组合有着更长的生命周期，新的组件可以被追加到组合或它们的子组合中。当组合不再需要时，或当预期目标已经实现时，或当组合组件已经退出或转移到其他组合时，组合可能会关闭。依赖于组织的规模和复杂程度，组合可以被合并或分解以获得优化的绩效。

一个组织可以有多个组合，每个组合解决唯一的或不同的组织（业务、职能或其他）战略、目标和指标。那些可能会转为项目集或项目的新建议的组件启动方案可能会替换当前的组合或产生新的组合，并且，大型组合可能包含子组合，并通常会按照层级结构来构建（图3-1）。例如，项目集、项目或职能部门的组合可能存在于一个更大的业务部门的组合中，该组合又被嵌入作为一个组织整体组合的组合中。通常的组合包括产品线、信息技术组合、企业项目组合及其他各式各样的组合。进一步，组合可以位于组织的内部或外部。组合可以位于组织的不同层级，如组织级的、事业部的、业务部的及职能部门的。组合可以彼此孤立地被组织起来，也可以按照一个层级结构被组织起来。组合可以支持核心职能或支持一个组织内的多个职能。

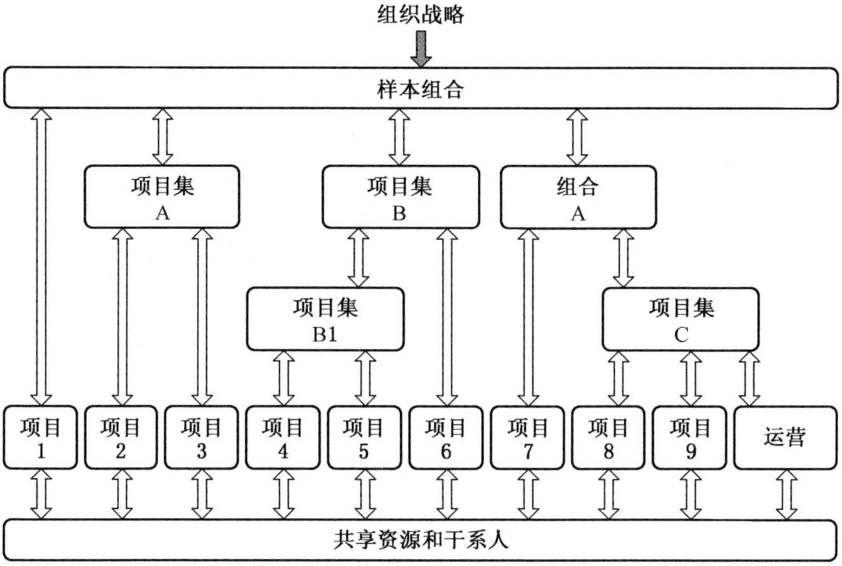

来源：Project Management Institute，Inc.，THE STANDARD FOR PORTFOLIO MANAGEMENT FOURTH EDITION，Published by Project Management Institute，Inc.，2017，P.4.

图3－1　组合、项目集和项目（高层级视图）

在任何给定的时间点上，一个组合代表它选择的组合组件的集合，并反映那个时间点的一个或多个组织战略目标。所以，一个职能的组合应该是组织的某一特定运动的意图、方向和进展的代表。如果组合因某些原因没有与组织战略保持一致，组织将有理由质疑为什么组合的工作还在进行，并依据它的战略，采取校正、调整，将组件启动方案从组合中移出等纠正措施对组合进行一致性调整。

3.2　组合与组件

组合及其组件（子组合、项目集、项目和运营活动）之间的关系是这样的：一个组合是指为实现战略目标，将其组合在一起来管理的项目、项目集、子组合和相关运营工作的集合。通过组合管理，这些组件之间的关系潜在地给组织带来价值。这也是组件被评估并被加入组合中的判断标准。在组合中，项目集被分组，并且它们包含相关的项目、子项目和按照一种协调方式管理项目以获得对其单独管理而无法获得收益的项目集活动。具有战略重要性的个别项目，无论在项目集之内或之外，都要被看作组合的一部分。虽然组合中的项目集或项目彼此没有直接相关或相互依赖，但是它们都通过组合的方式被关联到组织的战略计划中。

组织规划通过基于风险、资金、资源约束条件及其他与组织战略目标相关的考虑因素进行项目排序的方式影响项目。组织规划能够基于风险分类、具体业务线或项目通用分类，指导资源管理，支持组件项目集和项目。

全部组合组件均应展现出一些特性，包括：

（1）展现组织怎样通过组合及其组件实现它的战略目标和任务。

（2）展现组织为实现它的战略而设定的投资优先级。

（3）要求含有分配和共享资源（如人力、财务、资产和知识资产）在内的、跨组合组件的管理和治理。

（4）有能力去量化，因此可以评估、测量、排名和排序。

（5）有能力去指导和控制，从而实现组合价值。

3.3 什么是组合管理

组合管理是为实现战略指标，对一个或多个组合的集中管理。它依据组合管理原则，通过调整组合及其组件，使其与组织战略保持一致。组合管理可以被视为一种动态活动，通过该活动，组织投入它的资源，通过识别、监控、评估、整合、选择、排序、优化、平衡、授权、转换、控制和终止组合组件来实现它的战略指标。组合管理被视为组织战略执行系统的一个关键要素。

组合管理是在组织中对组合的主动管理，具有如下特征：

（1）决策过程动态化。

（2）支持组织将其持续的战略目标转变为价值。

（3）在资源受限的条件下。

3.4 组合管理与组件管理

组合管理平衡组合组件之间彼此冲突的需求，基于组织的优先级和能力来分配资源（如人力、财务、资产和知识资产），整合管理原则和成熟实践，交付与战略目标相一致的商业价值。项目集管理的焦点是获得项目集的预期收益和商业成果（项目集为此启动），并开展成本和进度的管理。项目管理主要关心获得能够支持商业和组织目标的具体的项目可交付成果。表 3－1 进一步展示了组合及其组件的不同属性。

表3-1 组合、项目集和项目管理总体比较

组织级项目管理			
	项目	项目集	组合
定义	项目是为创造独特的产品、服务或成果而进行的临时性工作	项目集是经过协调管理以获取单独管理所无法获得收益的一组相关联的项目、子项目集和项目集活动	组合是为实现战略指标而将其组合在一起管理的项目集、项目或运营工作的集合
范围	项目有明确的目标。其范围在整个项目生命周期中渐进明细	项目集范围包含它的组件范围。项目集以协调和互补的方式，通过确保项目集组件输出和输出成果的交付来为组织创造收益	组合范围属于组织范围，随组织战略指标的变化而变化
变更	项目经理提出变更期望，并执行一些过程来确保变更处于管理和控制中	由于项目集的组件交付输出成果和/或输出，项目集应以接受和适应变更要求的方式进行管理，以便优化收益的交付	组合经理在更加广泛的内部和外部环境中持续监控变更
计划	项目经理在整个项目生命周期中，逐步将高层信息细化为详细计划	项目集通过使用跟踪项目集组件的相互依赖关系和进展的高层计划来管理。项目集计划还用于指导组件级计划的制订	组合经理建立和维护与整个组合相关的过程和沟通
管理	项目经理管理项目团队以实现项目指标	项目集经理确保项目集收益交付符合预期，通过协调项目集组件的活动来管理项目集	组合经理管理或协调组合管理人员，以及有可能向整体组合提交报告的项目集或项目人员
监控	项目经理对由项目所承载的创造预定产品、服务或成果的工作进行监控	项目集经理监控项目集组件的进展，确保实现项目集的总体目标、进度、预算和收益	组合经理监督战略变更和整体资源分配、绩效结果及组合风险
成功	以产品与项目的质量、进度、预算达成度，以及客户满意度来测量成功	以项目集向组织交付它的预期收益的能力及项目集在交付这些收益方面的高效性和有效性来测量成功	以组合的总体投资绩效和收益的实现来测量成功

来源：Project Management Institute，Inc.，THE STANDARD FOR PORTFOLIO MANAGEMENT FOURTH EDITION，Published by Project Management Institute，Inc.，2017，P. 6.

组合、项目集和项目的管理应与组织战略和其他商业驱动因素保持一致并受之驱动。反之，组合、项目集和项目推进战略指标的实现。组合管理通过选择最佳组合组件、排序工作任务、提供所需资源、监管项目经理并与之配合工作、监督向运营环境的移交和促进组合价值的实现来保持与组织战略的一致。项目集管理专注协调它的组件和运营组件启动方案，管理它们的相互依赖以实现预期收益。项目管理在更详细的层面开发和执行计划以实现组合或项目集的设定指标所

给出的预期范围，最终实现组织战略（如商业、职能和其他广泛的战略）。

组合管理通常建立可以塑造、定义或校准它的组件的商业执行总体方向和基调。

3.5 组合管理的原则

组合战略及其指标用于建立和指导组织的决策、方向、目的和资源分配，以实现战略价值。基于组织的使命和愿景，这些价值可以被拓宽和收窄。外部的价值可以是市场、社会、政治和环境；内部的价值，如资质、治理、文化、成长、发展和竞争，同样是要重点考虑的因素。制定组织战略是困难的；有时获得成果更加复杂并具有挑战性。

为了获得成果，要面临许多挑战。首先这些成果要保持战略和执行的一致，并能够获得和维护高层管理人员的支持，平衡可行性和必要性，确定短期和长期收益及目标，管理包括能力和技能资质在内的资源，获得和维持执行能力。概括地讲，组织不必为先前已经消耗的资源担责，而寻找“在正确的时间以正确的方式做正确的项目”的途径。组合管理展现为获得战略成果的组织方法。

下列基本原则是组合管理原则的核心：

（1）努力实现最佳的战略执行。

（2）增强透明性、责任感、义务感、持续性和公正性。

（3）针对整体风险平衡组合价值。

（4）确保对组合组件的投资与组织战略一致。

（5）获得和维持高层管理人员和关键干系人的赞助和参与。

（6）在资源使用优化上，展现主动的和果断的领导力。

（7）培养一种能够接受变更和风险的文化。

（8）驾驭复杂性以促进成功的成果输出。

目的是在组合的概念、建立、执行和持续管理上为组合管理实践者提供指导。通过在战略计划和战略业务执行之间建立强有力的连接，并通过改善资源使用、开拓新机会和最小化威胁，组织能够实现更高的组织绩效。

3.6 组合管理与组织治理

任何组织都会有一个指导组织活动执行的治理框架。组织治理建立权限范围、行为准则及组织用于管理其战略目标实现进展的规程。这是通过在最小化风险的同时力求价值交付最大化来完成的。为了达到这个目的，组织治理被视为组织指导和控制其运营和战略活动的过程，通过这一过程，组织对其干系人的合法权利、期望和愿望做出响应。组合治理是组织为完成组织指标及排序、选择和分配有限的内部资源的过程。

组合管理是组织治理的行为方式之一。没有将组合管理与偏离方向的治理风险相关联的组织或低优先级的组件启动方案将会耗费关键资源。因此，在组织治理的背景下采用组合管理技术能够为实现组织战略提供合理的保证。

组合管理包括一个框架和一组管理活动，该框架指导组织战略转换为组合战略和运营组件启动方案的活动，而这一组管理活动通过组织资源的使用，确保组件启动方案的目标得以实现。

图3-2展示了组织治理、运营管理和构成组合的组件启动方案管理之间的关系。而治理原则确保最终措施与组织战略保持一致。

图3-2中，构成组织治理的控制活动，将组合、项目集和项目管理的各个域关联在一起。通过组合的执行，这些控制被用于将组织战略实现的可能性最大化。管理这些面向组合的控制正体现出了组合经理的响应能力。

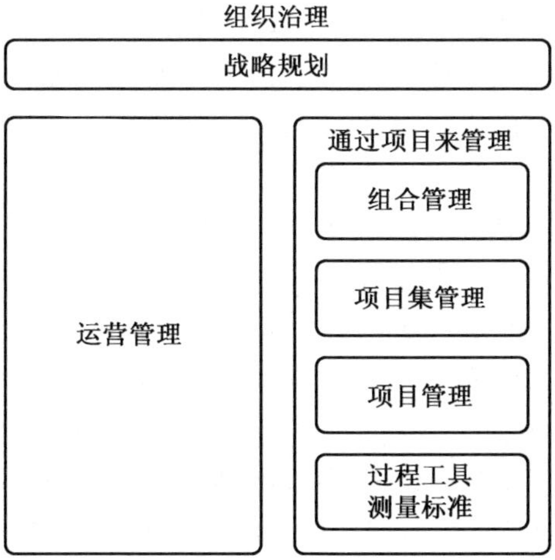

来源：Project Management Institute，Inc.，THE STANDARD FOR PORTFOLIO MANAGEMENT SECOND EDITION，Published by Project Management Institute，Inc.，2011.

图3-2 组织治理、运营和组合管理之间的关系

3.7 组合管理与组织级项目管理

组织战略帮助定义组织的具体目标和指标。组织战略应当是首要的、围绕组织的活动，包括运营和其他相关变更活动。由于战略是主观的、概念的和计划的，商业价值的获得需要这些计划的执行（如战略计划、业务开发计划、运营

计划和行动计划）。大多数变更活动，包括组织内部的或外部的（如合同工作），通过组合组件来执行，如项目集或项目活动。为了维护和维持竞争能力，组织需要对组织的组合、项目集和项目进行强有力的战略执行，不是偶然的，而是始终持续的和重复的。这需要组织采用强有力的行动，如组织级项目管理（Organizational Project Management，OPM）。OPM 是一个战略业务执行框架，应用组合、项目集和项目管理及组织驱动因素，以便一致性或周期性地交付组织战略，产生更好的绩效、成果和商业价值。

价值是组合管理的主要焦点。价值被定义为组织整体的定量和定性的收益、财产和用途——全部有形或无形元素的汇总。有形元素的例子包括货币资产、干系人满意度和公共设施等。无形元素的例子包括声誉、品牌认可、公共利益、遗产、专利和商标等。商业价值可以按照短期、中期或长期实现来定义。价值通过对持续运营的有效管理来获得。

3.7.1 组合管理和组织战略

一个组织的战略由提供给组织整体方向与焦点的目标和方针，以及实现这些目标的计划和活动构成。这些作为组合管理的主要输入。组织致力于拥有有效的管理能力，以实现长久和成功。组合管理是组织整体战略方向的一个组成部分。组合管理与战略的关联平衡了资源的使用，使正在执行的项目集、项目和运营活动所交付的价值得到最大化。组织的战略和指标被转换成组件启动方案的集合。这些组件启动方案被许多因素影响，如市场动态、客户和合作方的需求、股票持有者、政府法规、内部干系人和他们的愿望、竞争者的计划和活动。这些组件启动方案形成了一个在特定周期执行的项目集、项目和运营活动的组件组合。

图 3－3 说明了愿景、使命、组织的战略和指标之间的关系，它们为组合管理战略规划和项目集、项目和运营管理指出了方向。组合管理的目标是通过为战略执行提供一个整体框架，增强关键业务绩效指标，如 ROI 或改善社会价值。组合管理要求与战略指标和能力持续一致，预见未来可选择的结果，支持和加强战略组合决策。对具有许多依赖关系的组合组件的深入了解，增强了组合经理预见未来可能出现问题和风险的能力。

图 3－3 中的“组合管理战略规划和项目集、项目和运营管理”部分描述了组织的战略和指标与组件启动方案及运营管理活动之间的关系。依据组织的战略和指标，监控组合绩效，获得绩效反馈，为组织战略方向上的潜在变更提供输入。

组合管理还需要与组织计划和分析当前商业风险的业务分析进行整合。这个分析可以驱动战略变更，使计划的（活动的和未来的）组合组件持续地支持战略目标。当组织计划确定目标不再适用于组织，组合经理通常与治理团队共同工

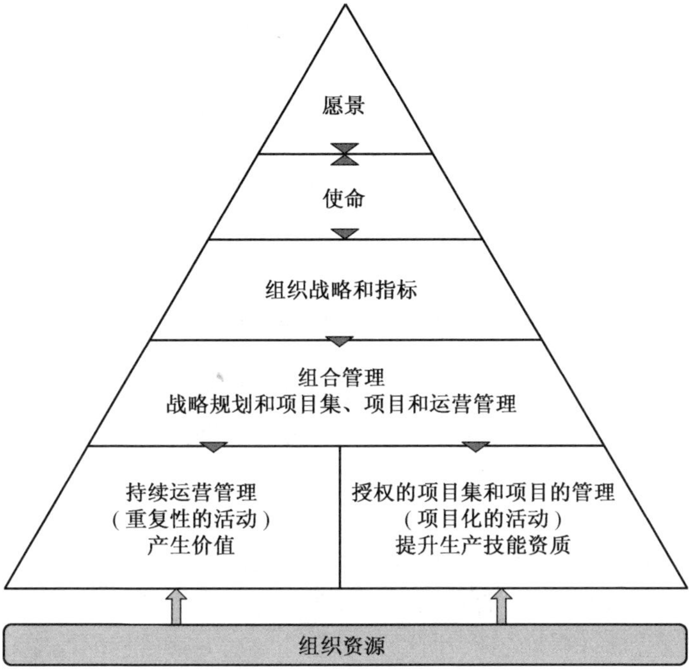

来源：Project Management Institute，Inc.，THE STANDARD FOR PORTFOLIO MANAGEMENT FOURTH EDITION，Published by Project Management Institute，Inc.，2017，P. 8.

图 3-3 组合管理的组织背景

作，审查组合并重新评估预期实现已废弃目标的组合组件，调整或结束不再支持战略目标的组件。

组合管理要确保与战略指标持续一致，该指标是持久的，因为组织在有着更大利益的干系人的压力下，可以进行战略的重新定义。组合管理还要改变市场条件，平衡持续运营需求的变化要求，等等。有时，为了执行战略指标所导致的战术的改变，同样可能导致组合的变更。在高层管理人员进行了导致战略和战略指标改变的重要决策后，组合应进行再调整和再平衡。这种组合的再调整和再平衡还应当与作为项目集或项目干系人、执行关键角色的雇员分享。通过对战略、战术和运营能力及偏差的审查，组合管理人员提供反馈，该反馈对资源的计划和管理、组合健康的监控，以及在组合组件执行中的项目集和项目管理工作是有用的。

3.7.2 战略业务执行和组织级项目管理

组合管理、项目集管理和项目管理都是管理价值交付能力的组织级项目管理框架中的域。OPM 是一个框架，在该框架中，组合、项目集和项目管理被整合成组织驱动因素，以便实现战略目标。OPM 能够促进组织实现其预期的成果和执行的成功，并能够在竞争和快速变化的环境中为组织提供强有力的支持。

任何组织都需要建立一个实现其愿景的目标，为了实现这些目标，需要制定一些可以通过若干步骤来测量的指标。组合组件的执行应专注于实现这些战略指标，进而最终实现组织目标。

一旦组合组件被授权，项目集或项目经理要承担对组合组件的直接管控责任，并使用管理过程去完成这些工作。负责项目集或项目的经理将监控计划和实际绩效，向组合经理持续反馈。

组合组件不是孤立存在的，每一个组合都包括各种各样的组件，这些组件是由相互关联的组件构成的整体组织系统的一部分。同时，每一个组合也是整体组织系统的一部分。

组合管理实践者在有利益重叠并常常有利益冲突的复杂环境中工作。在这样的条件下，该实践者常常面临信息量过大同时又缺少足够有价值情报的挑战。为了理解这种环境并预见未来的发展，有必要系统地学习组合管理方法。项目集和项目是交付变更的临时性工具，所以，对组件启动方案目标的改变和交付这些目标（组合组件）的工具给予理解应成为一个系统理念。

组合管理与组织战略和战略业务执行关联的最终目标是建立一个平衡的、符合实际的计划，该计划能够帮助组织实现它的目标。组合管理计划对战略的影响通过 6 个绩效管理域和组合生命周期来实现，如图 3－4 所示。

6 个组合管理绩效域代表了良好实践的集合。下面给出了每个组合管理绩效域的简述，其中包含了组合生命周期。

（1）组合生命周期。组合是对组织资源的一个主要投资，类似于项目集和项目，组合经历了从启动、计划、执行到优化的生命周期。完整的生命周期管理，以平衡稳定性与实用性为手段，对于当今持续变化环境下的管理活动很重要。

（2）组合战略一致性。每个组合组件都应与一个或多个战略目标保持一致，正面的影响应当被持续监控。这就是在组合管理背景下的战略管理的含义，它通过对实现这些目标的重要性的清晰理解来实现。在组合中加入任何一个组件的建议都应当描述该组件将如何支持获得预期商业价值。

（3）组合治理。通过开放和透明的治理，包括分类、排序、选择和批准组合组件的流程，关键干系人更可能接受决策，并认同流程，即使他们没有全部参与决策的签署。

（4）组合能力和技能资质管理。组合组件及实施路线图的选择应按照组织

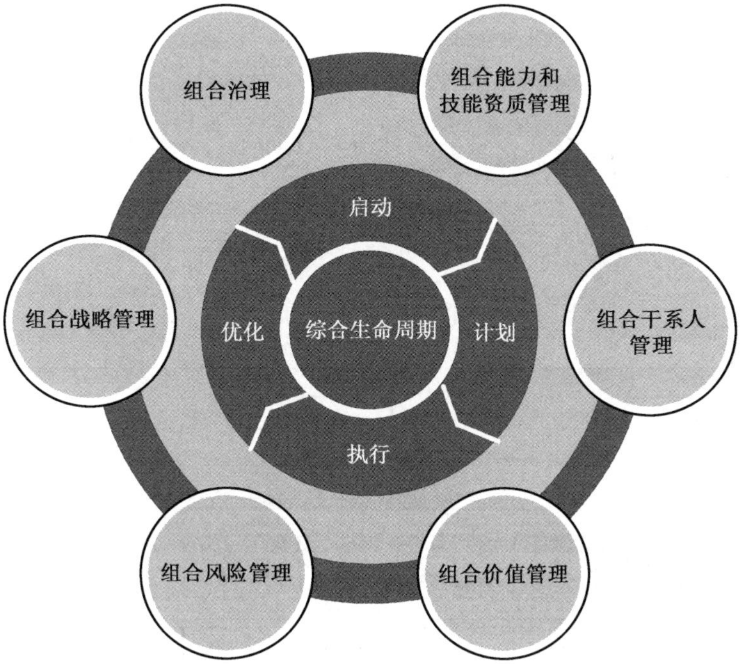

来源：Project Management Institute, Inc.，THE STANDARD FOR PORTFOLIO MANAGEMENT FOURTH EDITION, Published by Project Management Institute, Inc.，2017，P. 10.

图 3-4 组合管理绩效域

当前的能力和技能资质及其他可获取的潜在资源来平衡。组合视图应包括按照需求开发能力和技能资质的未来计划。当从运营组件中获取和平衡项目集与项目组件的资源时，这项管理尤为重要。

（5）组合干系人争取。关键组合干系人需要主动的预期管理。通过不断地调整和沟通，组合可以提高价值交付的可能性。主动沟通是实现信息交换、透明度改善和干系人认可的主要工具。

（6）组合价值管理。组合价值管理促进组合投资，以获得依据组合战略确定的预期回报。在组件执行中或组件结束后，需要对价值的贡献和维持进行监控。

（7）组合风险管理。组合风险管理评估组合层级的风险（正面的/机会，负面的/威胁），考虑哪些风险会给组合战略计划和指标的实现带来哪些可能的影响。这需要在组合的内部或外部环境中对不确定性持续监控。

3.8 跨组织组合管理流程

正如一个项目集与其组件存在父子关系一样，一个组合与其组件之间也存在父子关系。组件应基于框架来管理，应定期测量以便判断组件实现其目标的可能性。组合管理人员依据组合自身的管理流程（如组件选择和评估流程）对组件进行评估。

当从组合治理的角度来考虑时，组织高层管理人员及组合、项目集、项目和运营管理人员的角色是彼此相关的。这些关系的举例如图 3－5 所示。在较小型的组织中，组织高层管理人员与组合管理人员的角色可能被合并为一个角色。

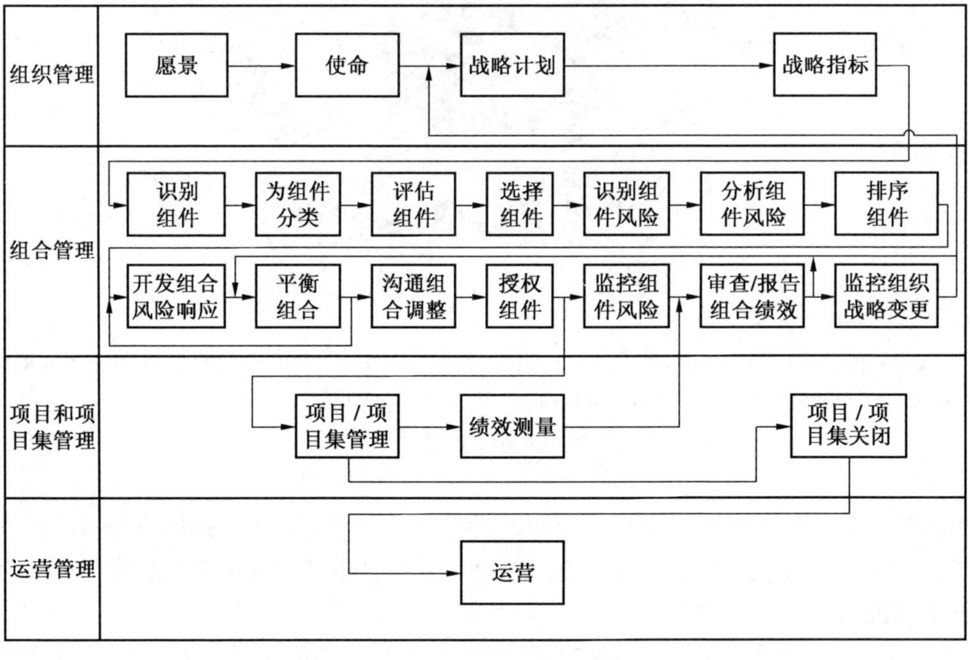

来源：Project Management Institute，Inc.，THE STANDARD FOR PORTFOLIO MANAGEMENT SECOND EDITION，Published by Project Management Institute，Inc.，2011.

图 3－5 跨组织组合管理流程之间的关系举例

3.9 组合管理与运营管理

组合管理会与组织的许多职能部门互动，并对其产生影响。一些职能部门可能会成为组合干系人，还可能会成为各类组件的发起人。组合指标的实现可能会影响组织日常运营中的职能部门。此外，一个运营预算可能又会受到组合管理决策的影响，包括用于支持组合组件资源分配的决策。

“运营”是一个用于描述日常组织活动的术语。组织的运营可以包括生产、制造、财务、市场、法务、信息服务、人力资源及一些行政服务事务。

组合组件的输出，常常会成为运营管理人员使用的过程和可交付的成果。所以，为了实现每个组件的全部价值，组合团队必须有效地管理组件与运营的关系和接口。

3.9.1 组合管理与运营项目之间的关联

运营项目常常被视为与战略项目同等重要。运营项目与一组重复发生的活动相关联，被作为实现组织战略的项目来管理。运营项目的交付为组织执行战略组件打下了坚实基础。

当组件进入启动阶段时，各管理领域将会使用各自的管理过程来管理组件的交付。这些组件进入执行阶段后，组合管理将负责维护各个组件之间的关系，以便测量组件的进展状态，并维护与战略目标的一致。所以，高层级的战略组合与运营组合最终将作为一个组合来管理，并且这一综合性组合的管理工作将由组织来承担。

图3－6详细展示了为构建上述综合性组合而进行战略定义的逻辑流程。

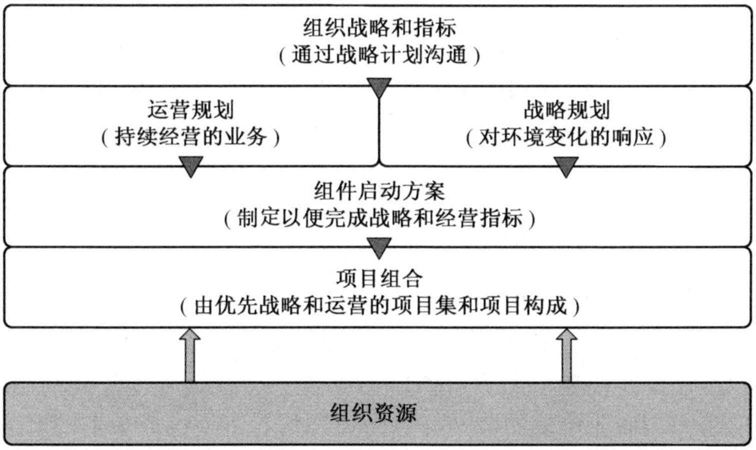

来源：Project Management Institute，Inc.，THE STANDARD FOR PORTFOLIO MANAGEMENT SECOND EDITION，Published by Project Management Institute，Inc.，2011.

图3－6 构建综合性项目组合

3.9.2 组合管理中的运营干系人

组合管理过程一定还要争取关键的运营干系人，以确保组合组件之间及其对运营的影响能够协调一致。下列这些例子解释了运营与组合管理之间的关系。

（1）财务。有效的组合管理需要真实的、及时的和准确的财务信息。在组合管理中，组合经理应关注财务的目标和指标。所以，财务职能部门可能需要监控组合预算，将项目支出与已分配预算进行比较，并审查已实现的收益。这样可以确保财务计划能够适时得到调整，并确保计划的资金储备是可量化的和可交付的。

（2）市场。由于组合组件会受到市场机会和竞争优势的驱动，市场分析、标杆对照及调查研究在组合管理中能够起到非常重要的作用。对于非营利组织、政府或军事组织，为了组件的选择和管理，也需要进行类似是否“物有所值”或是否“组织使命所值”的分析。

（3）人力资源。通过对组合组件的考察，人力资源职能部门能够识别出所需的技能和资质，从而确保有技能的资源能够在需要的时候及时满足需求。人力资源职能部门还可以通过主动工作来促进资源的协调，并减轻对组合组件成员的影响。

（4）信息技术。组合管理通常会对信息技术的运营产生重要影响。组合组件常常需要来自信息技术运营部门的支持，包括业务过程的分析、开发、服务、服务台支持、基础设施支持及持续应用维护。例如，一个“制造类”的组合可能包含大量的项目集及一个为组织安装“企业资源规划”(ERP）系统的项目。这个组合可以潜在地为一个开发团队提升服务台支持、网络流量和责任支持的能力。组合经理必须考虑这些影响，以确保基础设施和资源能够足以支持组合组件。

3.10 组合管理与商业价值

一个组织的商业价值是该组织独有的概念。商业价值被定义为商业的整体价值，包括全部的有形价值和无形价值。例如，有形价值包括货币资产、固定设施、股东权益、公共设施；无形价值包括商誉、品牌认可、公共利益、商标等。对于不同的组织，商业价值的范畴可以是短期的、中期的或长期的。通过对持续运营的有效管理可以创造价值。然而，通过对组合、项目集和项目管理的有效运用，组织就会具备用成熟的流程来满足战略指标及从项目投资中获得更大商业价值的可靠能力。虽然并非所有的组织都是商业驱动型的，但是所有的组织都在从事活动。不论一个组织是政府机构还是非营利组织，所有的组织都非常关注从业务活动中获得价值。

成功的商业价值始于综合战略规划和管理。组织战略体现在组织的使命和愿景中，包括市场导向、竞争策略和其他环境因素。有效的组织战略为组织的发展和成长提供了明确的方向及成功绩效的测量标准。为了在组织战略和商业价值成功实现之间架起桥梁，就必须使用组合、项目集和项目管理技术。

组合管理协调组件（项目、项目集和运营）与组织战略的一致性，并把它们组织成组合或子组合，从而优化项目或项目集的指标、依赖关系、成本、进度、收益、资源和风险。这有利于组织全面审查战略目标如何在组合中得到落实，采取适当的治理措施，并基于预期绩效和收益而授权分配人财物资源。

通过项目集管理，组织可以有能力协调多个项目，实现各项目成本、进度、投入和收益的优化或整合。项目集管理关注项目之间的依赖关系，有助于确定管理和实现预期收益的最优方式。

运用项目管理，组织有能力运用知识、过程、技能、工具和技术来提高大多数项目成功的概率。项目管理关注产品、服务或成果的成功交付。作为项目集和组合的组成部分，项目是实现组织战略和指标的一种手段。

通过强化组织驱动因素（如组织结构、组织文化、组织技术和人力资源实践），组织可以更好地协调各种组合、项目集和项目管理活动。通过持续地开展组合战略的协调和优化、执行业务影响分析及开发强有力的组织驱动因素，组织能够实现组合、项目集和项目领域之间的成功对接，从而实现有效的投资管理和商业价值。

3.11　组合组件的管理

一个组合是一个系统，由一系列组合组件的实体构成，同时还包含了这些组件之间相互关系的集合。组合组件共享一个共同的目标，即实现组织的战略指标。组合系统应作为与组织的其他系统相关的一个整体来管理。

作为一个组合系统，组合的层级形成与组合组件的父子关系，正如一个项目集与它的项目之间的父子关系一样。因此，组合组件应基于组件标准来管理，并定期测量组合组件实现预期目标的概率。

一个较大的组合可能包含子组合，子组合将项目集、项目和运营活动的组件集合作为一个组合来管理，以实现战略目标。子组合可以因各种理由而存在，包括管理分组、可用资金、客户需求、进度、资源、项目相关人、不同发起人等。

3.11.1　项目集管理

项目集管理是应用项目集的知识、技能、工具和技术，以满足项目集的需求，并获得单独管理这些项目所不能实现的收益和控制。它涉及协调多个组件来实现项目集的目标，以便优化和整合成本、进度、投入或其他因素。虽然一个项目的收益常常在项目结束后才发生，但是一些收益可能作为项目集中的一些单独项目在项目集生命周期的过程中获得。

项目集中的组件通过一个共同的产出成果或一个收益集合的交付彼此关联。如果项目之间的关系仅仅是共享客户、销售商、技术和资源等，这些工作应当作为组合而不作为项目集来管理。在项目集中，关键是整合和控制组件之间的相互依赖关系。项目集经理通过5个彼此相关和依赖的项目集管理绩效域开展管理工作：项目集战略一致，项目集收益管理，项目集干系人争取，项目集治理和项目集生命周期管理。通过结构化的治理功能和绩效域，项目集管理监控组件项目的相互依赖关系并帮助确定管理它们的最优方法。

通过结构化的监督和治理，项目集管理适当地引导跨所有项目集组件的计划、控制、交付、移交和收益维持，以获得项目集的预期战略收益。项目集管理提供与管理相关工作的框架，考虑如战略收益、协同计划、导致新的紧急问题和风险的复杂依赖关系、可交付成果的整合、资源池和优化节奏等关键因素。

3.11.2 项目管理

项目管理将知识、技能、工具和技术应用于项目活动，通过提供项目可交付成果满足项目需求。项目管理通过对项目识别出的项目管理流程的适当应用和整合得到完成。具体的项目环境可以影响项目经理需要关注的约束条件。

管理一个项目通常包括：

（1）需求的识别、分析、归档和排序。

（2）在项目计划或执行过程中，解决干系人的各种需求、关系和期望。

（3）建立与维护和干系人的主动沟通。

（4）平衡竞争的项目约束条件，包括但不局限于项目的范围、质量、进度、预算、资源和风险。

（5）成功地生成和交付项目可交付成果。

这些因素之间的相互关系是：如果一个因素改变了，至少另外一个因素可能受到影响。例如，如果进度被缩短了，预算常常需要提高，以便增补资源，在较少的时间内完成相同数量的工作。如果提高预算无法做到，为了在较少时间和相同预算下交付产品和服务，则范围或质量可能会减少或降低。

哪种因素最重要，项目干系人可能有不同的想法，这导致更大的挑战。项目需求的改变可能会增加风险。项目团队应当能够评估形势，平衡需求，维护与干系人的有效沟通，以便交付成功的项目。对项目团队来说，关键是要意识到项目成功如何纳入组织成功的测量标准，该测量标准又被转化为组合管理过程的一部分。

由于潜在的变更需求，在整个项目生命周期中，项目管理计划是迭代的和渐进明细的。渐进明细是指当获得更详细、更具体的信息和更准确的评估时，对计划给予持续的改进和细化。基于所选择的项目管理框架（预测型、适应型或二者的结合），渐进明细允许项目管理团队引导、适应紧急问题和风险处理，生成一个适当的风险响应计划，并随着项目的推进开展更细级别的管理。

3.11.3 运营管理

运营是负责计划、协调、分配资源和重复控制的业务职能，通常是组织重复的、日常的活动。这项业务职能称为经常性业务。运营管理由各种流程及它们的调用构成，包括委派角色、授权层级、报告机制、逐步升级及决定怎样从满足约束条件和风险因素的有效资源中获得最佳价值。

当持续进行中的活动类型需要变更（如由于外部因素），或当它可能因执行变更而得到改善时，组合中的资源被转入项目集和项目。项目可以进一步整合为项目集（按照项目成果之间的关联或共享资源），并依据它们部分或全部的进度、资源、干系人或战略目标之间的关联形成组合。

运营变更项目的组合与重复发生活动的子集相关联，这些重复发生的活动被作为实现组织战略的项目来管理。当这些活动被执行并交付时，它们是组织的战略组合组件执行的基础。

来自运营计划和组织的战略与指标的输出，导致指导项目集和项目活动组合的产生。当组合组件进入启动阶段时，各区域使用各自的管理实践去管理交付。当组合组件被执行时，组合管理维护它们的关系，以便监控进展，采取纠正措施（如果需要）并维护与战略目标的一致。所以，在最高层级，那些战略和运营组合组件最终被作为一个单一的、综合的、由组织来承担的组合工作来管理。这个组织变更组件启动方案（项目集和项目组件）与运营组件变更相结合的整体观念有效地优化了组织资源的平衡。

3.12 组合经理的角色

组合经理有责任建立和执行组合管理。项目集和项目经理主要关注“正确地做事”，组合经理主要关注“做正确的事”，组合治理主要关注在正确的时间并获得足够资源的情况下能够做“正确的工作”。一个治理主体，通过提供指导、建立组合、项目集和项目与组织战略的关联，以及核实整体的产出成果，建立组合、项目集和项目的治理体系。组合经理负责组合组件之间的适当沟通和协作。

组合经理常常扮演多个重要角色，如项目管理原则、流程和实践的架构师、推动者和引导人，以及组合分析师。作为架构师，组合经理与组织中的同事协同工作，评估组合管理计划，评估和定义所需的技能，设计适当的流程，并对流程进行相应的调整。作为推动者，组合经理寻找持续改善所使用的组合管理流程的方式，调整组合组件与战略变更保持一致，以确保它们与组织持续关联。作为执行模式的引导人，组合经理管理组合管理流程日常操作，包括：

（1）向组合治理主体传授将组合组件作为一个整体与战略目标保持一致或协调一致的方法。

（2）捕获组合对战略目标的影响和价值体现。

（3）提供合理建议和备选行动方案。

（4）影响和管理资源分配的流程。

（5）监督和协调执行中的组合组件经理。

（6）接收组合组件的绩效和进展信息。

（7）向最高管理层报告组合进展。

组合经理审查组合平衡（如短期与长期、风险与回报），与相关战略干系人协商共识（如高层管理人员、运营管理人员）。组合经理还对组合组件进行排序，以便能够解释组合组件的依赖关系及其影响、有限资源的平衡，以及其他的组织考虑因素。此外，组合经理确保组合管理流程的进度表得到维护和遵循，组合组件（子组合、项目集、项目和运营活动）的经理按照组合管理流程接收和提供所需的信息。组合经理是组合组件经理和组合干系人之间的主要沟通人。

组合经理定期沟通信息，为治理活动和决策的标准提供建议，如决定项目集和项目何时继续、重新排序、变更（以适应战略变更）、结束或在原计划完成日期前暂停。组合经理还应为组合治理主体就有关组件和组合实践改善的具体措施提供建议，以便确保向组织交付预期价值。

组合经理需要知道组合如何与组织的愿景、使命、战略目标关联，识别、评估和测量组合为组织目标带来的商业价值。通过组合生命周期，组合经理应当能够管理风险、监控和排序组合组件、解决高级管理人员所关注的问题、开发和改善流程、应用组织知识和管理技能。另外，组合经理应能够有效地管理组织的资源，及时提供干系人沟通所需要的信息。

为了能够胜任这个角色，组合经理应具备项目战术三角形所描述的技能（如技术性的项目管理技能、领导能力、战略和业务管理的专门知识），能够组建和领导专家团队，并具有下列全部领域的专门知识。

（1）组合战略管理和协调。组合经理应当理解和监控组织的战略和指标的变更，知道组合怎样去支持它们。组合经理需要考虑组织财务的或非财务的收益和风险。组合经理还应具有商业分析技能及财务知识。

（2）组合管理方法和技术。组合经理应有组合管理方法和技术使用及分析的专门知识，包括按照组织领导的规定和描述进行定性及定量的测量。并且，各种组合管理工具能够支持组合组件与战略目标一致。这些工具为组织、排序、分类有价值的信息提供了有价值的方法，这些有价值的信息包括与组合组件绩效及有效的组合治理报告相关的信息。

（3）干系人争取。优秀的组合经理应擅长同干系人协作工作，以便最大化组合和组织绩效。组合经理应经常使用与背景相适应的方式和技术与干系人沟通。组合经理应当引导干系人之间的沟通，以便达成共识，解决冲突，并能够及时和灵活地做出决策。

（4）领导和管理技能。优秀的组合经理应具有熟练的领导能力和管理技能，能够同高层管理人员、管理人员及其他干系人沟通。组合经理应擅长通过招聘和挽留、目标设定、绩效评估、奖励和认可、成功规划、雇员开发等方式管理人员，应具有高水平的沟通技能。雇员开发包括人员的指导、教练、激励和培训。

（5）风险管理。优秀的组合经理应管理组织内部或外部的风险。为了风险评估，要考虑组合动态，如财政年度约束条件、成本收益、机会窗口、组合组件约束条件、组合环境条件变化（如市场变化）及干系人动态等。

（6）组织变更管理。优秀的组合经理应管理组织变更的影响。在组合、项目集和项目层面测量变更准备程度；对于不同的案例，测量标准的层级和范围不同，这取决于系统、技术、干系人、可交付成果和预期收益等的不同。变更准备程度可以由项目集或项目经理来测量，但最好在组合层面进行评估。

（7）系统性思考。这一方法需要了解不同的组合组件怎样彼此相关或相互依赖。它意味着一种思考能力：作为一种自上而下的方法，应选择哪一个组合组件，以便更好地满足组合战略。系统性思考，以一种自下而上的视角，增强了分析每一个组合组件对组合战略指标的贡献/价值的能力。系统性思考可以引导组件的适当选择，以便能够执行组合，进行适当的资源分配，并确保所选组件与实现组织的经营目标保持一致。

3.13 组合管理的其他主要角色

组合管理的其他主要角色，包括：

（1）发起人。

（2）组合治理主体。

（3）组合、项目集和项目管理办公室（PMO），有时一个 PMO 是为整个组织而建立的，称为企业 PMO（EPMO）。

（4）组合分析师。

（5）项目集经理。

（6）项目经理。

（7）变更控制委员会。

（8）项目集和项目团队成员。

（9）主题专家、商业分析师和纳入组合的负责运营的职能经理。

一些组织聘请组合分析师，与组合经理和 EPMO 紧密协作。组合分析师的责任包括：一是识别和跟踪组合组件之间的相互依赖关系，促进它们在组合层级的解决和管理；二是识别组合管理过程的偏差，提出改进建议，并执行建议。组合分析师的角色能够与其他角色结合，并可以剪裁以满足组织的需求。一些组织在实践中，建立了变更控制委员会，作为一个项目的指导委员会。在许多组织中，项目发起人、项目指导委员会和组合治理之间划分职责是一个很重要的事项。

3.13.1 发起人

发起人是负责提供组合资源和支持的人或小组。如果它是一个小组，其中每个人的责任应当被清楚地定义。组合发起人通常会加入组合治理主体。发起人负责资源分配和成功启用。发起人致力于组合和/或组合组件（项目、项目集、子组合和运营活动）的批准，并对组合的最终成功负责。

在组合层级中，发起人是组合的整体捍卫者，应在组合和流程建立和持续管理方面，紧密地与组合经理合作。一旦组合组件得到批准，发起人帮助组合经理确保该组件按照组织的战略和目标实施。发起人还支持所建议的组合和组合组件的变更或关闭的管理，以便保持与组织战略变更一致。发起人应对可能影响战略目标实现的组合组件的变更保持警惕，并持续对组合进行相应的调整。

3.13.2 组合治理主体

组合治理是由治理主体建立的架构、职能和流程，并由组织设立以指导组合管理活动，对组合的投资和优先级做出决策，并确保组合管理流程被遵循以支持组织。来自组合治理主体的领导人和发起人为组合经理提供基础支持。组合治理主体由一个或多个具有必要的权限、知识和经验的个人构成，以保证组合组件与组织战略一致。有时，组合治理由一些承担具体治理责任的子小组负责（如组合组件的选择和排序小组、投资决策小组、监督组合进展小组，以及负责对变更建议做出决策的变更审查委员会）。这个治理主体通常被授权评估组合绩效，并按照需要做出资源、投资和优先级的决策。变更建议包括新的组合组件的增加、当前组合组件的暂停或变更、组合组件资源的重新分配。建议可能是复杂的，并受制于重要的组织约束条件，特别关注资源的再分配。通常，组合治理并不仅仅提供建议，它还负责审批流程。组合治理是组合决策制定的永久性机构，它传达和指导与战略一致性、投资和优先级设置相关的决策。适当的治理对加强责任、优化投资、将问题升级给决策者及改善沟通是基础的和关键的。

3.13.3　组合、项目集和/或项目管理办公室

PMO 是指一个组合、项目集和/或项目的管理办公室。PMO 分别具有支持组合、项目集和项目的职能。在组合层级中，PMO 可能作为企业 PMO（EPMO）或卓越中心，它是提供支持组合管理的能力和流程的组织实体。这些能力和流程包括下列部分或全部内容：

（1）识别、分析、协调、协商、监督和控制组合组件，支持组件的建议和评估、引导排序、授权、组件结束，并推进资源分配，以便与组织的战略和指标保持一致。

（2）开发和维护组合、项目集与项目框架及方法论。

（3）管理与项目管理学科相关的知识，包括良好实践和经验教训。

（4）提供项目集和项目进展信息，并报告关键绩效指标（KPI）在组合治理流程中的使用情况。

（5）管理，包括监督和控制，如对政府/监管部门的合规性和跨全部组合的收益实现。

（6）支持风险战略和风险识别的开发，沟通相关组合组件的风险和问题。

（7）协调跨组合组件的沟通。

（8）开发与组织组合管理技能、工具和技术有关的人力资源的培训及指导。

组合管理办公室对所属范围的组合负有集中管理和协调的主要及具体责任。该项责任范围包括从提供组合支持职能到实际管理组合，实际上，这种情况下，组合经理同时也是 PMO 负责人。组合管理办公室的职能随组织需求不同而不同。例如，PMO 生命周期、PMO 模型及 PMO 关键成功因素。

组合管理办公室可以作为贯穿组合生命周期的一个干系人来工作，也可以为活动的选择、终止或启动提出建议，以便确保组合与组织战略指标保持一致。

组合管理办公室可以为项目或项目集办公室提供下列服务：

（1）定义和开发组合管理战略。

（2）对组合整体价值和组合组件收益提供组合监督及管理。

（3）定义组合愿景和使命，定义管理结构，定义为构建项目和项目集管理方法论和标准提供指南的方法论、最佳实践与应用标准。

（4）基于预定义的测量标准汇总和提供组合组件的绩效结果。

（5）识别风险，分析风险，规划组合层面的风险响应。

（6）预测组合的供给和需求，优化组合资源分配。分析和分解每个组合组件的供应及需求。

3.13.4　项目集经理

项目集经理确保项目集整体结构和项目集管理流程与组合管理计划保持一

致。项目集经理确保项目集交付预期收益。

组合管理通过提供指导项目集决策所需信息，并通过对有效项目集管理所要求的进度、预算和其他领域的管理提供行政支持来支持项目集经理。项目集经理与组合经理、组合管理团队和/或组合管理办公室协作，提供诸如与目标相对应的项目集绩效信息。

3.13.5 项目经理

项目经理按照相应的指标和规格，负责所分派项目的有效启动、计划、执行、监控和关闭。项目集和项目团队为实现每一个组合组件的成功执行而履行具体的角色。项目经理为组合经理、PMO 或治理主体直接或间接地提供项目绩效指标。这些信息及其他标准被用于监控每一组合组件的进展，从而导出组合的整体进展、问题、假设及由组件依赖引起的风险。并且，这些信息对与干系人沟通、确定项目是否应当继续、修改、暂停或终止是有价值的。对本节所列的组合框架中的关键管理角色而言，每个组织的运营经理有实现产出成果和通过成功执行组合组件而获取收益的责任。

3.14 组合管理报告和测量标准

组合管理背景下的报告旨在了解组合内容和测量组件绩效。这类报告与组织其他类型的报告紧密关联，以促进有关组合排序、平衡和方向的决策。组合报告还可以引导组合发起人和组合干系人（如项目集经理、项目经理、组合经理和运营管理人员）之间的有效沟通。

组合报告应专注于满足组合发起人的信息需求和提供确保组合能够满足发起人及组织指标的测量标准。应使组合发起人能够快速理解当前组合的财务状况、风险和问题。组合报告还应使发起人理解他们的组合是否能够获得预期想要获得的收益。

从较低层级来看，组合报告还应为负责执行组合组件的个人提供各自组件的与其他组合组件背景相关的有意义的状态信息。这一层级的组合报告对资源的优化使用非常重要。

许多企业指定由 PMO 来负责报告组件的绩效。PMO 能够提供组件的总体投资信息，以便为测量组件价值提供输入服务。

一些企业通过使用仪表盘来展现一目了然的信息。潜在的仪表盘视图例子包括：

（1）企业组合总体健康状况——报告组合的总体状态。这可以帮助组合干系人依据预设定的测量标准快速查看组合整体执行情况。

（2）企业战略目标实现——报告将要或已经对企业战略目标做出贡献的程

度。这是报告中经常被忽略的一个关键部分。如果组合没有直接地支持企业战略目标，组合发起人应当质疑投资组合的价值所在。

（3）企业风险预测——报告组件风险对组合整体风险的影响。通过读取报告，组合干系人应能够确定企业面临的风险是否与组合将要实现的收益相适应。评估风险对确定是否应在组合中加入某一组件很关键。管理风险是组合成功的一个关键标准。

（4）企业资源技能资质——报告企业资源使用情况，或进行企业计划与实际比较。组合干系人应确保正确的资源在正确的时间用在正确的项目上。报告能够帮助跨组合资源使用的优化，以便实现企业的战略指标。

（5）企业财务信息——报告财务数据（用于测量进展和维护控制的数据）及从组件中所获得的价值对组合中新增组件的选择和现有组件的维护都很重要。

4 组合管理绩效域

组合管理绩效域代表良好组合实践的集合。下面对6个组合管理绩效域分别描述。

4.1 组合战略管理

每个组合组件都应与一个或多个战略指标保持一致，正面的影响应当被持续监控。这就是在组合管理背景下战略管理的含义。组合战略管理通过对战略目标，以及每个组合组件对实现这些战略目标的重要性的清晰理解来实现。在组合中，任何一个增加组合组件的建议，都应当在建议中描述该组件将如何支持预期商业价值的获得。

组合战略管理是对预期和紧急的、通常被视为执行层级的组件启动方案的管理，为组合管理的执行提供了特有的结构。它支持战略思考，是有效组织和业务单元的基础。战略思考意味着简单地提问："我们在做正确的事吗?"更准确地讲，它意味着使用下列3个要求评估是否做正确的事情:

（1）对相关环境的深入理解。

（2）与组织愿景和价值一致的全部组合组件的总体协调。

（3）创造性地开发对影响目标实现的势力和变化的有效应对。

在组合的背景下，战略思考被记录在组合战略管理计划中。

4.1.1 概述

战略管理与组合管理的一致性能够使组织活动与高层管理人员和干系人的期望保持一致。缺少这一点，将面临组合与整体战略不匹配，以及正在执行的项目集/项目的价值远远低于预期价值或根本没有价值的高度风险。组合战略管理应当被视为一个双向的过程。除了持续地进行执行层级的战略和投资决策的监控外，该项实践还应提供这些战略决策和潜在产出成果的影响力及实现力的反馈。

组合的战略一致性反映组合构成对发起该组合的组织、分支机构或部门的战略的贡献程度。组合可以位于组织的多个层面——组织层面、组织分支机构层面或组织分支机构下的部门层面。如果一个组合位于组织中较低层的职能或部门层面，则该组合不可能与组织战略直接保持一致。但如果平衡记分卡级联（垂直一致性）得到了有效实施，则每个低层级的组合都能够间接地与组织战略保持一致，由此可以认为这类低层级组合与组织战略保持一致。

从以下 3 个方面的视角来评价组合的战略一致性。

1. 战略优先级

（1）组合支出的分解能够体现组合的战略优先级或战略理念吗？

（2）当已经投入各个领域的全部投资被汇总后，这些全部投资与组合战略能够保持一致吗？

所使用的工具和技术包括战略桶模型。

2. 战略匹配度

（1）组合战略需要关注哪些类型的技术、市场或领域？

（2）实施中的组件启动方案的类型与这些领域相匹配吗？

（3）存在与之匹配的组件启动方案的领域吗？

所使用的工具和技术包括项目预筛选和/或筛选、战略一致性矩阵。

3. 战略贡献度

（1）实施中的组件启动方案对组合战略有贡献吗？贡献到什么程度？

（2）构成组合的组件启动方案的集合将能够共同实现组合战略吗？

所使用的工具和技术包括加权评分模型。

4.1.2 指导原则

为了成功地管理组合，战略方法就是牢记组织战略计划、目标和需要承诺的指标。与项目集或项目管理不同，在战略管理中，除了其他组织上的考虑外，组合经理还需要维护一个长远的愿景，以便切实执行决策、风险管理和价值管理。在 3.5 节列出的全部原则对战略管理都很重要。然而，下列原则特别适用于组合战略管理域：

（1）实现卓越的战略执行。

（2）确保对组合组件的投资与组织战略和治理实践保持一致。

（3）平衡组合价值与整体风险。

（4）培养接受变更和风险的文化。

（5）驾驭复杂性以便成功地实现产出成果。

（6）持续地获得人才并执行专业的人才管理。

战略管理不仅监督组合组件的绩效，还在组织战略的成功及其长期目标和指标的可行性中起到重要作用。

4.1.3 组合战略计划

组合战略计划过程包括开发组合战略计划及协调组合战略管理与组织战略和指标一致。组合战略计划解释组合管理生命周期的关键组件，描述关键启动决策、计划标准、治理和优化考量，以及执行元素。组合战略计划用于保持组织与财务架构在优先级、使命和指标上的一致性。典型的组合战略计划包括愿景和使命说明书、组织长期战略目标和指标的描述，以及组织计划实现这些目标和指标的手段。组合战略计划还应当提供绩效指标和目标测量标准，以便能够对当前的战略执行进行评估，并跟踪实现战略指标的过程。组合战略计划还可以识别影响长期组合目标实现的外部因素。

当定义组合结构时，关键是要理解整体战略，以便确保在业务领域中有着最高战略价值的正确组件能够纳入其中。同样关键是确保组合战略计划的每一个目标至少有一个实现该目标的组件启动方案，确保在具体战略目标下组件启动方案的全部产出成果能够 100% 实现战略目标收益。所以，组织的组合应当 100% 覆盖组织的战略目标，并且仅仅是组织的战略目标，这意味着任何与具体战略目标不符的组件启动方案都应当被中止。

评估和描述组合管理活动将如何与总体战略保持一致，是基于支持评估及其执行的过程、活动和元素来定义组合战略计划的依据。过程、活动和元素包括组合管理指标、优先级、资金分配、组织收益、绩效预期、资源、假设条件、约束条件、依赖、风险和需求等。另外，管理一个组合不是一个具体的和有时间限制的过程，因此，组合的预期结果不包含对组件的限制，但会指出它们要交付的成果。

组合战略计划是基于组织战略、愿景和指标制订的。组合经理与治理主体中的管理人员与负责计划开发的关键干系人协作。组合战略计划可以支持组织、组织部门或职能部门的战略。

通过组合组件和持续运营执行组织战略。当制订组合战略计划时，组合经理要整合和响应组合变更，以便与组织战略、愿景和指标保持一致。

4.2 组合治理

通过开放和透明的治理，包括分类、排序、选择和批准组合组件的流程，关键干系人即使没有全部参与决策的签署，但他们可能更能接受决策，并认同流程。

理解和执行一个有效的组合治理架构，可以在遵循组织治理原则的同时，为全体利益相关干系人的组合决策提供指导。

4.2.1 概述

在组合、项目集和项目管理领域，术语治理被越来越多地使用，但是该术语和它所代表的含义经常与管理相关概念相混淆。本节对治理与管理的概念、原则的重要性、它们怎样影响治理和管理活动、组合治理原则如何影响组合中的项目集和项目，以及它们作为方法论所体现出的价值给出了清晰的描述。治理活动是组合管理原则的体现，有助于在组合管理实际工作中促进对组合管理原则的遵守。

4.2.2　什么是组合治理

组合治理是在一组原则框架内的一套实践、职能和过程的集合，这组原则框架作为基础的标准、规则和价值指标，能够用于指导组合管理活动，以便优化投资并实现组织战略和运营目标。治理框架包括监督、决策、控制和整合职能，通过该框架，治理的过程和任务被用于支持组合治理指标的实现。

组合治理是规划和实践（统称为治理模型）的原则和框架的开发和执行，通过治理模型，组合治理委员会对组织的组合管理活动提供授权指导和监督，其目标是实现组合愿景。组合治理是组合治理委员会（治理主体/指导委员会）的责任，稳健的治理是组合成功的关键。依据研究组织 Aberdeen 的研究结果，不能有效地开展组合治理是公司无法实现组合最佳状态的主要原因。组合管理人员计划、构建、执行和监控组合管理活动，与治理主体的目标集合保持一致，其目标是实现组合愿景。组合治理是一组相互关联的组织过程，通过这组过程，组织选择和排序组件，分配有限的内部资源，以便更好地完成组织的战略和指标。

4.2.3　指导原则

本节专注治理，与本章的其他节有很大不同，这是因为治理是一个框架，组合管理在该框架内工作，而组合管理的其他方面与治理框架中组合的定义、实施和执行相关。这一微妙的区别还折射出哪些指导原则被用于建立有效的组合治理。

3.5 节列出了 8 个与组合管理相关的原则，然而，有一个原则直接与治理相关：增强透明性、责任感、义务感、持续性和公正性。

4.2.4　治理的概念

组织治理（与公司治理相同）涉及组织管理人员及其董事会、干系人，以及其他干系人之间的一系列关系。组织治理还提供了一个架构；通过这个架构，公司的指标得以制定，实现这些指标和监控绩效的方式得到确定。组织治理是组织指导和控制其运营和战略指标的过程，并响应它的干系人的合法权利、期望和意愿。组合治理是组织治理的子集。所以，组合治理方针一定要与组织治理方针保持一致并能够对其进行追溯。

组合治理在基于原则、规则和可期待价值的基础上建立，并为组织中组合治理实践的建立提供指南。治理作为一个控制系统，作为一组过程的集合，作为一组过程和关系的集合，可以从不同的角度来审视。治理与管理不同，治理与决策、监督、控制和整合相关，而管理被视为以实现组织指标为总体目标并在治理框架规定的范围内开展的工作。组合治理不同于组合管理，二者一定要区别开。

一般情况下，组织的治理职能包括：

（1）确定组织指标。

（2）确定组织行为准则。

（3）构建组织文化。

（4）设计和实施组织架构。

（5）确保管理人员承担责任。

（6）确保组织合规。

组织的管理职能包括：

（1）预测和计划。

（2）组织。

（3）指挥或指导（领导）。

（4）协调。

（5）控制。

4.2.4.1 组合治理对项目集和项目的影响

当建立组合治理实践时，包括组件项目集、项目和运营，要理解和影响组件的潜在治理原则和治理指标，以确保它们能够整合和协调组合的原则及指标。为了实现这一点，组件项目集和项目方法论应包括治理原则及管理原则。治理原则应避免和解决在组件生命周期中可能发生的歧义、问题和冲突，特别是在复杂环境中对产出成果难以预测的情况下。

图 4－1 展示了在组织中执行的治理原则的流程，该流程影响组合、项目集、项目和运营层级的治理指标。这些治理原则帮助建立组织的价值系统。

高层管理人员，通常在董事会层级，基于组织用于开发组合治理实践的基础标准、规则和价值来定义组织治理。由于组合治理实践涵盖组织治理原则，它们进入组合组件，提供控制、整合、决策和一般性监督。组合、项目集、项目和运营治理的执行通过组合治理来完成。贯穿组合治理实践的有效性依赖于组合治理在执行、维护和改变治理结构中所选择的思维方法、合理行动及互动方式。

4.2.4.2 组合治理与其他组合管理绩效域

组合治理绩效域是 6 个绩效管理域之一。组合治理绩效域能够影响其他全部组合绩效域，包括依据潜在组合原则及所使用的治理实践的组合支持过程。组合治理绩效域由 4 个展现跨越组合及其组件的可重复的过程和活动的治理职能构成：决策、监督、控制和整合。决策职能包括为管理组合及其组件的授权代表提供整体治理结构的过程和活动；监督职能提供支持组合及其组件的领导和指挥的治理过程和活动；控制职能提供用于监控、测量和报告组合及其组件的过程和活动；整合职能提供支持组合及其组件的战略一致性的过程和活动。

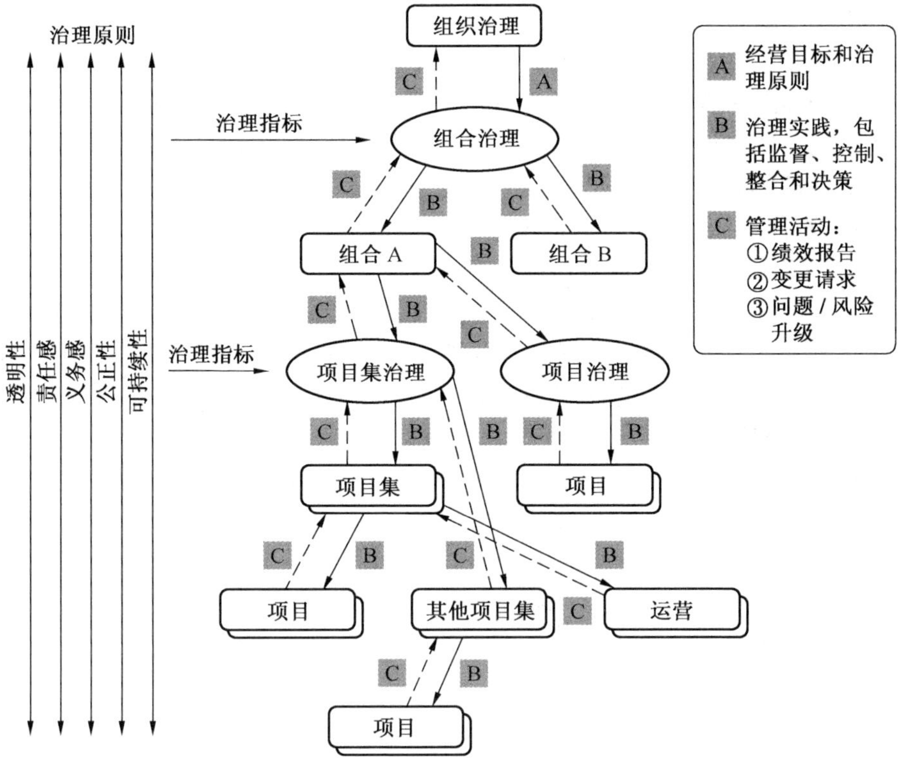

来源：Project Management Institute，Inc.，THE STANDARD FOR PORTFOLIO MANAGEMENT FOURTH EDITION，Published by Project Management Institute，Inc.，2017，P. 45.

图 4－1 治理层级（包括原则和指标）

4.2.5 P3O

P3O 是指组合、项目集和项目办公室，具有以下特点：

（1）一个决策推动和支持的整合的组织单位。

（2）通常由多重有着不同影响范围和服务层级的“办公室”构成。

（3）以一种总体的和整合的方式发挥职能作用。

（4）促进组织战略指标的实现。

P3O 为客户特定需求提供服务。P3O 是比 PMO 更恰当的术语，然而大家发现，不同的组织可能会用不同的术语表述相同的事物。通常，他们可以在一件事情上达成共识——组织的首要目标是通过它的项目/项目集来帮助组织更好地实现业务成果。有时，EPMO（企业 PMO）也代表 P3O。要理解 P3O 关注什么，答案是没有“一刀切”的公式，这是因为 P3O 的设计一定要经过剪裁，以满足已构建 P3O 的组织的特定需求和业务环境。

P3O 吸收了各自组织的文化和背景。每个组织都是独特的，所以不存在两个组织的 P3O 完全一样的情况。重大的组织变更会对 P3O 及其结构和职能产生影响，类似的，实施或重构一个 P3O 也会不可避免地对组织产生影响。因此，P3O 与组织的其他部分（部门）会相互促进、共同发展。在提升 P3O 成熟度的过程中，P3O 很可能会发生演变和改变。

一些组织可能会将 OSM（战略管理办公室）与 P3O 合并，而另一些组织可能会将它们分开，并将 OSM 放置在一个更高的层级上，可能称为战略管理部或类似的名称。无论选择哪种方式，都要理解 OSM 的职责与 P3O 存在重叠，并且组织希望能够明确两个职能部门各自的指标，以及它们在职责不重复的前提下，如何相互协作和互补。

P3O 实施远比购买或开发一个集成数据和生成报告的自动系统复杂。P3O 的实施，无论其类型如何，都应作为一个自身拥有的项目集来执行。根据研究结果，P3O 的实施时间应为 6～24 个月。

通过 P3O 的实施，可以从中获得如下收益：

（1）提高客户满意度。

（2）改善决策的质量和敏捷度。

（3）改善高层管理人员与项目/项目集团队之间的沟通。

（4）组织的各个领域之间得到更好的整合。

（5）跨组织的 P3M（组合、项目集和项目管理）知识得到有效推广。

（6）跨组织的项目/项目集的可视性得到提高。

（7）更好地管理第三方及供应商。

（8）更好地评估收益、成本和时间。

（9）降低风险承担。

（10）改善项目/项目集之间的相互依赖关系的可视性和管理。

（11）改善具有项目/项目集管理技能的资源的可用性。

（12）改善对稀缺资源的分配。

（13）提高项目/项目集团队的工作效率。

虽然上述收益可能来自各个组织的 P3O 的期望，但是全部组织对收益的期望不可能都相同。上述收益中会有多项收益是相互依赖的，并且收益之间的相互依赖关系能够通过 BDM（收益依赖映射图）最好地在 P3O 中展现出来。

正如上文所述，P3O 所关注的不是一个“一刀切”的公式，因此 P3O 模型设计一定要进行剪裁，以适应一组直接或间接影响 P3O 设计的因素。识别或考虑可能导致 P3O 执行或维持困难的影响因素会导致 P3O 失败。P3O 发起人（最好是董事会层级的高层管理人员）应负责承担一个项目集 P3O 的设计和实施，并为此开发一个商业论证，正如其他项目集那样。商业论证应得到具有相应级别的权力机构的批准。P3O 设计不是一次性活动，它可能会发生很多次。随着时间的推移，无法进化的 P3O 价值观念往往会弱化，这是因为随着组织本身的成熟和业务环境的变化，P3O 需要与组织发展过程中产生的新业务需求保持一致。

4.3　组合能力和技能资质管理

组合组件及其实施路线图的选择，应按照组织当前的能力和技能资质，以及其他可获取的潜在资源来平衡。组合审查允许按照需求来制定能力和技能资质的计划。当从运营组件中获取和平衡项目集及项目组件的资源时，这项管理尤为重要。

下面阐述与组合管理相关的组合能力和技能资质管理绩效域。组合能力和技能资质管理的指标，要确保组合的能力和技能资质需求与组合指标一致，并确保组织能够支持和满足组合的能力和技能资质需求，从而能够获得成功的组合执行和预期的组合回报。

4.3.1　概述

在组织的整体组合管理中，从战略计划到组合的选择和优化，并在组合执行过程中，实现组合的最终价值，能力和技能资质管理职能都起到关键作用。通过对组合结构管理下的项目集和项目工作执行的监控，有效和高效的能力与技能资质管理架起了组织整体战略及具体经营指标之间的桥梁。有关术语解释如下：

（1）能力和技能资质管理。一个基于一组指导原则的综合框架，由一组识别、分配和优化资源的工具和实践组成，以便在组合执行中能够最大化资源使用和最小化资源冲突。

（2）能力管理。解决为支持组合需要哪些资源类型、需要多少、何时需要资源的问题。

（3）技能资质管理。细化哪些方面的资源能力是适用的，解决与组合资源和组织对组合支持相关的属性、能力和技能问题。

组合能力和技能资质管理的指标，是在组织能够做的（或称为它的能力）与组织有能力去做的（或称为它的技能资质）之间确定一个最优的平衡。为了成功地执行组合，组合能力和技能资质管理要最大化资源使用和最小化资源冲突。围绕组合的选择和执行、决策、变更管理、风险管理、价值管理和收益管理的充分实践，会对资源能力和技能资质产生直接影响。组合组件之间的相互依赖关系会很复杂，进而会影响资源。组合能力和技能资质管理专注于组织要去使用，以便能够执行组合组件的人力、财务、资产和知识资产的资源。于是，每一个组织都有一个预期的潜能，以便它能够按照组织的全部需求和优先级，完成所要完成的、执行所要执行的。组合经理需要着眼组织，在组合范围内识别项目集和支持项目，以便满足组织的战略指标。通过对组合需求与组织的能力和技能资质进行平衡，使这些项目集和支持项目能够满足可执行的条件，从而实现组合的经营目标和相关价值。

平衡组织的能力与技能资质不是一件简单的事情。为了满足战略指标，组件中的项目集和项目的整合是复杂的，并涉及组织、它的项目集和支持项目之间的许多相互关系。一个组合应被理解为一个复杂的适应性系统，而不是一些孤立的或简单关联的组件。能力或技能资质管理涉及组合的各个方面，并允许组合经理能够计划、监督和控制组合的执行，以便满足组织的战略目标和整体的投资绩效及收益实现。

4.3.2 指导原则

组织，不管它的规模、复杂性和商业环境特性如何，都需要定义和包含一组指导原则，以便能够有效地进行能力和技能资质管理，从而获得组合层级的成功。3.5 节列出的全部原则均与组合能力和技能资质管理有关，然而，下列各项需特别注意，因为它们对成功执行组合所需的资源有着深入和直接的影响。

（1）为资源使用优化而进行的主动实践和决策领导。

（2）在战略执行中获得最佳。

（3）平衡组合价值和整体风险。

（4）梳理复杂关系以便成功地获得产出成果。

以上反映了作为有效的能力和技能资质管理潜在基础的一些原则。

4.3.3 能力管理

能力管理是组合管理中最复杂和关键的领域之一，它要解决组合及其组件的整体资源需求。能力是组织为成功地执行计划的组件启动方案组合，而满足整体资源需求的能力。一个组织执行组合的能力或资源需求主要在下列资源类别中产生：

（1）人力资本。支持组合的可用人力资源。

（2）财务资本。支持组合的可用资金。

（3）资产。可用的物理资产，如机器、办公空间、工厂等。

（4）知识资本。可用的人才、版权等。

这些资源类别要求进行全面的计划、分析和主动管理，以便成功地执行组合，并实现相应的目标和指标。这些资源类别非常重要，并彼此紧密相关。它们之间的比率和相关程度依赖于行业和组合的构成。

能力管理解决与组合及其组件之间资源需求的冲突。它帮助识别需要哪些资源、需要多少资源和何时需要支持组合的资源（包括正在进行的对资源最大化的使用和冲突最小化的优化）等问题。

通过能力管理，资源能力管理的“哪些”方面，包括需要解决的与资源相关的属性、能力和技能，被进一步细化。除了资源能力之外，应考虑其他关键组织能力，如哪些资源对成功地执行组合有直接的贡献。

图4-2展示了组合管理的能力和技能资质管理的构成要素。

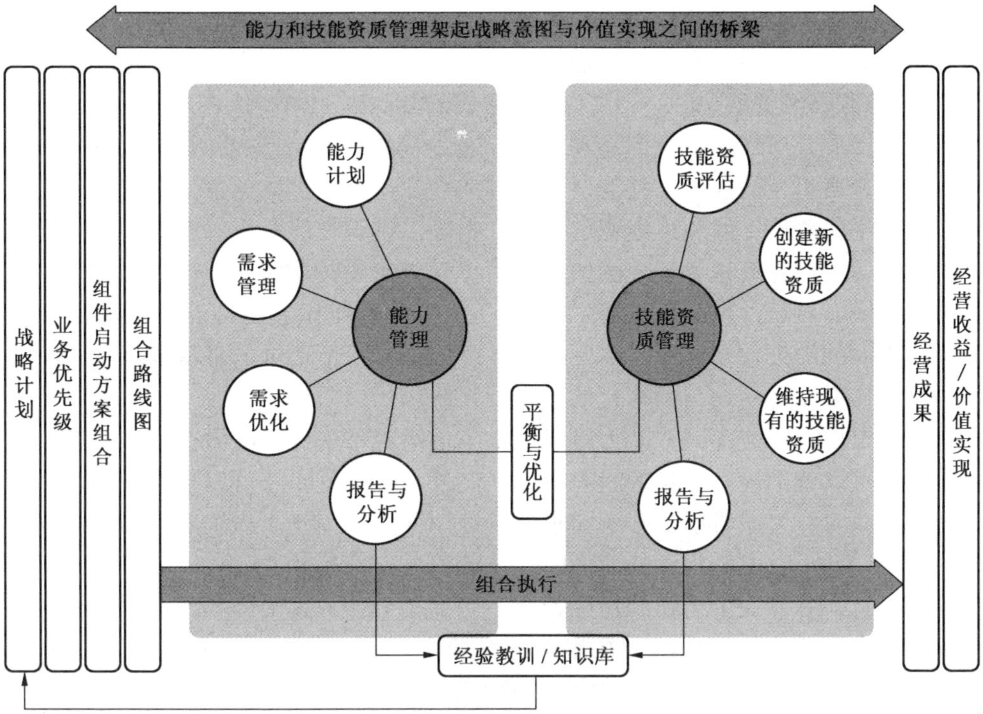

来源：Project Management Institute，Inc.，THE STANDARD FOR PORTFOLIO MANAGEMENT FOURTH EDITION，Published by Project Management Institute，Inc.，2017，P. 53.

图4-2　组合管理的能力和技能资质管理的构成要素

组合的能力管理涉及基于方法论开发一个整体组合的资源需求和可提供资源的预测，在组合执行期间，分析和调整组合需求资源的供给，测量与监控资源的需求及供给，依据组合需求执行变更，从而使组合获得最佳的目标收益或价值实现。

能力管理使用综合和整合的方式进行资源管理。它包含下列4个要素：

（1）能力计划。这一要素需要预测资源需求和可用资源供给，以便基于组合路线图、战略计划和历史数据中的可用信息执行组合。

（2）供应和需求管理。这一要素涉及组合组件的分析和资源分配，以便平衡供应及需求。

（3）需求优化。这一要素涉及正在进行中的测量和资源的监控，以便在组合执行中，按照需求进行行动路线的纠正和调整。

（4）报告和分析。这一要素识别和捕获支持组合决策的趋势及类型的数据，并进行相关分析。

能力管理4个要素的整合，使组织能够执行组合，并基于批准的资源等级或约束条件获得预期组合收益，进而实现组织的价值。

4.3.4 组织技能资质

技能资质是组织为交付商品和服务，通过它的人员、过程和系统执行完整的组件启动方案组合的能力。技能资质能够建立在市场上提供竞争优势的能力，为预期客户交付价值，并实现组织的目标和指标。组织技能资质的解决，组织通过招聘，或通过内部流程和系统的使用，来提升组织的技能资质，这需要遵循一条渐进的路线。然后，这一路线允许组织变得更加有组织、更加有系统、更加成熟。随着时间的推移及组织技能资质成熟度的提升，所要做的是从依赖个人的勇气和才能转变为文档化与标准化的过程及系统。

技能资质与能力不同：能力是组织在当前情况下怎样能够做得更多，而技能资质是指可以或不可以开拓的组织潜力。此外，技能资质还可以指当能力在某一时间点短缺时，组织可以加强所需求的资源以便执行工作。当全部已实现的或驱动的资源属性汇总成为组织的能力时，技能资质全部特性的汇总体现了全部资源属性的汇总，并体现了组织的技能资质。协同也会进入这个公式，资源属性的汇总不是一个简单的数学公式。在复杂的系统中，属性的汇总可以少于或大于整体，并且这一复杂关系导致在组合中平衡能力和技能资质变得相当困难。

4.4 组合干系人争取

关键组合干系人需要主动的期望管理。通过不断地调整和沟通，组合可以提高价值交付的可能性。主动沟通成为实现信息交换、透明度改善和干系人认可的主要工具。

组织战略定义了组织实现其愿景的路线。组合管理是一个手段，即组织通过将有限资源用于可以最大地支持组合战略的组合组件来执行已定义的战略。组织战略的执行对其他与该组织有业务往来的组织或个人也很重要。

组合干系人是一些个人、组织或小组，他们能够影响一个组合的决策、活动和产出成果，或被其影响，或意识到自身会被其影响。另外，能够影响（正面的或负面的）组织指标实现的个人、组织或小组同样也应被作为干系人来看待。大量的个人或小组被视为干系人，他们不自觉地受到组合活动直接的或间接的影响。当需要争取他们或与他们沟通时，应当关注谁，怎样精简冗长的干系人清单。组合层级的干系人清单与组合组件的干系人清单有很大不同。这些不同不仅与干系人的级别相关（如组合层级的干系人常常具有较高的管理级别），而且还与所涉及的干系人的兴趣等级相关。组合干系人争取主要通过交付战略和分配资源来开展，而项目集干系人争取主要通过收益管理来开展，项目干系人争取主要通过交付满足质量、时间和成本要求的范围来开展。这些不同的兴趣意味着，对组合干系人与组件干系人而言，所考虑的角色不同。

干系人争取的一个组成部分是组合沟通管理，包括制订组合沟通管理计划和管理组合信息分发。沟通战略关注生成和/或获得全部相关数据，并满足干系人最重要的信息需求，以便能够制定有效的干系人决策，并能够满足组织指标。透明性可以成为一个减轻不适当沟通风险的沟通战略。优先级和状态的透明性可以提高组合经理的可信度，有助于与干系人形成良好关系，并减少资源被用于与组织的战略和指标不一致的工作中。

4.4.1　概述

干系人争取包括一些实用的实践议题，如与组合干系人共同工作，以便最大化组合和组织的绩效。组合经理要经常使用与相关背景相适应的模式和技术与干系人沟通。组合经理引导干系人之间的沟通，以便通过协商达成协议，并做出组合决策。

受组合执行影响的 3 类主要干系人组：

（1）组织的高层领导和经理。这些干系人需要掌握组织的资源情况，以便执行和实现他们预定的指标。导致资源从一个（潜在的）组件到另一个组件转换的组合管理决策，都会影响高层领导和经理的关键意愿。

（2）内部或外部为组合组件工作的组织和个人。这些干系人非常关心相关组件的资金和方向。组合会对启动和继续这些组件的工作产生重要影响。

（3）组合组件内部或外部的用户和客户。这些干系人（个人及组织）均含蓄地或明确地记录与组合组件相关的需求。组合组件的优先级会影响干系人对这些期望的满意度。

通过与这些主要干系人组合作，许多其他干系人可能也会受到组合的影响，包括过程责任人、供应商、负责治理的个人、干系人、政府，甚至广大公众。

组合及其组件的成功执行，会对干系人的兴趣度产生有力影响，同样也会受到这些干系人的有力影响。组合干系人争取关注所有形式的沟通，包括通知、影响和对组合层级干系人的引导。

争取干系人不是本节所描述活动和方法的最终指标。然而，它是组合经理对实现执行定义战略进行支持的一种手段。这意味着促进透明度、责任感、义务感和公正性；确保对组合组件的投资与组织战略和组合实践保持一致；获得和维持高层管理人员与关键干系人的赞助及支持。在支持组织解决复杂问题以便能够获取成功的产出成果的过程中，有效的组合干系人争取和沟通管理将培养出一种接受风险及变更的文化。

经过深入争取的干系人会对组合的价值和方向有一个清晰的理解。他们在所关注的有关组合的影响方面能够获得透明的信息，并将有尽可能多的机会把他们的意愿与组合的意愿协调一致。有着相反意愿的干系人能够在战略实现的更高层次调整他们的期望。

干系人争取和沟通的关键迭代步骤包括下列几个方面：

（1）干系人识别和分析。识别和分析在战略层级上运作的干系人，然后建立争取计划。

（2）干系人争取计划。列出争取干系人的组合管理原则、过程和活动提纲。

（3）干系人争取活动。对组合组件的选择、排序和绩效给出即时评估，以及对组合层级的问题和风险进行早期识别。

组合沟通管理促进受影响的内部或外部干系人、个人和小组进行双向有效的交流，包括：

（1）执行经理。

（2）运营经理。

（3）治理主体。

（4）发起人。

（5）项目、项目集和子组合经理。

（6）供应商和外部资源提供者。

（7）法规制定机构。

（8）其他。

为了开发组合沟通管理计划，干系人识别和分析，以及确定沟通需求是必要的。

在制订干系人沟通计划中，组合管理计划可以识别一些主要干系人，如对组合成功负有责任的高层经理和发起人。在该计划中可以发现一些需要组合进展情况或从中受益的追加的干系人。这些追加的干系人反映在组合管理计划的更新中。在编制综合干系人清单的过程中，要确定干系人的信息需求和他们喜欢的沟通方式。开发一个可靠的沟通管理计划需要来自其他各种组合管理过程的输入，如绩效和风险管理。

组合沟通识别广泛的和不同的干系人，从高层管理者到执行基本任务的个人及第三方。组合干系人对信息的需求与项目集/项目层级的沟通相比有更多需求，主要是因为干系人广度和类别的增加。透明的规划组合管理报告对早期发现是否存在要素缺失和管理沟通不充分或不一致所导致的风险很重要。当规划资源最优使用时，透明沟通很有价值。

表4-1列出了各种干系人的角色及其对组合的兴趣等级，可作为对干系人潜在沟通需求的一个指南。

表4-1 干系人兴趣表

干系人组	干系人角色	干系人兴趣	干系人期望
组合发起人	1. 提供资金 2. 提供资源 3. 提供高层级范围	满足组织目标的收益和输出成果	定期收到有关组合投资回报、关键组合里程碑、风险、成本和进度的信息
组合治理	1. 监督组合 2. 设置优先级 3. 管理支出 4. 报告进展 5. 管理收益的及时交付	1. 组合绩效 2. 治理决策 3. 变更决策 4. 对发起人和治理主体的关注	1. 成为最了解组合目标实现进展情况的干系人 2. 了解全部开发结果
PMO	确保组合管理的最佳实践得到遵守	1. 项目进展 2. 经验教训 3. 制作供未来使用的 PMO 资料	收到全部组合变更和组合需求的通知
合同管理团队	1. 确保资金有保障 2. 管理合同 3. 确保合同人员的高效工作	1. 财务工作 2. 项目进展 3. 合同的影响和变更	1. 了解合同可交付成果的进展 2. 了解合同的任何变更，包括增加资源的需求
组合组件团队	报告进展和组件完成情况	1. 组合变更 2. 组合风险和问题	收到全部组合变更、风险和问题的通知
组合经理	1. 创建和执行组合管理 2. 确保组件之间适当的沟通和协调 3. 设计和改善适用的过程 4. 调整组合组件 5. 与组件治理主体沟通	1. 组合与战略目标的一致性 2. 通过平衡的组合组件为组织创造价值 3. 组合干系人与组件经理之间的有效沟通 4. 组合资源的高效使用	1. 深入了解组织战略目标和指标 2. 为组合组件提供足够的资源 3. 获得与全部干系人沟通的授权
外部干系人	1. 及时收到组合及其组件资金和趋势的信息 2. 基于各个组件的进展情况执行工作决策	基于干系人的需求和利益测量的组合及其组件的作用效果	1. 针对组合及其组件执行和进展情况的完整和开放的沟通 2. 在组合组件执行中对干系人利益和关心的事件适当考虑

来源：Project Management Institute，Inc.，THE STANDARD FOR PORTFOLIO MANAGEMENT FOURTH EDITION，Published by Project Management Institute，Inc.，2017，P. 66.

4.4.2 指导原则

由于组合管理中的全部过程和活动均涉及一些类型的沟通,它可以称为干系人争取与其他全部管理绩效域的协同活动。本节的关注点是减少与组合管理职能绩效相关联的常规信息交换,并通过双向的沟通和互动增加争取组合干系人的自觉活动。

3.5 节所列的全部原则都与组合干系人争取和沟通管理相关，下列原则也很重要：

(1) 实现最好的战略执行。

(2) 促进透明度、责任感、义务感、可持续性和公正性。

(3) 确保对组合组件的投资与组织战略和治理实践一致。

(4) 获得和维护高层管理人员和关键干系人的赞助及参与。

(5) 培养接受变更和风险的文化。

(6) 梳理复杂关系以便成功获得产出成果。

4.4.3 干系人争取的概念

“干系人”是指个人、小组或组织，他们能够影响一个项目、项目集或组合的决策、活动或产出成果，或被其影响，或自认为被其影响。凡使用“干系人”的地方，都将“干系人”视为个人或小组。

“干系人争取”是一个涵盖性术语，覆盖了组织理解干系人的全部工作范围，并涉及干系人参与的为实现公认成果而开展的活动和决策。组合干系人争取可以帮助组织满足下列范围的战术和战略的需求：

(1) 改善透明度并建立个人或小组的信任，干系人的支持是实现组合愿景并最终实现组织战略指标的关键。

(2) 组合成功所需的引导信息。

(3) 可以影响组合活动的趋势发现。

(4) 为满足新的挑战和机会，从而实现组合愿景所需的创新激情和组织变更。

沟通是全部关系的核心，因此沟通是干系人争取的一个组成部分和手段。如果组合干系人争取是有效的，它将促使实现下列干系人争取指标：

(1) 组合干系人之间更好的信任和更融洽的个人关系。

(2) 组合管理团队和其他组合干系人（内部的与外部的）之间更好的信任及更融洽的个人关系。

(3) 降低干系人对实现组合收益所要求的变更的反对程度。

(4) 提高干系人对组合愿景和实现组合收益所要求的变更的支持及认可程度。

(5) 提高干系人对实现组合收益所要求的变更的准备和就绪程度。

(6) 更好地做出基于受决策影响的干系人知识的决策。

(7) 通过在干系人之间的沟通和共享责任中提高透明度的美德，更好地进行组合层级风险的管理。

需要特别注意的是，反对程度的降低并不意味着支持程度的提高。反对程度的降低也并不意味着对所需变更的准备程度的提高。降低反对程度的、系统的和计划的努力只可能会对“中立”的干系人产生影响。对干系人积极和统一的争取，可以有效地提高干系人支持和准备的程度。所期望的干系人争取的结果是否能够交付，只能通过持续地跟踪干系人争取衍生出来的测量指标来确认。

下面是一些在组织的组合管理实践实施中可能引起干系人反对的一些例子：

（1）不愿意遵循结构化流程来排序和选择项目。

（2）由于文化因素，不愿意使用基于共识的决策。

（3）不愿意为项目的选择做出任何努力，只愿意做二选一的决策：是或否。

（4）不愿意终止或暂停与战略不一致的项目。

（5）不愿意养成在工作中持续学习的行为习惯。

干系人争取应遵循下列原则：

（1）自愿参与：每个参与人都应致力于推进工作和充分参与。

（2）开放、诚信、信任：开放和诚信的沟通是相互信任的必要条件。

（3）包容性:努力使所有受影响的和有兴趣的各方能够以某些形式进行对话。

（4）公共信息库：参与者都应能够访问相同的信息。

（5）相互学习：全部各方，包括业主和干系人，都应以一种学习的态度参与讨论。

（6）合作决策：构建主体责任及未来的主体责任，以提高实施的可能性。

（7）协调干系人的反馈：进行如何采纳干系人反馈的沟通。即使无法达成共识，也应让干系人感受到他们的关切得到了重视。

4.5 组合价值管理

组合价值管理促进组合投资以获得依据组合战略确定的预期回报。在组件执行中或结束后，需要对价值的贡献和维持进行监控。

组合价值管理确保对组合的投资可以交付符合组合战略的回报，该战略是在定义项目、项目集等组合组件的过程中对干系人意图的表达。

4.5.1 概述

本节阐述了组合价值管理绩效域，并讨论了相应的概念，如最大化价值、确认价值和实现价值。

4.5.2 指导原则

全部组合都应被管理以便增强和维护组织的价值，无论价值是有形的或无形的。为了最大化价值，组织应遵守原则以便在组合层级中成功地指导它。3.5 节所列出的全部原则对价值管理很重要。然而，下列原则会直接影响组织的价值：

（1）确保对组合组件的投资与组织战略和治理实践一致。

（2）平衡组合价值与整体风险。

价值管理的指标不依赖于组织的自身特性。不论组织是私人公司还是政府机构，定义组织价值指标都能够驱动组织战略、影响组织治理实践和战略管理过程，以及组织应对风险的方式。

4.5.3 价值管理

某些领域（包括数学、道德、经济和管理）为价值定义的过程提供了一些观点；然而，它们基本上都围绕价值是一个作用效果（effect）的指示器或贡献能够交付的观念来演变的。这个作用效果被看作是一组方法，如年收入提高，利润也会提高，或风险也会降低。价值是前后关联的。组织寻找控制的作用效果受在组织战略中体现的组织目标及它的世界观的驱动。实体的价值或贡献的增长越大，它对组织战略的相关性就越大。在实体或贡献对组织环境有重要影响的地方，或在该影响与组织战略相关的地方，它会体现出更高的价值，不是全部形式的价值都是相关的。公共领域机构可能寻求降低成本和提高市民的满意度，所以，以此作为价值测量的依据。私人领域组织可能以提高年收入和利润作为价值测量的依据，然而，在非政府组织（NGOs），最大化地提升与使命相关的输出被视为最有价值的。

价值的重要性可能会被冗余削弱。当一个援助项目集将食品送到受灾区域，食品是有价值的，或许价值是按照在一个时间周期内获得食品的幸存者数量来测量的。如果食品发放比它应发放得快，并且多余的食品在它被食用前变质，则在该项目集的背景下，多余的货物将失去价值，因为它将不会产生任何影响。

对于已经识别的价值，需要有测量标准。定义的测量单位和进行测量的方法应当存在，并与组织和需要控制的作用效果相关。与价值相关的测量标准可以是有形的或无形的输出或作用效果，正如价值可以是有形的或无形的。有形价值可以直接被测量。例如：

（1）技能提升。

（2）资源能力。

（3）市场份额。

（4）客户满意度。

经济价值是有形价值的一种特殊情况，在经济价值可以被获得的地方，通常是组合经理重点考虑之处。经济价值的改善可以通过以下方式获得：

（1）改善生产率，可以通过资本的替换或减少对输入资源的投资来实现，如人力资本、财务资产和知识资本。

（2）提高活动的数量，而不是提高生产率。

虽然存在代理人测量的可能性，但是无形价值不能直接被测量。无形价值包括：

（1）品牌知名度。

（2）组织声誉。

（3）风险承担。

（4）合规性。

（5）社会价值。

价值测量不必直截了当，特别是在组织运营处于不能控制，并通常在追求多个战略到相同终点的环境下。基于市场资本化的上市组织的价值可以直接地和透明地被测量，基于消费者对品牌印象的价值测量可能需要一种间接的方式。一家连锁酒店可能使用忠诚度项目集来追求收益，但是也可以通过具有相同目标的其他项目集，并通过选择一些如会员数量、会员参与打分和每个会员产生的收益等测量手段，开展对忠诚度项目集产生影响的独立测量。在受灾区域寻找食品援助项目集寻求去保护生命，但是除了饥饿外，可能存在其他对生命的威胁，包括疾病和武装冲突。除了采用幸存人数与初始人口数量对比的方法外，援助机构可以寻求有更多细微差别的测量，或许专注于因营养不良或其他苦难而接受治疗的人数。

4.5.4 价值管理的构成要素

在组合对环境的作用效果、组织目的及战略开发导致组合的建立或重构等背景下，有许多有效的组合价值管理所要求的关键活动。为了有效地管理价值，组合经理应当：

（1）谈判预期价值。在以下两个层级谈判组合要建立的价值：

① 针对将组合作为一个整体的组织战略目标。

② 在组合中，针对为组合谈判的价值框架，评估每一个候选组件。

（2）最大化回报。最大化来自组合投资的回报。计划和制定组件所要求的、对作用效果和价值没有负面影响的、在安全经济成本下的、满足最低交付要求的方法。这包括通过使用如组合有效边界和其他适用的风险管理工具及技术，模拟和评估各种满足组合目标的方法。

（3）实现价值。确保获得需要通过组合投资来实现的价值。关键要认识到，组件交付输出所依赖的环境要有利于开拓这些输出，从而实现所需的价值。

（4）测量绩效。测量由组合组件产生的输出所达成的绩效，如通过使用平衡记分卡。组合经理应收集已制定的测量标准。

（5）报告价值。报告基于测量标准已实现的价值。这是一个政治活动，已实现的价值，按照适当的风险、环境变化影响和组织目的或世界观的改变，由一系列相关成果构成。

为了实现有效的组合价值管理，组合经理需要建立一个组合需求、影响因素和承受能力的模型，驱动组合组件实现价值目标。图 4－3 说明了在组合对环境的作用效果、组织目的、战略开发导致组合建立或重构等背景下的要点。

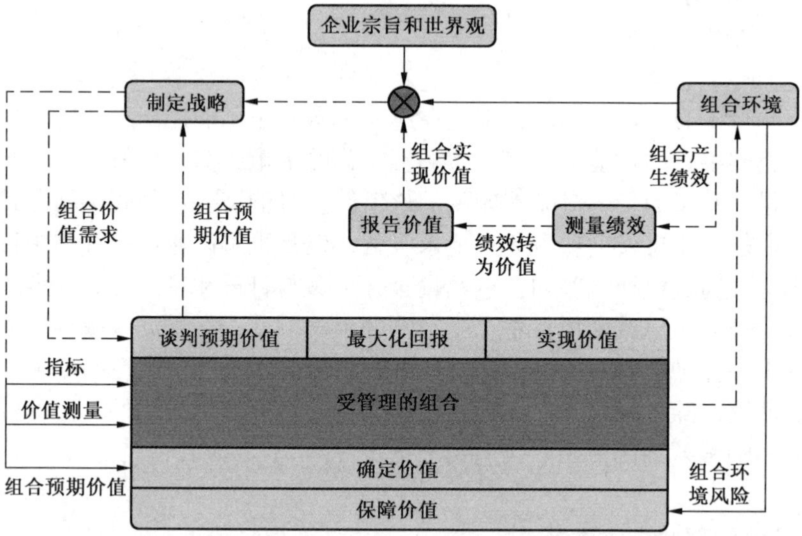

来源：Project Management Institute，Inc.，THE STANDARD FOR PORTFOLIO MANAGEMENT FOURTH EDITION，Published by Project Management Institute，Inc.，2017，P. 78.

图 4－3　组合价值管理中的关键活动

有两个来自战略驱动组合的反馈环。第一个反馈环是谈判根据需求价值而设定的预期组合价值，而需求价值是由战略开发、分配预算、事业环境因素、外部和内部风险，以及组织风险偏好导出的。第二个反馈环活动比较缓慢，首先获得绩效和已实现价值的测量结果，然后将它们和环境观察与组织目的及观点相结合以形成战略。两个反馈环中的第二个影响力更大。

本节所讨论的全部活动的基础是在组合层级确定价值的需求，建立组件应遵循的方法，跟踪这些方法的执行和它们的影响，以及保护价值的需求。价值保护通过在组合环境中对风险的有效管理来实现，要认识到机会管理是风险管理的一个组成部分。

4.5.5　最大化价值

多数组织的首要目标都是针对一个或多个业务指标（如利润率、战略、可接受风险等）将组合价值最大化。使组合价值最大化的方法很多，从财务方法到评分模型。这些方法各异，但都存在优势和不足。每种最大化价值方法的最终结果都是一份项目的优先排序清单，排在清单前面的项目在实现预期指标方面评分最高。这些方法至少可以在限定的资源支出条件下，使基于指标的组合价值最大化。这些方法的推广虽然面临一些难题，但是组合价值最大化仍是一个值得追求的目标。

组合的投资回报率用于测量通过输入成本所实现的价值。既然所需价值已经经过谈判，组合经理就应当以实现组合所需最低的，并且经济成本安全的价值为目标。组合经理有实现这些目标的有效工具，包括：

（1）与组件输入和输出质量要求相关的风险偏好。

（2）避免解决方案元素超出规格的组件设计指南。

（3）为加强一个组合中组件之间的协同，或一个组合的组件与其他组合的组件之间的协同，而采用解决方案的约束条件。

（4）个别组件开展有效财务管理训练的需求。

（5）在组合层级开展有效管理训练。

（6）有效边界的使用。

有这样一种组织风险：组合过度关注回报的最大化，忽略了它体现回报价值的真实需求。这导致进行组织制度转变变得非常容易，所以，组合经理变得专注于成本并忽略价值，从而损害了所要实现的回报。有效的组合财务管理是在这种模型中获取回报最大化的一个关键部分。

组合财务管理包括下列活动：识别组合财务的来源和资源，确定构思过程的输入，建立组合整体预算，整合组合组件的预算，通过治理获得正在进行中的组件财务变更的批准并在整个组合周期自始至终地监控组合成本。组合财务管理由以下五大支柱支撑：

（1）组合财务框架。指定协调有效资金、确定约束条件及指定资金怎样被分配的系统和方法，以便保持财务资源的使用与战略目标和优先排序一致。

（2）组合财务管理计划。作为价值管理框架的一个组件，该计划记录组合财务的以下方面：资金进度和里程碑、初始预算、合同支付和进度计划、财务报告活动和机制（包括外部报告责任，如法定责任），以及财务测量标准。组合财务管理计划还可以被组合管理计划所引用。

（3）组合组件成本评估。用于确定自下而上编制的组合总体预算。

（4）组合预算。该预算通过汇总全部有效的财务信息和足够详细地列出全部资金及支付进度计划来制定，从而能够跟踪组合成本并将其作为组合预算基准的一部分。

（5）财务管理工作。一旦组合收到了启动资金，并开始支付组件费用，财务管理工作便转移到跟踪、监督和控制组合的资金与费用，以及开展与预期收益相关的财务测量上。

组合财务管理是一组确保降低组合整体支出，并将可用资金集中用于正确的项目集和项目上的实践应用，从而能够基于最低的成本实现最大的收益交付。财务管理过程在组合层级建立，包括建立和批准治理、构建和控制的机制，并作为过程标准被组合下的项目集和项目所遵循。非常重要的财务职能被视为高效组合管理的核心职能，而不是外围职能，这是因为只有将财务控制全部整合进入组合的核心，组织才能正确地建立引入改进后的财务控制的组合结构。只有组合发起人力争将财务管理作为一项主要的组织战略指标，强有力的财务管理和治理才能够得以实施。

通过执行控制和采用降低未来超支概率的程序来集中解决财务的痛点问题（当前的、高风险的或超支的问题），组织及时降低支出的能力可以得到显著提升。

为了改进组合财务管理，组合的投资回报率应得到重视：

（1）使用较少的资金交付更多的项目集。

（2）为节省资金，通常只有少数项目集能够得到批准，因此只有能够提升价值的项目集才可以启动或继续（通过“分阶段拨款”方法实施）。

（3）只有较高回报率的项目和项目集才可以获得预算资金。

（4）通过改善项目集的绩效来减少超支。

（5）通过加强对未来持续成本的尽职审查，降低总体拥有成本。

（6）通过更优质的财务管理来提高决策水平。

4.5.6 确定价值

确定价值的目的是确保组合能够实现经过谈判确定的需求价值，该价值反映在组合组件的执行计划中，组合价值是组合组件输出的集成。项目产生可交付成果，如为会员建立的在线注册和账户管理系统。项目集交付收益，如在酒店连锁模式中，一个项目集可能会重新定义会员申请过程和会员等级。其收益包括管理的简化和目标市场管理信息的完善。

潜在的前提是，如果一个组合组件成功地完成了由它负责交付的可交付成果，它便可以能够通过实现组织使命的全部途径，即通过从可交付成果到组件产出成果到收益再到价值的链条，为组合做出贡献，如图 4 –4 所示。图 4 –4 展示了如果组件产生了导致变更目标失败的可交付成果，组合价值将怎样被削弱。价值确定以减轻风险为目标。当每个组件项目都完成时，一个项目集的收益通常会实现。除了一些例外（如早期的收益实现），每个项目的收益通常都是在项目完成后才得以实现。图 4 –4 展示了一个周期，在任何点的活动都可以持续。例如，组织可以持续地开发和重新定义战略。如果组织受到了干扰，它可以制订在某一最适当点介入的应对方案。

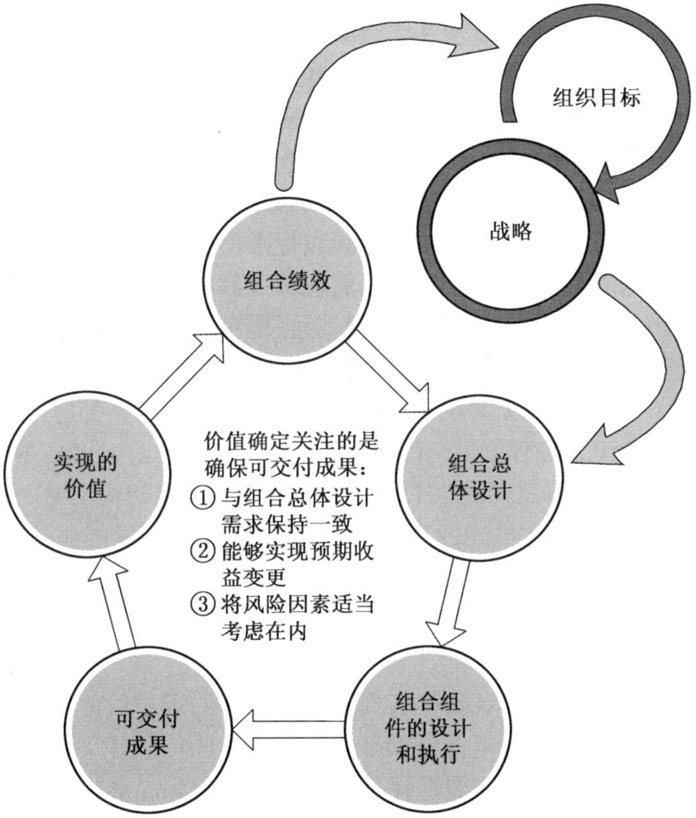

来源：Project Management Institute, Inc., THE STANDARD FOR PORTFOLIO MANAGEMENT FOURTH EDITION, Published by Project Management Institute, Inc., 2017, P. 81.

图4-4　通过组件可交付成果实现战略与组合绩效的关联

组合经理继承一组与价值确定方法相关的原则和约束条件，根据组合的自身特性对它们进行调整，然后将它们传递给组件。虽然价值确定的结果作为一个持续的基础可以在组合层级得到明确，但是价值确定可以在每个组件中，通过适当地考虑从组件到整体组合的全部层级的风险，在一个更加细化的层级得到规定。结合上述所举的关于连锁酒店项目集的例子，每一个组件贡献一个到数个可交付成果，每个可交付成果贡献预期价值的实现能力。贡献从具体的作为产出成果并实现收益的组件可交付成果开始——在这个例子中，会员数量的变化导致价值的实现。为了每个进展中的组件，确保在一个持续的基础上，组件将提供预期的可交付成果。组合经理要求组件开展行动的方式有 4 种：

（1）需求跟踪。组合经理应要求每个组件将它的需求与它的组件工作包关联起来，并要求报告结果，以便在与组织风险偏好相一致的适当等级的风险响应活动下，对指定范围进行及早和持续的确认。

（2）验收标准。每一个需求都需要一个或多个验收标准。验收标准与完成标准不同。完成标准定义一个任务何时完成，而验收标准描述任务中的工作何时停止。例如，可以有一个任务，其完成标准是“计划商定好了”。在这个例子中，验收标准定义了协议的自身特点。验收标准所报告的协议为组合经理提供了一个组件风险的迹象。当对验收标准不能达成可靠的共识时，这说明在组件干系人社区中存在一些基本分歧，该风险将削弱组件对组合预期回报的贡献。

（3）关口审查。在预定义的各个关口点，组件中的工作、所提供的对需求满意（或不满意）的证据，以及对要求满足需求工作的确认，都应当被审查。关口审查的报告结果为组合经理提供组件满足需求范围的标志。关键是在组件生命周期中，在正确的地方，得到正确的关口编号，并将变更的适当成本纳入风险公式。

（4）质量保证。以上描述的 3 个概念有助于加强可靠的质量管理制度，但是要通过有效的质量保证予以支持。质量保证为组合经理提供了与价值相关的风险指标，而组合经理为满足组合需求，应为生成这些风险指标提供重要输入。

4.5.7 实现价值

组合经理应负责确保组合整体实现已经谈判好的需求价值。所以，需要确保接收组合中其他组件输出的组件可以有效地开拓这些输出并交付目标收益，以便组合的预期价值能够持续地与需求保持一致。应注意到，确保组合整体实现它的需求价值的责任应由组合发起人承担。

例如，一个组织可能通过集中管理它的不动产来提高它的利润。它可能选择启动一种新的方式：通过确保员工个人不是在特定桌面使用特定台式 PC，而是使用便携式电脑或虚拟桌面。为了做到这一点，可能在相关组合中启动一个组件，用于开发虚拟桌面解决方案。这种情况下，预计后期价值实现，将体现在组织决定实际使用便携式电脑和虚拟桌面，并拆除相当数量的个人专用台式计算机，并且不会影响组织的运营。

价值的成功实现是目标组件中变更管理的关注点，因此要确保围绕组件所要求的变更能够被有效地识别、计划和执行。在这一背景下变更管理被理解为：为响应组合输出，以驱动和嵌入变更为目标的、以人为中心的变更。这与组合、项目集和项目经理执行的变更管理任务不同，因为他们需要执行梳理计划和交付。价值实现在组合的服务组件中发生：项目集和项目组件得到启动。当组合组件被计划、开发、执行时，组件的预期价值可能会改变。实际范围、进度、成本或绩效的改变可能会影响预期价值。外部因素，如市场条件、竞争者的活动、法律和法规、发生的风险，以及其他因素也可能对产品、服务的预期交付价值和建立或扩展的资产是否改变产生影响。

风险管理和风险影响同样会对组合的最终价值产生作用。当执行展开时，组合经理可能会更新对组合价值的预测，并自始至终依据与估算初始技术环境为基准的技术环境的进展和改变，对该预测进行维护。

组合价值或绩效，是组合组件、协同作用效果，以及与组合组件协调一致的最优资源构成所产生的作用效果的价值集成。图 4 –5 展现了投资怎样降低组合

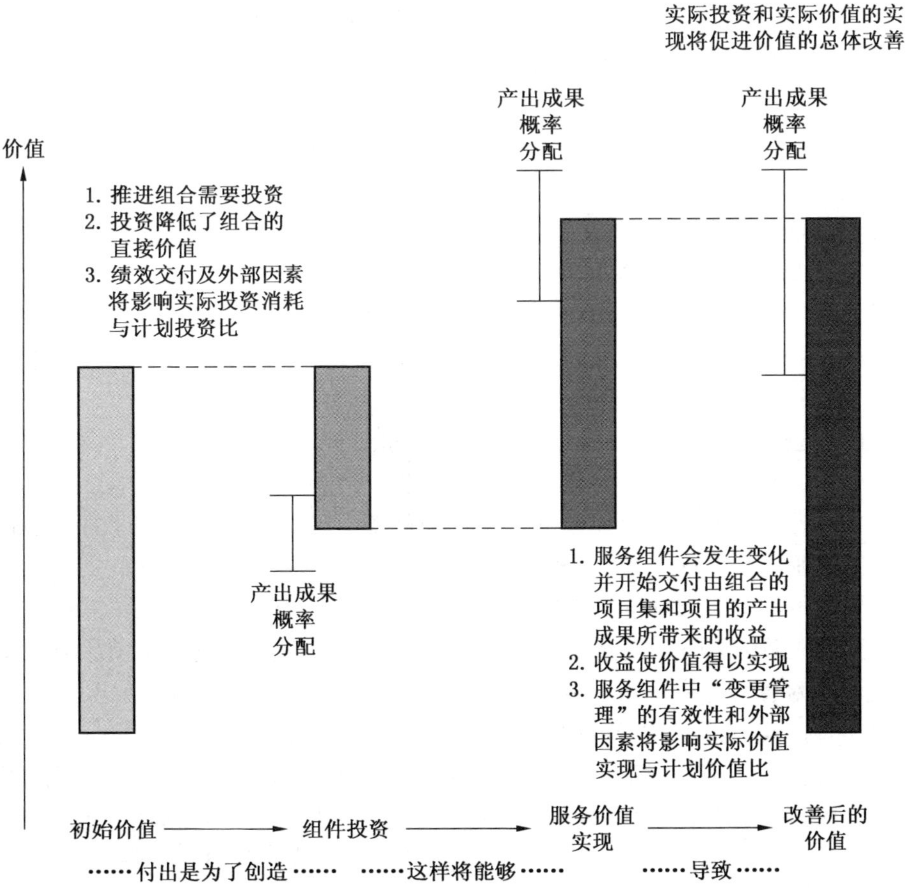

来源：Project Management Institute，Inc.，THE STANDARD FOR PORTFOLIO MANAGEMENT FOURTH EDITION，Published by Project Management Institute，Inc.，2017，P. 83.

图 4 –5　价值实现链

的价值。投资数量可以修正，但是变更控制和风险预算的消耗可以允许在实际投资中出现一些偏差。价值实现增强了组合的总体价值。虽然有一个要追求的目标，但是有可能出现偏差。所以，价值实现链的总体影响应能够增强组合的价值，虽然可能只是一笔资金而不是预期目标。

4.6 组合风险管理

组合风险管理评估组合层级的风险（正面的/机会，负面的/威胁），考虑哪些风险会给组合战略计划和指标的实现带来可能的影响。这需要在组合的内部或外部环境中对不确定性持续监控。

组合风险管理的主要目标是按照组织的战略和商业模型，确保组合组件获得最有可能的成功。从风险的角度来看，这可以通过平衡风险来实现，包括正面风险（机会）和负面风险（威胁）。组合层级下的风险管理通常考虑开拓机会和避免风险。然而，当组合层级处理复杂关系时，简单的避免威胁和开拓机会的方法可能无法导致组合风险的平衡。组合风险管理要使组合组件、组织战略、商业模型和环境因素与组合价值优化指标保持一致，从而实现跨组合组件的同步组合执行。风险和变更应在非线性互动的环境中得到包容和梳理。在这个非线性环境中，具体的组合层级的风险应由组合管理团队按照组织的价值优化目标来处理。这样，风险和变更在以最大化组织价值为目标的非线性环境中得到包容和梳理。

4.6.1 概述

风险管理涉及有效和高效地促进组合价值交付的风险因素（环境、人力、法律、合规）的识别和平衡。在组合层级或之上，价值是通过组合怎样良好地支持组织战略目标和指标来测量的。从某种程度上说，如果风险管理的责任和义务与组织商业模型一致，这些目标和指标就实现了。各种风险因素之间的依赖关系导致需要采用整体组合风险管理方法来管理紧急风险。所以，在项目集和项目层级上所看到的简单的风险管理分解方法，是不适用于处理组合层级的风险因素的。

组合风险管理是一个由一些模型和跨职能过程组成的域。组合风险管理框架使组合经理能够在组织的能力约束条件下分配当前的资本和资源，并与组织风险治理协调以获取未来的收益。需要考虑的因素包括，但不限于：整体风险偏好、频率、严重程度、具体的风险阈值、关键组合干系人构成、多样化。例如，需要选择有关特定组合模型或统计技术，如预期货币价值（EMV），EMV 可以被用于测量标准的计算，以便帮助决策者做出决定。目标是当维护可接受的风险承担等级时，要平衡风险回报或价值，以便优化价值的交付。其他模型也可以被使用，然而，过程是类似的。决策者基于在组织的组合风险管理框架中适用的建模方法，选择行动路线，并保持与组织风险治理过程一致。

组合风险管理的主要指标是，在调整商定的置信等级和/或组合层级风险阈值的过程中，要满足组合的价值定位。这通常通过正面风险（机会）和负面风险（威胁）的平衡来实现。关键是在组合层级，风险要素需要平衡，并且不必对各种参数提出最大化或最小化的诉求。

4.6.2　指导原则

风险原则是基于透明性、完整性和组织的客观现实制定的。指导组合风险管理的原则包括：一是管理方面的考虑，二是规范风险承担计算的需求。在组合层级，风险管理包括组合的内部和外部因素。复杂性驱动风险管理，不但要关注对孤立风险的响应战略，而且要追求风险的平衡，以便实现威胁和机会之间的平衡。组合风险管理的指标是，通过平衡威胁与机会，在调整商定的置信等级和/或组合层级风险阈值的过程中，要满足组合的价值定位。这样，风险平衡在价值定位因素的制约下，能够为最大化满足组合战略指标的可能性做出贡献。

3.5 节列出了作为组合管理核心的 8 个基础原则，8 个原则全部适用于风险管理，下列原则也是组合层级风险管理过程的核心。

（1）在平衡风险的过程中最大化组合价值。

（2）培养接受变更和风险的文化。

（3）梳理复杂关系以便能够获得成功的产出成果。

通过组织风险评估过程将上述 3 个原则结合，从整体的角度看，将会导致组合组件的平衡。这个过程应被组合组件主动执行，以便阻止或最小化损失，并鼓励机会的开拓。

4.6.3　风险管理的概念

组合风险管理过程帮助经理识别和分析组合风险。组合层级风险管理的目标是最大化组合满足组织战略计划中的战略目标和指标的可能性。平衡威胁和机会的指标是在短期、中期和长期的时间框架内，最大化交付组织最优价值的潜力。

组合风险管理与项目风险管理不同，项目层级的风险管理的目标是最小化威胁和最大化机会。此外，一个项目集或项目关心存在于特定项目集中的风险和问题。而组合关心的是：一是最大化组合的价值；二是对组合进行适当剪裁以满足组织的愿景、战略和与商业模型相一致的指标；三是确定如何平衡受组织的能力和技能资质限制的组合中的项目集及项目。

当一个组件的价值和规模增长时，依赖于严重性和频率参数，风险影响的相关比例也会增长。例如，在组合中，如果增加负面风险可能会带来更多的潜在价值，则该项威胁可能不会被最小化。在合适的条件下，如果存在高回报的预期，组织可以选择积极地接受适当的威胁。以投资新的未被证实的技术为例，这是在高利润销售的预期下，基于首先进入市场的目的。一种可能是该技术不能使用，并且市场可能不接受该新产品；另一种可能是产品是成功的和高利润的。组合经理应当平衡可能的技术失败（承受组合中的项目集和项目的失败）与潜在的未来收益（组合中其他项目集或项目的成功）。技术开发项目集可能会有意地接受预期能够交付新技术收益的对成本、进度和范围的威胁，该技术可以支持组合中的其他项目集和项目，甚至其他组合。伴随着项目集和项目，组织扩展了它的价值实现。最后，还要考虑影响的概率极低而影响的威胁却很高的情况。组合经理应知道有非常低的概率性同时又有非常大的威胁可能带来的灾难后果。

风险条件包括可能导致风险的组织环境的很多方面，如不当的管理实践（负面风险），整合的管理系统（正面风险），简洁的过程（正面风险），过多的在建项目（负面风险），或对拥有专业技术的外部合作者的依赖（正面的或负面的风险）。这些条件不是它们自身的风险，然而，这些条件就是导致风险极有可能转化成为问题的环境。例如，一个高度依赖外部专家合作者的组织很可能失去合作者（负面风险）。因为他们具有专业技能，他们的输入很有可能成为管理组合活动的钥匙和关键（正面风险）。组合经理需要权衡与外部合作者相关的正面的和负面的风险，这不是一个简单的最小化或最大化的问题。

组合风险管理还包括提供基于风险池的储备（管理的或应急的），覆盖部分（如果不是全部）组合风险及组件项目集和项目风险。组合经理负责保持能够覆盖威胁和机会的集成的应急储备，此时，预期货币价值对于指导应急或储备计算是不可靠的，因为计算结果可能会少于某一组合组件中重要风险的数量。当处理的风险有非常高的影响和非常低的概率时，预期货币价值不可靠。组合经理还可能通过使用一些共同的特性（如当描述正面风险时，威胁或机会的影响或结果）整合风险响应。换句话说，风险管理对组合的贡献主要是开拓规模经济的机会。如果直接为项目集和项目提供应急储备，那么每个面对威胁的组件就得不到经济的资金保护。

换句话说，在风险管理中，组合管理的作用主要是开拓规模经济和通过平衡正面及负面风险进行组件权衡所带来的机会。组合管理的一个关键贡献，就是为组件（项目集、项目、运营）提供共享的应急储备，解决在战略层面上多个组件面临共同威胁或共同机会所产生的影响可以被接受（容忍或开拓）的问题。这种共享的应急储备称为管理储备。对于面临机会的情况，对机会所带来的潜在影响进行在战略层级的响应，能够体现相应组件启动方案的计划价值。在已经得到批准的业务调整文档中，该组件启动方案被指定纳入组合中。这些储备很有可能被用于提升价值的正面风险响应，储备通常被视为对威胁的响应措施。然而，储备的使用能够同时支持整个组合对威胁和机会的响应。

4.6.4 风险偏好与风险承受能力

风险偏好是指组织在董事会层级为追求价值愿意接受风险的程度。风险偏好通常作为一个战略标志提供能够管理的风险边界，因此具有战略意义。风险偏好是一个持续的动态对话，而不是在下次评估之前的一次性决定。既然风险偏好与战略构建紧密关联，那么它们不会是一成不变的。

风险承受能力（也称为风险阈值）是指一个组织在追求一个给定的业务指标时，愿意接受何种程度的易变性。风险承受能力是从风险偏好说明书中衍生出来的，并通过每个业务指标来展示。每个业务指标的风险承受能力称为用于测量指标完成情况及测量标准价值的“承受或控制限度”。而阈值的价值，则应依据测量指标的目标价值或 KPI 来定义。

风险偏好更广泛地考虑管理人员认可接受的风险等级，是更高层级的等级说明书。而风险承受能力所考虑的范围较窄，仅围绕指标来设定可接受的变化等级。

风险偏好说明书的主要内容包括：一是可接受的或符合战略的风险；二是不愿承担的或偏离战略的风险。风险说明书中需要阐述的内容举例如下：

（1）市场成长：积极追求区域战略，以满足市场成长指标（市场份额提高 3%），并投资和开发关键市场，即将重点放在金砖四国。

（2）声誉和品牌形象：避免任何导致对声誉和优质品牌产生负面影响的局面或行动；当一个不良局面发生时，应积极设法予以解决以保护声誉和品牌形象。

（3）财务衍生品：限制财务衍生品的使用，明确与评级为“AA”或更高级别的交易伙伴签订的普通掉期和期权。

（4）投资限制：限制在合并和收购上的资本支出，不超过 2.25 亿美元的年度自由现金流目标。

（5）目标债务评级：寻求维护“A”或更高级别的企业级债务评级。

（6）自我维持增长：在寻求新业务的同时，维持营运资本比率在 1% ~ 1.5% 之间。

（7）财务实力：维护息税前利润/利息的比率在 4% ~5% 之间。

（8）损失承担：管理运营活动和风险承担，以避免导致税前营业利润损失超过 2500 万美元的事件发生。

（9）可持续经营模式：在下一个五年通过实现能源使用成本减少 40% 的目标来减少碳排放。

评价风险承受能力的主要参数包括战略风险参数、财务风险参数和运营风险参数。对每个指标风险承受能力的限制，应能够追溯到一个或多个风险偏好说明书。

4.6.5 风险偏好与组合治理

追求机会可以为企业创造价值，治理过程对支持企业平衡这些机会很关键，通过适当控制机制来保护企业价值，以避免出现两种机会追求活动之间过于悬殊的比例关系。因此，风险偏好和风险承受能力说明书将作为一个服务工具，来增强公司治理和战略的制定，从而使所定义的治理过程能够与组织层级的风险偏好相适应。

每一个业务指标的“风险偏好说明书”与“风险承受能力限制”作为组合管理过程周期的输入，通常代表组织的企业风险管理（ERM）方针。如果一个企业没有对风险偏好和风险承受能力进行清晰地定义，则组合经理应在组合管理办公室和企业风险管理团队的支持下，同管理委员会成员协同工作，尽可能清楚地对其进行定义。缺乏对组织风险偏好和风险承受能力相关的澄清，将会使组合管理的决策处于严重危险的境地。

组织的风险承受能力要与战略目标保持一致，风险承受能力是从整体风险偏好自然引申出来的，但是它们需要与组织的战略目标保持一致。一个组织可能会对客户不满的风险承受能力定义得非常低。但是如果组织决意要去满足很多高成本客户的要求，则这一方针可能会与折扣业务模型的战略不一致。当风险承受能力与整体风险偏好和战略目标保持一致时，它们能够改善风险响应的效率，并为实现战略目标做出贡献。风险偏好说明书和风险承受能力限制应由管理委员会定期进行审查和修订，然后由组合组件进行审查（这一审查可能会改变组合组件的优先级，并进而可能引起对组合执行的优化和平衡），以便确认它们与组织的风险偏好和风险承受能力限制保持一致。

4.6.6 期权分析

大多数投资决策都有其未来回报的易变性或不确定性的特点，换句话说，钱一旦花出去了，如果预期回报没有实现，那么已支出的资金将无法再退回来。然而，投资者可以在投资的时机上拥有一些回旋余地。他们有权，但不是义务，选择未来的投资时机，这样他们就可以持有一个期权，类似于金融买入期权。当收到新的信息并且投资回报的不确定性逐渐降低时，管理人员通常拥有改变所采用的初始经营投资策略的灵活性。正如金融证券期权那样，这一适应新信息的灵活性，通过提高或限制相对于初始预期的上行潜力或下行损失，增强了投资的机会价值。使用金融资产期权的类比法，如灵活的投资决策，常常称为期权法。

期权法可以显著增强投资的价值，这是纯净现值法（NPV）难以做到的。在财务分析技术中使用最广泛的方法就是贴现现金流（DCF），假设严格遵循已制订的计划，而不管事件如何展开。DCF 技术会考虑贴现率的风险，但是不会考虑在一个组合组件的生命周期中，不确定性及其风险的等级常常会发生变化的事实。在动态的商业环境中，特别是在一个高度不确定的环境中，为了进行项目/项目集的估值，期权分析技术比 DCF 技术更受青睐。期权可以分为以下类型：

（1）递延期权。指获得更多有效信息之前等待的概率。

（2）放弃期权。指在每个阶段中，基于最新的信息，做出是否继续或停止投资的概率（常称为分期发放资金）。

（3）扩张或收缩期权。指基于市场条件是否有利，调整（扩大或缩小）投资（如一个生产设施）规模的概率。

（4）转换期权。指基于相关价格的偏差（如一个发电厂能源的转换或原材料供应商的转换），改变一项资产运营模式的概率。

（5）改进期权。指在组合组件执行期间，中途运作修正的概率。

5 组合过程、生命周期和组织

组合是一个主要的组织资源投资，类似于项目集和项目，组合经历了从启动、计划、执行到优化的生命周期。完整的生命周期管理，以平衡稳定性与实用性为手段，对于当今持续变革环境下的管理活动很重要。

5.1 概述

组合生命周期是在一个持续的时间框架内，发生在一组组合、项目集、项目和运营上的持续的过程及职能。在全球市场，面对因为各种影响（包括内部的和外部的）引起的持续变更需求，组合生命周期应是适当的和灵活的，以便组织能够保持竞争力和财务稳定性。一个或多个组合能够存在于这个生命周期中，如果几个组合同时存在，就此治理结构的管理而言，这些组合可以是集中或非集中管理的。例如，一个研究和开发组合可能是非集中管理的，此时另一个组合可能是集中管理的。管理一个组合所要求的控制，应当是灵活的，以适应多个组合场景的复杂性。组合组件的选择和授权可以是周期计划或战略审查的一部分，按照季度或月度更新。一旦被建立，组合管理将是一个持续进行的实践，组合的绩效监控也将持续进行。当组织发生改变时，可能需要开展组合组件的调整。组合管理开始于每个组合的启动，可以是持续进行的或进行到组合被关闭的。

战略计划、组织绩效测量标准、产品和服务设计都是组合生命周期输入的关键因素，这些潜在的输入是对组织组合价值的全面理解。定义组合的职能、产品及来自有关各方（组织、客户、其他干系人）的服务衍生出来的价值，有助于结束无附加价值的项目集、项目或活动。这些价值流程应当与“理解哪些具有附加价值的项目集、项目或活动对企业战略指标至关重要”相匹配，反之，它们将会很少或不会带来收益。

5.2 组合管理过程

组合管理过程（以下简称组合过程）通常起始于组织的部门或业务部门层级，作为对问题、冲突、资源限制、团队不确定性的响应，往往考虑正在做什么工作，将要做些什么。通过结构化的方法来执行组合过程，通常会增加业务部门或组织层级的长期价值。

执行一个组合过程的步骤通常被用于执行组织中的任一过程。它们是：

（1）评估当前组合过程。

（2）定义组合管理愿景和计划。

（3）实施组合过程。

（4）改进组合过程。

5.2.1 评估当前组合过程

执行对组合管理当前状态及相关过程的评估，有助于洞察哪些过程已经存在，哪些过程是组织需要的，可能的组织或文化驱动因素，或将会遇到的障碍。评估将促进偏差分析工作的开展及组合管理职能的建立或规范计划的制订。

评估活动可能包括：

（1）识别和评估现有的组合管理知识（如战略管理、治理、沟通、风险管理和绩效管理）。

（2）评估现有的组合过程来确定它们是否支持组织愿景、使命、战略和指标（如定义、调整和授权组合组件的过程）。

（3）评估当前组合管理结构和资源的成熟度及充分性。

（4）识别知识、过程、结构和资源的偏差。

（5）评价现有的组合组件，来确定它们是否支持当前组织的战略和指标。

（6）评估当前组合组件资源的可用性，并根据整体进度计划分配资源。

（7）了解每个战略指标和组合组件的干系人。

（8）审查现有的组合报告过程和程序。

评估结果可能包括：

（1）董事会、高层行政人员、高层管理人员承诺的深度和广度。

（2）对当前实践的满意度。

（3）组织的沟通目标和需求。

（4）需要处理的错误信息。

（5）正在进行中的项目、项目集、组合和运营管理实践。

（6）了解组织对组合管理的长期和短期愿景。

OPM3®是可以用于在组织内进行组合管理评估的工具。成熟度评估允许组织识别目前能够展现的最佳实践、技能资质和产出成果。成熟度评估过程的灵活性允许组织专注于特定的职能（项目、项目集和组合）。这些评估允许组织能够识别当前正在应用的最佳实践、技能资质和产出成果的偏差。

5.2.2 定义组合管理愿景和计划

组合管理的愿景应与组织的愿景保持一致，支持组织的战略和指标。组合管理的愿景将有助于明确前进的方向。组合管理的愿景应能够反映组织的文化价值，同时对于干系人应是有意义并且有效的。

组织愿景、战略和指标将引导实现组合管理愿景所需的中间步骤。为了实现组织级的组合管理结构和过程，应定义组合管理路线图。为了成功地建立一个组合过程，组织的组合管理实施计划应处理好两项相关的工作，它们是：

（1）有计划地改变组织行为方式的方法，包括强势领导与管理的平衡，以及负责此项工作的专家管理团队。

（2）有计划地逐步开发和实施组合过程，在现有基础上建立过程及通过努力达到预期愿景的方法。

5.2.3 实施组合过程

组合过程通常在一个比组合环境更大的环境中执行，因此，一个得到高层管理人员、治理委员会和组合经理支持的组织级的实施团队，可以使用标准的组合管理方法来实现组织级的组合过程。首先要执行的关键步骤包括：

（1）为组合过程的实施定义角色和职责。

（2）沟通组合管理实施计划。

（3）定义和部署详细的组合过程，并为参与人员和干系人提供培训。

改变组织内的业务流程是一项艰巨的任务。规划组织和行为的变革需要组合过程的长期和成功实施。在有关著作中，已经描述了很多推动组织变革的方法。

5.2.4 改进组合过程

组合过程改进计划定义了从组合管理和指导、测量和优先排序改进活动中获得的预期指标。此外，预先定义的测量标准明确了绩效改进的结果和责任。测量标准有助于洞察当前过程的绩效及过程变更后的结果。一个文档化的过程改进计划有利于评估和改进当前的组合过程。为了确保变更能够在可控的方式下执行，要详细说明和管理用于组合管理的过程、程序和工具的变更。一旦实施了变更，就应该对其监控以验证预期结果的达成情况。

除了组合过程以外，要识别出任何影响组合管理绩效的相互依赖或平行的过程关系。例如，如果项目过程没有向影响组合项目选择的过程提供透明的项目绩效信息，那么项目过程将会影响组合过程。

5.3 组合过程的输入/输出

一系列的组合过程彼此相互关联，并在组织战略和项目集/项目之间架起桥梁，这些项目集/项目是实现组织的目标、指标和战略的一部分。这一系列彼此相互关联的过程，从战略到其有效和高效地执行，是一系列迭代和持续的复杂过程。这些过程适应组织战略，通过重复使用组合生命周期各个阶段的过程来改变指标，并提供对所有组合组件的监控。组合过程之间、组合过程与组织之间也会相互影响、相互作用。

5.3.1　常用输入/输出

常用输入/输出是指频繁用于多个组合过程的输入/输出，常用输入/输出的多方面使用是导致组合管理复杂和非线性的因素之一。

5.3.1.1　组合过程资产

组合过程资产包括部分或全部与过程相关的资产，这些资产来自与组合相关的干系人和团队，并可以影响组合的成功。这些过程资产包括正式和非正式的计划、政策、程序及方针，也包括与组合相关的知识库，如经验教训和历史信息。组合过程资产包括工具、技术、模型、整合的进度计划、风险和绩效数据等方面的信息。组合经理通常根据要求负责更新和补充组合过程资产。组合过程资产包括如下内容：

（1）过程、方针、政策和程序（如战略调整、治理、变更管理、信息发布、优化排序、风险和绩效管理，等等）。

（2）规格说明书、工作指南、建议书评估标准和绩效测量基准。

（3）模版（如组件建议书、经验教训和绩效与风险管理文档）。

（4）组合沟通需求（如可以使用的实用沟通技术、批准的沟通媒介、记录保存策略及安全要求）。

（5）组合组件工作的授权程序。

（6）可用于收集和有效测量组合组件数据、跟踪现金流的绩效测量数据库，包括实际使用资源和资源需求预测。

（7）组合组件文档（如组件建议书、投资、绩效测量基准、日历、风险登记册）。

（8）历史信息和经验教训知识库（如组合记录和文档、组合组件关闭信息和文档、以往组合项目选择决策结果信息、以往组合绩效信息，以及来自风险管理工作的信息）。

5.3.1.2　组合报告

组合报告可以包括，但不限于：

（1）绩效报告，包括平衡计分卡和仪表盘。

（2）对组织战略计划的反馈报告。

（3）偏差报告。

（4）资源能力和技能资质报告。

（5）组合风险和问题。

（6）治理建议。

(7) 治理决策。

(8) 组合组件建议书。

5.3.1.3 组织过程资产

组织过程资产是执行组织制定和使用的、组合经理可以采用的计划、过程、政策、程序及知识库。

5.3.1.4 事业环境因素

事业环境因素是指组合组织无法控制的，可以影响、制约或促进组合成功的内部和外部条件。这些因素在组合组织之外发生，不受组织直接控制，并且它们还会影响组合管理决策过程。

事业环境因素可以限制组合管理方法的选择，还可以从正面或负面影响组合产出成果。事业环境因素包括，但不限于：

(1) 组织治理过程、文化和详细的分层结构。

(2) 法律制约。

(3) 政府或行业标准（如监管机构条例、行为守则、产品标准、质量标准和工艺标准）。

(4) 基础设施（如现有的设施和固定装备）。

(5) 现有的人力资源（如技能、纪律和知识）。

(6) 人员管理（如聘用和解聘方针、员工绩效考核及培训记录）。

(7) 市场条件。

(8) 组合管理信息系统（如用于收集和发布信息以支持组合过程的手动或自动工具）。

(9) 商业数据库（如标准化的成本估算数据、行业风险研究和信息与风险数据库）。

(10) 组织级项目管理。

(11) 干系人风险承受能力。

5.3.2 关键可交付成果

组合过程包括，但不限于6个关键可交付成果。表5-1描述了这些可交付成果，以及它们的目的和内容。这6个关键可交付成果是：

(1) 组合战略计划。

(2) 组合章程。

(3) 组合管理计划。

(4) 组合路线图。

(5) 组合。

(6) 组合报告。

表5-1　组合管理过程关键可交付成果

关键可交付成果	目　　的	内　　容
组合战略计划	组合战略计划清晰地描述了选择、偏好及被认为在一个具体组合中有助于决策者根据组织战略、未来收益和干系人期望来调整、授权和控制组合及其组件的因素。先前已经存在的组合或任务清单应该根据最新组织战略进行确认，以确保与不断发展的组织使命、目标和指标保持一致。因此，通过在新的和已有的组件之间进行比较和对比，可以确定是否应该增加、修改或取消一些组件，以确保组合指标与战略计划保持一致	在与组织的目标和指标保持一致基础上的组合愿景
		为不同类型的启动方案（组合、子组合和其他工作）分配资金和资源，以及明确这些资金和资源如何为组织指标做出贡献
		组合收益得到清晰、持续地识别
		组件启动方案得到评估和排序
		依据可用资源和风险对战略指标进行优化
		主要的假设条件、约束条件、依赖关系和风险
		包括各种组合组件和其他工作清单的组合结构
		组合优先级模型
组合章程	组合章程是正式授权和构建一个组合的文件。该章程授权组合经理将组合资源用于组合中的项目及其他工作。组合章程在组合与组织战略计划之间建立关联，并描述组合将如何为组织提供价值	组合章程应包括组合愿景、高层级范围、成功标准、资源、组合可交付成果的高层级进度表
		识别干系人
组合管理计划	组合管理计划描述关于识别、批准、采购、排序、平衡、管理和报告包含项目集、项目及其他工作的组合管理方法及意图，以实现组织的战略指标	治理模型
		组合监督
		管理战略变更
		变更控制和管理
		平衡组合和管理依赖关系
		测量与监控绩效与价值
		组合绩效报告和审查
		作为沟通管理计划的沟通模型
		组合风险管理计划
		采购程序
		管理投诉
		组合优先级模型
组合路线图	组合路线图通过按时间顺序显示组合管理执行过程的方式，提供高层级的战略方向和信息，并确保组合中的依赖关系得到建立和评估	组件清单
	路线图被视为组合按时间推进的高层级优先排序映射图。路线图的重要性是它形成了组合内部和外部建立依赖关系的初步基础，从而可以对它们进行跟踪	依赖关系
		关键里程碑及可交付成果

表5－1（续）

关键可交付成果	目　　的	内　　容
组合	组合是被采纳和组织在一起的项目、项目集和/或其他工作的集合，以便更加有效地进行管理，从而实现战略经营指标。项目、项目集或其他工作之间可以不存在依赖关系或直接关联。组合及其组件是可量化的，即它们可以被测量、分级和排序	含有属性信息（包括，但不限于：成本、进度、资源、组件完成周期）的组件清单和组合结构

来源：Project Management Institute, Inc., THE STANDARD FOR PORTFOLIO MANAGEMENT THIRD EDITION, Published by Project Management Institute, Inc., 2013, P. 39.

5.4　组合生命周期

组合的持续生命周期由几个阶段组成：启动、计划、执行和优化。作为跨越全部组合生命周期的组合流程，信息和流程贯穿于这些阶段之中或之间（图5－1）。它们是持续进行的，没有固定顺序。例如，一个组合可以包括几个计划的迭代，然后进入基于一些因素的（内部的和外部的）短期时间框架的执行。在相同的业务变更生命周期中，组合可以通过组合组件的增加、删除或修改而被“刷新”。当组合构成在每一个商业变更生命周期结束并被审查时，并当自上而下的方法被使用时，重新计划将可能被考虑。组合中的全部阶段，包括启动阶段，将是适当的、灵活的和流畅的。在组合生命周期中，当管理决策被制定时，组合可能被改变或更新以适应内部或外部因素的约束。例如，如果影响下一个周期计划的新法规生效，组合管理团队可能调整管理计划，以保持与新法规要求的一致性。图5－2给出了可能在各阶段发生的主要活动的例子。

支持流程含有组织的特征，用于保持组合与治理控制和测量的一致性。这些支持流程包括沟通、财务、风险和依赖管理。在启动阶段，它们被定义并保持与组合的一致性。依赖管理主要关注因各种因素引起的施加或来自于组合组件的影响，如资源或时间约束条件、财务成本、项目产出成果和风险预测。

5.4.1　启动

启动是一个重要阶段。它意味着“开踢”，或正式确定业务或组织的指标和目标，或为之前彼此不同的组件提供一个管理架构。它为组合及其组件在整个生命周期中将被管理的主要流程制定方法和原则。这个阶段的主要目标包括，但不限于：

（1）核实业务和运营战略。

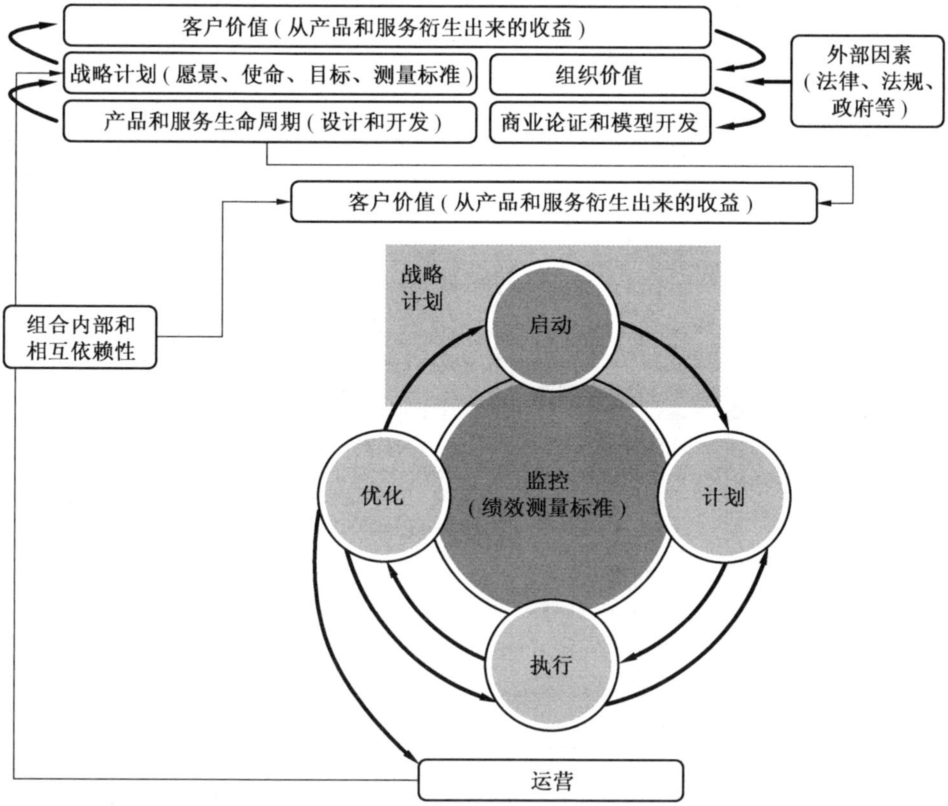

来源：Project Management Institute，Inc.，THE STANDARD FOR PORTFOLIO MANAGEMENT FOURTH EDITION，Published by Project Management Institute，Inc.，2017，P. 22.

图 5－1 组合生命周期中的信息和决策流

（2）识别包含于范围之内的组合组件。

（3）定义含有财务目标、绩效测量指标、沟通、治理、干系人定义和角色，以及为组合及其组件制定的持续管理计划的长期路线图。

在这个阶段，下列关键流程首先要讨论和制定：治理框架、沟通计划、优先级标准、组合绩效测量标准和组合风险管理。在这个阶段，组合治理计划和章程将被建立。有关组织战略如何与组合及其组件关联的高层级讨论将展开。

5.4.2 计划

计划阶段的主要目标是开发组合管理计划，并在以下方面达成共识：

（1）在范围内开展组合组件的管理。

组合生命周期举例——各阶段主要活动（持续进行）

	启动（每个组合）	计划	执行	优化
组合层级	1. 制定组合战略和管理计划 2. 执行组合管理过程（愿景、治理和干系人） 3. 定义治理和沟通规划 4. 定义构思过程 5. 定义组合选择和优化标准 6. 定义组合章程 7. 定义价值测量标准（财务的与非财务的） 8. 制定组合路线图	1. 设定年度目标和指标 2. 审查治理结构 3. 能力与技能资质规划 4. 更新组合战略的一致性 5. 修订组合测量标准 6. 组合的优化和改进 7. 修订组合路线图 8. 适应性——协调组合与战略持续一致——基于战略、经营和技术因素的变更 9. 时间框架——年度的和重复的 10. 修订组合计划	1. 组合的优化和改进 2. 组合健康报告——状态和测量标准 3. 对需求与资源能力规划的调整 4. 治理决策与变更管理（组合层级） 5. 适应性——协调组合与战略持续一致——基于战略、经营和技术因素的变更	1. 组合再优化 2. 经验教训（组合层级） 3. 组合关闭 4. 对需求与资源能力规划的调整 5. 治理文档修订 6. 价值测量标准修订 7. 适应性——基于调整后的经营因素，协调组合与战略一致
组件层级	1. 制定启动组件清单 2. 为保持与战略和优先排序标准的一致性，审查组件清单 3. 将核实组件清单的反馈纳入修订规划	1. 可行性审查与概念性检验 2. 组合组件清单审查（迭代的）与确认 3. 通过构思过程就新项目集／项目征询意见 4. 审查新的组件并授权 5. 适应性——基于客户价值、战略、产品和服务的变更对组合组件进行更新	1. 有关改变管理方式（组件层级）的治理决策 2. 通过构思过程就新项目集／项目征询意见 3. 审查新组件／授权 4. 可行性审查与概念性检验 5. 用于支持概念性检验的试点项目 6. 基于变更管理（组件层级）的治理决策 7. 例外组件授权	1. 基于各种调整要求修订商业论证 2. 试点组件的成功经验与概念性检验的输出 3. 组合组件的关闭 4. 经验教训（组件层级） 5. 明确收益责任（移交给运营） 6. 来自组件的构件

来源：Project Management Institute，Inc.，THE STANDARD FOR PORTFOLIO MANAGEMENT FOURTH EDITION，Published by Project Management Institute，Inc.，2017，P. 23.

图 5－2　组合生命周期主要活动举例

（2）成功执行组件所需的预算。

（3）组合及其组件之间相互依赖关系的识别。

（4）风险和问题的识别及响应计划的开发。

（5）资源需求（人力、财务、资产和知识）。

（6）组合组件的优先级。

（7）治理主体/发起人和干系人责任的确认。

（8）是否成功的测量标准（财务的和非财务的）。

（9）组合中的组件范围。

（10）产品和/或服务的需求和规格。

在周期性制订组合战略计划期间，组合业务模型被复审以便确保它与客户价值/收益和经营/组织战略目标保持一致。在该阶段，由于组合要正式地与战略保持一致，作为结果，组合的初步优化开始进行。组合测量标准被审查以确保它们在客户、战略和财务层级与实体目标/指标关联。在启动阶段获得共识的并正在进行中的组件将被更加仔细地审查，包括范围、时间、预算、风险、资源需求（人力、财务、资产、知识）和相互依赖。另外，基于最新一次战略审查以来新引进的组件及它们的绩效，优先排序标准将被审查。资本需求与可用资金和需求相比较，同时基于组合需求，资源能力计划将得到制订。在重新计划期间，组合将被再次审查。基于组织的需要，组件包括子组合，将被修订。最后，基于在该时间点组件的相关状态及组合的整体风险和/或问题，组合管理计划将被审查和更新。

5.4.3　执行

执行阶段的主要目标是：

（1）领导组合中全部组件的交付。

（2）主动管理和解决组合及其组件之间（相互依赖），以及之中的风险与问题。

（3）引导组合和组件的沟通（包括各层级的状态报告）。

（4）按照需求（监控）重新排序或改变子组合。

（5）依据组件交付，监控潜在收益的实现。

（6）管理受限于组合的组合资产和资源。

组合执行的实施，涵盖各种组件和运营。通过定期状态报告和审查在计划期间制定的组件绩效测量标准，报告组合的健康状态。依据持续的组织需求审查建议的变更。组织环境中的变更可能导致组件重新排序，或导致新的组件进入组合。依据计划外的关键需求（内部的或外部的）或概念、试点或可行性研究证明的正面产出成果，审查新的组件。

5.4.4 优化

优化是通过将可用条件、约束条件和资源最大化，使一个组合尽可能变成更高效的流程。典型的组合优化的主要目标是确保可用的人力、物质和财务资源最好地应用于组合优化后保留下来的组件中。一些组织会定期召开优化会议，通常，当增加或关闭组件时，这类活动也会开展。在这一阶段，组合经理会引导干系人讨论，以便确保组织能够实现保留组件的预期收益。

虽然每个已关闭组件的经验教训没有成为这个流程的一部分，但是对这些经验教训的研讨有可能提升该过程的价值。类似的，来自组件的并可能被移交给组织运营工作的收益实现能力还可以为优化提供可靠证据。

5.4.5 监控

监控是监控组合绩效和为组合构成方案、组合组件绩效符合组织标准提出变更建议的关键支持活动。监控的目的是了解何时需要对组合或组合管理流程开展变更。该流程包括决策和最终实施活动的执行、归档及沟通。

5.5 组合管理信息系统

组合管理信息系统（PMIS）由用于收集、整合、可视化、保存和分发组织的组合管理输出工具及技术构成。它被用于组合管理的所有方面，可以被整合进入业务管理工具（组织的事业资源计划系统、业务流程管理系统、测量和优化业务流程工具、过程模型工具等），并可以是一本手册或基于组织需要的自动流程。

这些系统支持全部组织的可视性、标准化、测量和过程改进，并且能够通过提供具有关键绩效测量标准和定向收集、分析及报告的执行级管理促进有效决策。由于增加了沟通的透明性和澄清了组合中的责任和义务，PMIS 成为组合治理的一个强有力的工具。

自动工具可以包括商业的项目组合管理（PPM）应用，以及含有与其他组织自动系统接口的信息收集和管理系统。在组织成熟的早期阶段，PMIS 有时是一个电子表格的集合，而不是自动工具。一个有效的 PMIS 能使组合经理去定义、分析、设计、生产、采集和整合必要的数据元素，以便管理和支持一个成功的组合。它为报告全部基于项目的工作提供了一个集成的系统解决方案，并且可以与整个组织的管理信息系统关联。PMIS 包括一些工具和流程，内容如下：

（1）组合有关组件、依赖、所有者和其他干系人等的分类。

（2）报告有关管理决策（已达成共识的并用于追踪的关键绩效测量标准）执行结果的中心仪表盘。

（3）取代手工流程的软件自动工具。

（4）中心在线文档库和版本控制。

（5）变更和配置管理。

（6）沟通升级工作流的管理和文档。

（7）组合风险、问题、假设和依赖的历史及当前信息。

（8）与其他应用的整合和整合的业务过程管理工具。

（9）财务管理过程和系统（如预算跟踪）、成本控制，以及进度控制过程、系统（如挣值管理）和事业资源计划工具（包括能力、成本和进度）。

（10）风险数据库和相关分析工具。

（11）问题数据库和相关分析工具。

（12）沟通管理过程和工具。

（13）业务过程管理工具。

应注意到，全部工具的整合成为组织全部知识和信息的有效及一致沟通的一个重要组成部分。

PMIS 应成为一个综合的、归档的、动态的组合管理方针、过程、工具、计划和控制的集合。通过适当的执行，PMIS 指出方向，并整合来自个别项目、项目集管理系统的信息。PMIS 的有效应用提供了一个实用的分析和量化每个组件新增价值的方式，并为组合组件的估价和优先级提供了输入。

特别是，PMIS 使组合经理能够回答下列问题：

（1）哪个组合组件将最好地支持组织的经营战略和目标？

（2）存在能够提供符合组合测量标准的预期业务成果的项目集或项目吗？

（3）每个组合组件都有适当的资源，包括掌握了正确技能的人员吗？

（4）PMIS 反映了组合的真实和整体的状态吗？它是决策的主要来源吗？

一个综合的 PMIS，应当支持组合组件持续应对绩效挑战的过程，并支持专注于组合演变的过程，包括新项目选择和组合组件终止流程。

5.6　组合生命周期中的治理

在组合生命周期的早期，开发一个成为组织治理组成部分的组合治理框架，是一个关键步骤。它能够成为组织做出的最重要决策之一。

为了确保组织所要求的组合治理的严格性和高水平，应考虑一些因素，包括：

（1）组合中组件的类型和所需要的子组合的数量。

（2）需要严格治理的合法或合规项目集和项目。

（3）支持治理的行政资源的层级（文档、沟通和内部审计过程）。

（4）为适应组合满足在特定时间点基于组织经营战略的频繁变化的市场需求、技术变更等所要求的敏捷度。

（5）基于组织的规模和范围所要求的集中或分散的治理（如全球的、国内的或本地的）。

（6）组合组件的成功执行所要求的治理和资源（过程、整合的工具和技术、良好实践）的定位。

（7）审计，包括内部的和外部的（如政府和法律机构），对组合组件的定期审查。

（8）绩效测量标准，包括财务的、非财务的和组合关注的。

必须要研究由组合组件引起的复杂度等级，并且作为组合治理框架的一部分，应当规划和遵循基于标准框架的复杂性指南。

在组合生命周期的早期，开发组合治理框架很关键，组合组件的治理框架需要与组合治理一致。为了让现有的组合组件能够获得最大化收益，从一开始就正确地建立有着最优等级并且不会发生明显延误的治理框架，将会更加有效。治理延迟可能与低效的组合管理，或缺乏对高层管理干系人的争取相关。这样的一些挑战导致的影响，包括沟通偏差、财务/资源优先级冲突或低水平风险管理。

组合治理重点关注的问题如下：

（1）我们是在做正确的事吗？组织所投资的是为实现组织战略做出了最大贡献的项目和项目集吗？

（2）我们做事的方式正确吗？项目和项目集（包括它们的可交付成果和产出成果）彼此协调吗？与公司治理、组织结构、企业架构及日常运营活动保持一致吗？

（3）我们所得到的是一致的和良好的吗？已经为项目和项目集准备好最佳实践交付的方法和工具了吗？负责项目和项目集交付的员工拥有所需的技能吗？项目和项目集是在所期望的水平上实施吗？

（4）我们正在获得预期的业务收益吗？项目和项目集正在为公司战略做出预期的贡献吗？战略交付正在运行在正确的轨道上吗？

为了使其充分有效，组合治理框架一定要与公司治理框架保持一致，并嵌入其中，而不是与其分离。因此，争取组织治理职能部门的支持（如果它存在的话）对组合治理框架的开发非常有益。组合治理框架一定要考虑组织文化中所有可能的内容并与其保持一致。组合治理框架一定要很好地适应组织现有结构和工作方式，特别是组织的决策机制。组合经理在组合管理办公室的支持下，引导组合治理委员会共同协商，以便开发和建立（移交）组合治理框架。在组合治理框架的开发中，对负责实施组合治理框架的治理委员会成员的有效争取，可以赢得对组合治理框架的高度认可。

为了有效地进行治理，组合治理框架一定要考虑和包含下列要素：

（1）治理指标和测量标准。治理指标和测量标准应体现出组合治理的指标，并涵盖提前或滞后标准，以便对这些指标的实现进行评估。

（2）治理原则（方针）。组合治理原则，一旦得到定义，便成为治理实践和决策的指南。它们一定要很好地融入组织的文化和工作实践中。

（3）治理机制/实践。治理实践体现出如何减轻尚未实现指标的风险的机制，实际上，它们作为管理组合指标和组织战略指标的实现机制来服务组合。它们一定要很好地整合进入组合管理过程，特别是组合干系人争取和沟通过程，因为缺乏有效沟通的组合治理实践将是无济于事的。

（4）治理架构。包括组合治理的层级是否适当，以及每一个治理层级的角色和责任是什么。

（5）治理决策框架。包括全部需要进行决策的事项的清单、全部决策类型的 RACI 图、每项决策的时机和频率、决策模型（如筛选模型、排序模型）。

（6）升级矩阵（需要绩效阈值的定义）。一个升级矩阵的开发需要执行“例外管理”(MBE）实践。在 MBE 中，只有能够展示实际结果与预算或计划结果重要偏差的信息才能够引起管理人员（即对应的组合治理委员会）的重视。

（7）调整治理模型的过程。基于来自干系人或从各种审查活动中获得的反馈信息，可能需要进行这些调整。

组合治理的指标和测量标准举例如下：

（1）已经启动的缺少商业计划书的项目减少了多少？用已经启动的缺少商业计划书的项目的百分比来表示。

（2）结束或“终止”低价值项目。用“终止”项目的百分比来表示。在一个给定的周期内，启动后又被终止或停止的项目数量占全部活跃项目的百分比。另外，这里所说的“价值”是由高层管理人员来定义的。

（3）启动前驳回低价值项目。早期驳回的项目建议书的百分比，在一个给定的周期内，驳回的项目建议书数量占全部建议书数量的百分比。按照“提倡早期驳回”的原则，大量的低价值项目在审批过程中被终止，否则只能在项目生命周期中终止它们，于是高价值项目可获得更多的可用资源。另外，这里所说的“价值”是由高层管理人员来定义的。

（4）减少批准一个项目建议书的总体时间。批准项目的平均时间（如在若干天内）通常针对每个项目类别来计算。

组合治理应遵循下列原则：

（1）作为组合管理主要工作的一部分，需要审查多个成功的组合管理治理经验，并且作为这项审查的一部分，应当询问：“基于我们的企业价值观和工作方式，在实践中，这样做会起作用吗?”

（2）因其“可行”或“最适合”组织而被采纳为治理经验中的各个要素是组合“治理原则”的最佳表述。

（3）一旦得到定义，治理原则即成为全部治理实践和决策的指南。

下面是一些治理原则的例子①：

（1）基于价值的治理。治理将基于价值和组织的原则。

（2）合乎道德的和透明的治理。将遵守高标准的专业道德行为规范，并针对相应的干系人，在组合、项目集和项目的信息沟通中，培养一种坦率的内部披露文化。

（3）职责划分。将组合治理与组合管理有效地区分开来，并维护各自的独立性。

（4）以干系人为中心的治理。所做的任何工作都将以干系人为中心，并且所做的任何工作都将会尊重干系人的权益。

（5）公平对待干系人。在决策可能分别影响不同的干系人的地方，将公平（公正）对待全部干系人，包括占少数的干系人。

（6）集体决策。决策将由受决策影响的干系人集体做出，而不由一个干系人做出。

（7）分散决策。尽可能地分散进行决策，以便增强业务的敏捷性。

（8）能够胜任的决策者。治理委员会的成员应有适当的表现、能力、授权和资源，以便有能力做出有效决策，并有条件参与决策。

（9）以风险为中心的决策。所做的任何工作都会以风险管理为中心，并且将依据组织的风险预测来管理风险。

（10）独立保障。治理委员会将决定何时需要组合及相关系统的独立安全，并相应地执行这些保障。

（11）治理的定期评估。将监控组合治理实践的有效性，并根据需要进行变更。

（12）利益冲突。将识别、监控和管理潜在的管理人员、委员会成员和干系人之间的利益冲突，包括资产滥用和管理交易滥用。

5.7 组织成熟度和影响

成功的组合管理需要所有管理人员的支持，并与组织及外部干系人沟通组合管理的价值。

---

① 来源：Based on OECD（Organization for Economic Cooperation & Development）Principles of Corporate Governance，2004，http：//www.oecd.org/.

当制定组合决策时，组织会受到干系人带来的各种约束和推动的影响。组合管理旨在平衡干系人短期和长期的利益，保持与组织的战略与指标的一致性，并考虑资源约束条件。组合经理需要就组织的战略和指标的最好达成做出决策，而不必顾及对个别组合组件的影响，包括组合组件的终止。

5.7.1 组织成熟度

组织作为一个整体应理解组织对于组合管理的需求，并为促进组合获得成功而做出其领导责任、资源（人员、资金和设备）、过程和工具的承诺。重要的是要将组合管理的理念渗透到整个组织中。必须考虑所有其他活动和过程对组合管理的冲击或影响，即使影响的效果是轻微的。例如，通用绩效测量应该与用于组合组件评估的活动和过程兼容及互补。

组织成熟度，就像它用于项目管理那样，同样可用于组合管理的验收。组织的成熟度等级会直接影响组合管理应用和成功的等级。缺乏对组合管理概念及方法的组织支持是组合管理成功的主要障碍。组合过程及其产生的决策应该被组织中的各个层级接受。一个可能的风险或威胁是，组合过程在组织中被高层管理人员接受，但依据组合过程做出的决策却不被接受。在整个组织中，对组合过程和决策的验收对于组合管理的成功是必要的；另一个是组织执行组合过程中，所建议的变更的能力。执行变更的能力不同于无法采纳建议或没有能力进行预期变更。缺少经过认可的和正式的执行变更的组织能力，是全面实现组合预期收益的主要障碍。每个组合组件都应持续地使用类似的技术来促进和处理组织变更。在组织能够接受的组织变更范围内，需要考虑的因素之一是确定组合组件的适当构成方案。这一组合构成方案作为组合决策过程的输入与组织的战略指标相关联。战略目标将会推动组织的人员、过程、产品和技术预期等级的变更。

5.7.2 组织影响

组织成熟度已经在 5.7.1 节中描述。区别在于，这里所说的组织影响是指对组合管理产生的影响，是在组织中，而不是在组合管理运作中。

有效的组合管理，通过促进与战略目标一致的战术和运营计划会对整个组织产生正面影响。反之，在组织的其他一些职能领域中，有效和高效的过程及程序的缺乏，会对组合管理产生相当大的负面影响。例如，已经通过组合过程批准的项目和项目集将要执行时，缺少一个有效的资源分配过程，这意味着，组合过程需要将组织影响的因素纳入相应的计划和决策中。

5.8 组合管理环境

为了启动组合定义过程周期，至少要设置和运行最小基础设施要素。下面列出的要素构成了组合管理环境，下面列出的要素必须进行彼此之间的良好整合。

认为在组合管理活动开始之前，必须有一个完整和完善的组合管理环境是一种误解。要与时俱进地尽早开始和构建组合管理环境。

组合基础设施要素包括，但不限于以下内容。

1. 组织

（1）组织文化。

（2）组合管理大使。建议由一名高层管理人员担任。

2. 人员

（1）组合治理委员会、组合发起人。

（2）组合经理、组合管理办公室经理。

3. 过程

（1）组合治理模型。

（2）组合管理过程框架。

（3）组合过程资产。

4. 系统

组合管理信息系统。

5.8.1 组织

组织是组合管理环境最重要的要素。没有组织，组合基础设施中的人员、过程和系统要素都不可能交付预期收益。委派一位高层管理人员作为强有力的组合管理大使，对有效及能够向组织交付可维持收益的组合管理是必不可少的。一个有利于有效组合管理的组织文化是组合管理的关键成功因素之一。例如，组件启动方案一旦得到启动便不可能也一定不会被终止的信念，是成功地进行组合管理的主要障碍之一。既然组织文化不可能在一夜之间改变，那么一定要积极努力，将这种文化改造为一种有利于组合管理的文化。这就是高层管理人员中的组合管理大使的主要责任。随着业务变更管理组件启动方案的执行，组合管理的实施将会得到最好地推动。

5.8.2 人员

人员是组合管理环境的要素之一包括，但不限于：

（1）组合治理委员会。在定义组合设计说明书的过程中，一定要主动争取组合治理委员会，同时组合治理委员会还要在排序、优化和平衡的过程中进行决策，因此，在组合定义过程周期启动之前，高层管理人员应任命组合治理委员会的成员。通常对应每一个战略主题都会构建一个组合，因此可以用“主体团队”来代表相关组合的组合治理委员会。

（2）组合发起人（可以是个人、小组或组织）。组合发起人是组合定义过程的牵头人，因此组合治理委员会应尽早任命组合发起人。

（3）组合管理办公室经理。在组合管理办公室的全部人员被任命之前需要花费一些时间，组合发起人至少应在组合定义过程周期启动之前任命组合管理办公室经理。

（4）组合经理。组合发起人应尽早任命组合经理，最好在组合定义过程周期启动之前任命，这是因为组合经理可以代表组合发起人来推动组合定义过程。

5.8.3　过程

组合管理过程框架是过程、指导方针、格式、模板、检核表及其他要素的集合，用于指导和促进组合的定义及实施。它包括，但不限于：

（1）组合治理模型。组合治理模型是一组原则的集合和一组规则及实践的框架。通过这些原则和框架，治理模型为组织的组合管理活动提供权威的方向和监督，以实现组合的愿景。组合治理模型很可能随着时间的推进而不断进化，但是为了给后续组合定义活动提供方向，在起始点上，至少要定义一个组合实践的最小集合。在组合管理办公室的支持下，组合经理一定要主动地争取参与定义组合治理模型的组合治理委员会成员。

（2）组合定义过程周期及组合执行中各个步骤的执行指南。

（3）既然组合管理不能与战略规划及项目集、项目分离，组合管理过程框架就应很好地将战略规划及组合、项目集和项目管理整合在一起，以便更加有效。

（4）组合管理过程框架最好与全球组合管理标准保持一致，以避免走弯路。

（5）在组合管理办公室的支持下，组合经理一定要主动地争取跨整个组织的对应干系人来定义的组合管理过程框架，以便其被成功采纳。

5.8.4　系统

组合管理信息系统支持组合管理过程框架，所以为了能够构建组合管理信息系统，一个组合过程的最小集合必须就绪。组合管理信息系统是组合管理基础设施的“工具”部分。组合管理信息系统还经常包括对编制工作清单工作的支持，但是被组合管理信息系统支持的组合管理活动的数量，完全依赖于组织的成熟度及组织在组合管理行程中的位置。构建组合管理信息系统通常被视为组合管理办公室的责任。

6 组合启动阶段

组合启动是组合生命周期的一个重要阶段。它意味着组合“开踢”，或业务与组织的指标或目标的正式宣布，或为组合启动之前彼此不同的组件提供一个管理架构。它为组合及其组件在整个生命周期中将怎样被管理的主要流程制定方法和原则。这个阶段的主要目标包括，但不限于：

（1）核实业务和运营战略。

（2）识别包含于范围之内的组合组件。

（3）定义含有财务目标、绩效测量指标、沟通、治理、干系人定义和角色，以及为组合及其组件制订的持续管理计划的长期路线图。

在这个阶段，下列关键流程首先要讨论和制定：治理框架、沟通计划、优先级标准、组合绩效测量标准和组合风险管理。在这个阶段，组合治理计划和章程将被建立。有关组织战略如何与组合及其组件关联的高层级讨论将展开。

6.1 开发组合战略指标

从最广阔的角度看，战略指标用于细化组织所定义的目标。一个组织所追求的目标可以在它的愿景和使命说明书中找到，这两个说明书描述了组织的主要意图和最终目标。组织需要完成一些步骤和任务以实现最终目标。

战略指标形成战略计划的主架构。它们展示了具体的、短期的活动（1～2年），这些活动又是愿景（通常5年或以上）和目标（通常3年或以上）的导出结果。

一个战略指标说明书应勾勒出所要实现的和为了实现它，以及实现它的收益将要采用的方法，并应关注所要提供给客户的信息。战略指标中的关键要素是可测量和可描述的。关键是战略指标应以组织的使命为指南。

6.1.1 愿景和使命说明书

组织的愿景是“描述未来3～10年期间的预期状态”。

组织的使命是“组织存在的理由或其基本目的”。例如，谷歌的使命是“将全世界的信息组织起来，使其具有普遍的可访问性和可使用性”。

一个组织的使命可以在相当长的一段时期内保持稳定，而它的愿景虽然没有它的使命那样稳定，但是也可以在它的战略计划周期（通常为3～5年）内保持稳定。

非营利性组织的愿景和使命，如一家残疾人康复中心的愿景是“成为为残疾人提供和使用服务的领导者，将重点放在需求、选择、独立、自然环境、生活质量上，以及成为他们社区中有价值的贡献者”；其使命是“专注于通过提供或使用综合服务来改善残疾人的生活质量，以便为每个残疾人实现最大的独立性提供支持。我们将在基于价值的文化中追求这一使命”。

一家医疗机构的愿景是“消灭导致儿童残疾的条件”。

增强的愿景说明书提供了促进愿望实现的各个因素的综合视图，包括客户价值定位、关键过程及人和技术等无形资产。增强的愿景说明书通过平衡记分卡的4个维度来定义，因此可以作为战略地图的关键输入。以下是一个平衡记分卡4个维度定义的例子：

（1）财务：确保信托管理和可靠的财务实力。

（2）客户：提供一套独特的满足客户的经验。

（3）内部业务流程：持续改进和交付战略的流程。

（4）学习和提高：使员工和组织工作得更优秀。

组合的愿景说明书和使命说明书应是易于理解的简单想法，战略性的愿景说明书基于所选择的战略描述如何看待自身经营，战略性的使命说明书解释实现这一愿景的总体路径。

为了检验使命说明书的有效性，相关的领导人、经理和雇员应能够容易地描述愿景和使命。如果他们不能够清晰地表达愿景和使命，将很少会用到说明书。愿景说明书和使命说明书为与业务相关的所有人的日常活动提供指南。为了有效果，这些说明书应是简短的，能够展示所希望完成的业务本质。

愿景说明书和使命说明书建立了组织的总体文化。愿景说明书与使命说明书的区别是愿景表示组织所追求的，而使命表示组织所要做的业务。愿景说明书是组织追求并渴望获得的价值憧憬，而与领导团队的改变无关。使命说明书描述组织在当前的业务中要做什么，谁去做，怎样做。它定义了一个组织在未来若干年所展现的状态和所遵循的路径。使命说明书可以按照客户要求及其变更需求进一步完善。全部雇员都应能够清晰地表述组织的使命说明书，以便他们能够看到他们的工作与这一使命一致并能够为之贡献价值。

一个愿景说明书的例子可以是“我们的愿景是让全世界消除癌症”。

一个使命说明书的例子可以是“我们的使命是通过提供高质量的满足客户需求的渔具，并用尽可能低的成本，交付最优的价值”。

6.1.2 战略目标

目标是描述所要实现的概括性说明书，所以应当将它们整合进入愿景。目标是更加定性的说明书而不是定量的指标，并且还需要将它们整合进入使命，包括组织将怎样实现其愿景的描述。战略目标包括：

（1）获得较大的市场份额。

（2）进入一个新的市场。

（3）符合法规要求。

（4）改善获利能力。

（5）提高效率。

（6）提供更好的客户服务。

（7）改善客户培训。

（8）改善客户满意度。

战略目标应满足以下要求：

（1）可理解的。它被简要地描述并易于理解。

（2）适当的。它与愿景和使命相匹配。

（3）可接受的。它符合组织及其雇员的价值观。

（4）灵活的。它能够按照需求调整和改变。

战略目标应当总是位于组织最优先目标的中心，以便成为组织的聚焦点，并且它们能够在一种彼此之间互不冲突和互不干涉的方式下制定。

6.1.3 战略指标

鉴于愿景描述了目标，一个战略就是一个怎样达到那个目标的选择。因此，战略指标分类如下：

（1）获利能力。

（2）合规性。

（3）财务资源。

（4）市场定位。

（5）法律和法规的合规。

（6）创新。

（7）生产率。

（8）物理资源。

（9）人力资源。

（10）社会责任。

（11）价值创造。

（12）客户满意度。

应选择战略指标，以便解决执行组织和业务部门的主要挑战及驱动因素。为了使战略指标成为可管理的和可执行的，它们的数量应当受到限制。一旦战略指标被识别出来，它们应基于下列基本标准予以确认：

（1）这些指标是可行的和可实现的吗？

（2）这些指标是可测量的和可验证的吗？

（3）这些指标是适当的和灵活的吗？

（4）这些指标与战略计划的其他部分是一致的吗？

战略指标可以是，在特定的地理区域内，并在未来6个月，与上一年比较，提高10%的市场份额。

6.1.4 战略组件启动方案

组织通过建立由项目集和项目组合构成的战略组件启动方案来执行它们的战略，以实现未来的一个状态。定义来自组织战略的战略组件启动方案的过程需要被细化，可以包括战略偏差分析要素、平衡记分卡使用和类似于选择启动组件，以及将它们按照子组合分组的技术。

组合组件可以不必相互依赖或有相关的指标。一个组织可以有多个组合，每个组合都有独有的组织战略和指标。建议的组件启动方案可以通过组合而结构化，并且组件可以被识别、评估、选择和授权。管理必要的变更应是规划组件启动方案的一个组成部分。战略组件启动方案由促使组织走向未来状态的项目集和项目构成。一套完整的组件启动方案经常涉及下列一个或多个因素的结合：

（1）新产品或服务。

（2）新业务模型。

（3）新能力。

（4）新市场和渠道。

（5）新价值创造机遇。

（6）突破平台。

6.2 定义战略风险偏好

组织的战略风险偏好被定义为，组织为满足它的战略指标而愿意承担的风险的数量和类型。基于组织、文化和潜在战略驱动因素，以及高级经理的个人风险偏好，组织有不同的风险偏好。风险偏好的范围可以存在于不同的风险类别中，这些偏好和/或风险在任何时间都可能发生变化。

按照组织风险管理的方法，战略风险偏好的确定是一个核心因素。作为适当沟通，相应的风险偏好说明书能够帮助组织实现目标和支持维持能力。组织需要承担一些风险（威胁）并避免其他风险，还要开拓一些机会并忽略其他机会。一些组织可能认为定义绩效标准很容易，但是组织所有部门的管理委员会都应参与绩效标准的制定，前提是他们也希望表达他们的风险偏好。与政府组织比较，这个问题对商业组织可能容易解答，但是在许多组织中，通常由董事会来解决。

风险阈值约束条件难以定义，因为每一个组织能够容忍不同层级的风险。组织要建立风险共识并为已知威胁的概率和影响进行准备。组织应在风险发生前，为每一个领域的风险定义风险承受能力的最大层级。

为了有效地管理风险，组织需要按照战略指标，确定何种层级的风险是可承受的。这是通过可测量的反映组织和其他组合干系人风险偏好的风险阈值定义的，风险阈值围绕战略指标表达可接受的变化程度。风险偏好说明书应在审查全部干系人的观念和担忧的基础上制定，并体现当前组织战略和实践的意图。

6.3 制订组合战略计划

组合战略计划来自于组合治理委员会选择出来的初始最优组合。它是一个高层次的计划，通常每隔 3 ~5 年制订一次。它专注于解答，为实现组合愿景，组合要做什么及期望交付什么收益的问题。它不需要列出未来 5 年的全部组合组件，这是因为在制订组合战略计划的过程中，不需要掌握一个全部组件的清单。如果组合战略计划发生改变，则组合管理计划也要进行相应的变更。

组合战略计划应包括，但不限于：

（1）组合愿景。

（2）战略桶定义。

（3）组合设计规范。

（4）战略一致性矩阵。

（5）关键组合风险、结构性风险。

（6）组合绩效测量标准（战略部分）。

（7）组合路线图（未来 3 ~5 年）。

制订组合战略计划包括编制一份组合战略计划，并使组合战略管理与组织的战略和指标保持一致。组合应基于组合管理指标、优先级、资金分配、组织收益、预期绩效、资源、假设条件、约束条件、依赖关系、风险和需求等因素，与组织、组织部门、职能部门或部门级组织的战略及指标保持一致。

组合战略计划基于组织的战略和指标制定。组合经理应该与治理委员会管理人员和关键干系人合作来制订该计划。组合战略计划应满足组织、组织部门、职能部门或部门层级对组织战略的要求。

组织战略通过组合组件和持续运营来实现。在制订组合战略计划的过程中，组合经理应整合和响应组合中的变更，以保持与组织的战略和指标一致。

为了制订组合战略计划，组合愿景和指标的制定应与组织战略保持一致。组合战略计划的关键内容包括：

（1）组合愿景和指标。

（2）组织结构和组织领域。

（3）可测量的目标和指导方针。

（4）对不同类型的组件启动方案（组合、子组合）的资金分配，以及它们如何为组织的战略和指标做出贡献。

（5）组合收益、绩效结果、预期价值。

（6）为保证成功变更和执行所需的沟通。

（7）关键的假设条件、约束条件、依赖关系和风险。

（8）所需资源的类型和数量。

（9）组合优先级模型、高层级优先排序、决策框架。

（10）风险承受能力。

组合是更新的组件清单。制订组合战略计划及将识别出的工作和组件与已定义的组织战略和指标协调一致，可能会导致组件清单的更新。当组合从任务清单开始时，随着依赖关系、进度表及由内力或外力引起的战略变化等越来越多的细节被获得，组合也在不断演变。

为了制订组合战略计划，下列因素需要考虑：

（1）组织的战略和指标。组织的战略和指标提供长期方向、愿景、目标，可能以文件形式，包括使命、愿景、战略和依据组织内部计划的目标和范围详细制定的各层级指标。

（2）任务清单。组织应至少有一个任务清单作为定义一个组合的起点，也可以包括组合组件的优先排序。组合会随着更详细的组件信息的不断收集而渐进明细。组合组件的清单或任务清单可能不成熟，或者未优化，或者未完成，但会逐渐完善。

（3）组合过程资产。为保持与组织的战略和指标的一致性，组合经理应参考和遵循组合计划、政策、程序和指导方针。可使用如效益分析与报告等各种工具和模板。

（4）组织过程资产。组织过程资产可能影响制订组合战略计划的过程。这些组织过程资产可能提供关于组织的战略和指标、愿景说明书和使命说明书、优先级与资源的信息及指导。

（5）事业环境因素。事业环境因素包括组织、环境、政治等因素，可以为制订组合战略计划过程提供支持。事业环境因素影响组织的战略和指标，并可能影响制订组合战略计划的过程，如组织结构、干系人风险承受能力、市场条件、人力资源等部分因素。这些因素及其影响可能要作为背景信息写入组合战略计划中。

制订组合战略计划需要使用的知识和技能包括，但不限于：

（1）组合组件清单编制。通过理解指标、预期收益、绩效和优先排序标准，组合经理能够根据战略方向和优先排序标准定义组合。这是建立在任务清单基础上的初始组合，该组合可以更进一步细化以缩小它与战略指标之间的偏差。

（2）战略一致性分析。战略一致性分析关注新的或正在改变的组织的战略和指标。该分析还揭示在组合中哪里存在关键点、投资或一致性方面的偏差。组合或任务清单必须按照最新的组织战略进行验证，以确保持续与不断改进的组织的使命、目标和指标保持一致。因此，通过比较新组件和以往组件，组合经理可以做出是否可以更好地增加、修改或终止一些组件的决策，从而确保组合指标与组织的战略和指标一致。组合组件版本需要更新的可能因素有：过时的目标、可追逐的机会、对法规变化的响应等。该分析结果可以成为组合过程资产的一部分。

（3）优先排序分析。组合战略计划应该包括优先排序模型或方法，以便为进行中的有关组合组件应该增加、终止或变更的决策提供指导，并对组件的构成进行优先排序和组合平衡。可以采用一种简单的基于标准的优先排序模型，以便确保与战略目标、预期投资回报（ROI）、投资风险和依赖关系一致。评分要素可以基于战略一致性、财务收益、财务成本、风险和依赖关系，以便做出总体评分和排序决定。根据每个标准的测量结果，通过对组合组件进行评分和比较来定义组合，并在贯穿整个组合生命周期的组合评估中采用此方法。可以通过各种工具、技术和模型来支持优先排序分析，如加权排名及评分技术。

6.4 制定组合章程

组合章程是正式授权组合经理为组合组件分配资源，并正式发布组合战略计划的文档。该章程提供了组合结构，包括组合、项目集、项目和运营的层级及组织。组合结构基于战略和优先级来制定，通过将组合组件分组来促进有效的管理。组合结构基于组织领域，识别该领域中与组合战略计划保持一致的组合、子组合、项目集和项目，以及每个项目集、项目与运营的层级、进度表及目标。一旦完成了组合结构的定义，就需要更新战略管理计划和组合过程资产，以确保目标及标准的一致性。

组合章程预测组合将如何和何时向组织交付价值。它批准组合与组织战略及其他组合的关联，并描述组合将怎样向组织交付价值。组合章程可以包括组合指标、组合存在的理由、组合发起人、组合管理角色和责任、关键和主要干系人、干系人期望和需求、沟通需求、高层级范围、收益、关键成功标准、资源、高层进度表、假设条件、约束条件、依赖关系、风险和相关组织战略指标。

制定组合章程，可以对组合及其组件产生下列影响：

（1）组合战略计划可能需要更新，以反映定义组合结构所导致的变更结果。

一些对计划进行更新和变更的例子，可以包括组织领域的变化、组合组织结构的更新及组合组件的相互关系、依赖关系和目标的更新。

（2）组合过程资产，包括正式的和非正式的计划、政策、程序及指导方针，可能需要更新。组合结构可以被看作是一个基于每个组合组件的组织领域、层级和目标来识别组合与子组合的指导方针。

为了制定组合章程，下列因素需要考虑：

（1）组合战略计划。当制定组合章程和定义组合结构时，使用组合战略计划作为指南非常重要。组合战略计划中的一些信息对制定组合章程是必要的，包括组合的愿景和指标、预期收益，以及关键风险、依赖关系和约束条件。在组合战略计划中，优先排序模型作为选择组合组件的一个决策框架是很有用的。

（2）组合过程资产。为了制定组合章程，组合经理应当发挥组合计划、方针、流程和指导方针，以及任何现存的有关干系人关系的文档、范围、收益和组合目标的作用。

（3）事业环境因素。事业环境因素可以由组织的、环境的和政治的变量构成，这些变量可以促进或限制制定组合章程的过程。组合章程中的组合结构可能需要与组织的财务结构或职能结构保持一致（如与组织部门或业务部门）。

制定组合章程需要使用的知识和技能包括，但不限于：

（1）情景分析。此分析方法可以让决策者建立多种组合情景，即通过对潜在组件和当前组件进行各种不同组配，评估它们在不同假设条件下的可能产出成果。此项分析结果使决策者能够确定组合章程中的组合结构和指标。

（2）能力和技能资质分析。通过能力和技能资质分析，可以了解到基于可用资源（能力）及组织获取资源和执行所选定组合的能力，组织可以完成多少工作，并能够确定由某些技术限制、财务约束因素和其他资产能力因素（技能资质）导致的约束条件。为确定合理的组合结构，需要测量组织内部资源能力并确定外部可用资源需求。对人力资源、财务和资产能力的考虑，将会成为组织能够执行的组合组件数量及规模的限制因素。

6.5　定义组合路线图

组合路线图是一个可视的、高层级的构件（如通常是一种图形展示），详细展示组合及其相关组件如何与组织的战略目标紧密关联。组合路线图可以包含组合范围内的项目集层级和项目层级路线图。路线图一开始或许不能提供全部所识别组合组件的细节，但它可以用于组合组件的后续细化。

组合路线图显示了组件与战略指标的一致性，或者凸显了需要进一步分析的组件与战略指标之间的偏差。另外，它支持组合里程碑和依赖关系之间的映射，以及识别挑战和风险。它可以用于沟通组织战略和组合管理之间的关联，并被治理过程所使用，以便确定新的组件何时启动。组合路线图还可以提供任何时间组合的高层级优先级映射。组合路线图形成了在组合中建立依赖关系的初步基础，从而最终能够对其进行跟踪。外部依赖关系是存在于组合外部组织领域之间的关系。

组合路线图应当按照组合管理执行的时间顺序，提供高层级战略的方向和信息，并使组合中的依赖关系能够被建立和评估。如图 6－1 所示，高层级的时间表在图中横跨整个结构的顶部，并在第一列列出了组合组件的名单。

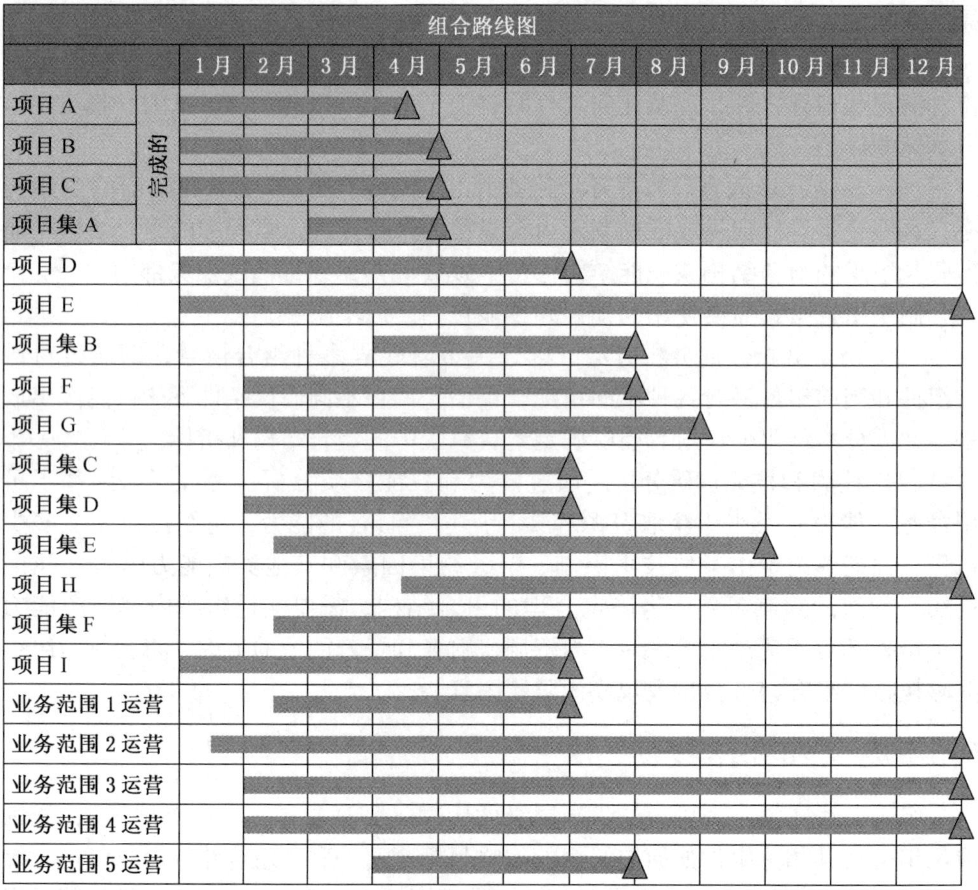

来源：Project Management Institute，Inc.，THE STANDARD FOR PORTFOLIO MANAGEMENT THIRD EDITION，Published by Project Management Institute，Inc.，2013，P. 52.

图 6－1　组合路线图举例之一

组合路线图至少应当在每个组合的优化期间、定期审批期间和/或当组合的主要变更被确定时更新。图6-2展示了另一个高层级组合路线图。

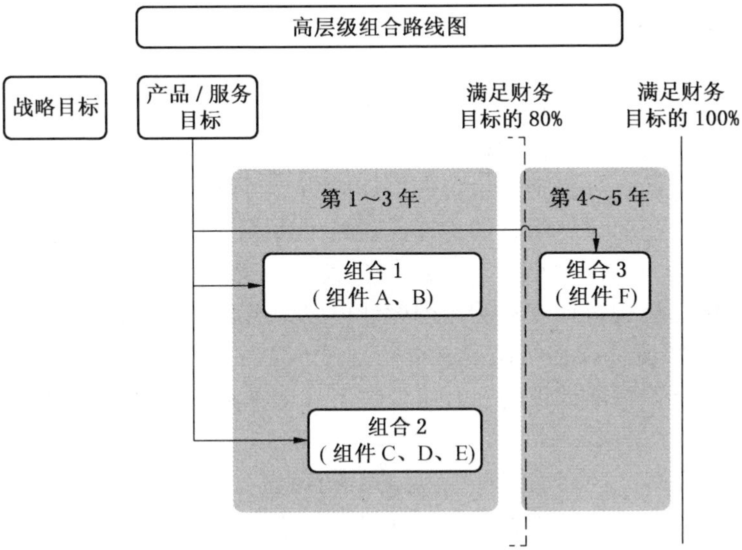

来源：Project Management Institute，Inc.，THE STANDARD FOR PORTFOLIO MANAGEMENT FOURTH EDITION，Published by Project Management Institute，Inc.，2017，P. 36.

图6-2　组合路线图举例之二

为了编制组合路线图，需要考虑下列因素：

（1）组合战略计划。组合战略计划展示必要的组织的目标、指标和战略，以便能够与组合路线图保持一致。组合战略计划为组合组件的优先排序制定了指导方针，以便能够定义组合路线图。

（2）组合章程。为了定义组合路线图，需要通过组合章程明确组合的结构、范围、约束条件、依赖关系、资源和高层级进度表。

（3）组合。当制定组合路线图时应参考组合组件及相关信息。需要参考的信息包括优先级、依赖关系和组织领域等。

定义组合路线图需要使用的知识和技能包括，但不限于：

（1）依赖关系分析。依赖关系分析已识别组合与其他组合或组合环境的依赖关系。需要分析的依赖关系可以包括资源、财务、质量、风险、进度表等。此项分析的参与者可以包括领导层和其他关键干系人。

（2）成本—收益分析。成本—收益分析量化被评估的成本和收益，列出待评估的备选组合组件的定性考虑，以便确定最佳行动路线。

（3）优先排序分析。为实现优先排序分析，组合经理应当比较战略指标、优先排序指标，并对组织的当前组合执行战略评估。

6.6 开展组合治理设计

组合治理设计对组合在其生命周期中能否持续地满足它的指标有重要影响。极端情况下，不基于组织治理原则并且与组合类型不相适应的治理实践，将会增大组合失败的风险，并将损害组合的总体成功。当设计组合的治理实践时，有许多因素需要考虑。当设计组合的治理实践时，通常要考虑的因素包括：

（1）立法环境。组合包含许多组件，其中一部分可能会因立法改变受到严重影响；与立法机构直接互动的治理设计可以为组合带来收益。

（2）监管环境。许多组织要接受行业或区域的监管。所以，它们的组合治理应被设计成能确保所建议的组合组件在组件选择和整个组件生命周期中都能够遵守监管规则。

（3）决策层级。对于组件，重要的是决策责任应由有能力、有责任和有权力的层级来承担。采用这种方式会面临很复杂的问题。例如，在雇员不能最终为他们的活动负责或对他们的活动缺乏责任感的组织中，更需要对实施过程加以控制。在另外一些环境中，与一般同级别的组件经理相比，一个有经验并受尊重的组件经理和团队可以获得更大的自主权和决策权。

（4）与组织治理的一致性。就组织原则而言，组合治理应与组织治理保持一致。组合治理指标作为原则，应与组织治理保持一致，并且应能反映组合的特性和它的特定指标。特别要注意的是来自多个组织投资的组合，要与全部父实体的治理原则保持一致。当设计组合的治理实践时，应考虑下列内容：

① 治理实践的类型应适用组合组件。

② 各种因素，如合同资源、组件失败风险（特别对于高风险组件）、组件重要性层级（从低级到战略级）、项目集和项目管理办公室（PMO），以及它们将如何从治理的角度来支持组件。

③ 组件生命周期和执行该生命周期过程的组件团队的经验。

（5）与组织文化的一致性。在组合治理设计过程中应考虑组织文化，因为文化会影响思考方式和对治理的接受程度。

组合治理委员会通常分为 3 个层级：

（1）投资治理委员会。系组合的顶层治理委员会，主要与组合定义相关，通常由位于组织核心层的、具有与投资决策相关授权的管理委员会成员组成。它通常是一个临时性的委员会，负责对下列事项做出决策：

① 组件启动方案的优先级。

② 哪些组件启动方案应纳入组合（组合构成方案）。

③ 组合的平衡。

④ 组织对组合资金的分配。

⑤ 组合组件的终止。

⑥ 由执行治理委员会上报的风险和问题。

以上这些决策有助于定义组合和授权组合组件。

（2）执行治理委员会。系组合的中层治理委员会，主要与组合交付相关，通常由业务部门负责人、职能部门负责人、组合管理办公室负责人及组合管理团队组成。它通常是一个临时性的委员会，负责对下列事项做出决策：

① 组合层级的收益实现。

② 组合层级的进展。

③ 组合层级的资源管理。

④ 由交付治理委员会上报的风险和问题。

（3）交付治理委员会。系组合的低层治理委员会，主要与组合组件的交付相关，面向项目集和项目治理。它不是一个单一的治理委员会，而是由组合中的每一个项目或项目集的专门治理委员会组成。这些治理委员会通常都是临时性的委员会（对应的项目或项目集结束时解散），负责对监督的项目集或项目的范围做出决策。

3 个层级的组合治理结构都应给予考虑，在选择适当治理结构的过程中，必须考虑定义客户工作环境的具体组织细节。一个单一层级的组合治理结构可能适合某些组织的文化和工作环境，特别是在组合相对较小的情况下，或者基于组织的标准。许多组织将指导委员会与治理委员会互换使用。一个委员会成员一次只能在一个委员会任职，以便其能够保持足够的独立性，并使组织治理结构能够充分有效。不同的组织可能对治理委员会进行不同的命名，然而，治理委员会的名字并没有目标那样重要。

一些组织可能将上两层委员会合并成一个单一的治理委员会，并且这一决定依赖于诸多因素。然而，要做出与治理委员会层级数量相关的决策之前，要理解多层级治理委员会的好处：

（1）多层级治理委员会能够有效地使用“例外管理”的方法，通过这种方法的使用，高层级委员会的介入仅仅在预定义的控制限制被超出的情况下发生（这种情况称为例外）。

这样的安排能够确保委员会成员不会被大量问题或风险上报弄得不知所措，因而可以使各个层级委员会的时间能够得到最优利用。

（2）上两级组合治理委员会分别负责进行组合构成方案相关的决策和进行组合收益交付管理相关的决策。这一区别及一个委员会成员在同一时间只能服务于一个委员会的实践有助于阻止潜在的利益冲突，以避免一些相同的个人既负责选择作为组合一部分的组件启动方案，同时也负责监督其进展情况的发生。

组合决策框架包含下列要素：

（1）全部需要做出治理决策的清单。全部层级的全部治理委员会成员都应清楚地了解他们在组合生命周期过程中需要做出哪些决策。

（2）涵盖全部决策类型（包括授权阈值）的 RACI 矩阵。与每项决策相关的责任（谁负责、谁批准、咨询谁、通知谁）一定要通过 RACI 矩阵清楚地定义。除了风险和问题上报阈值（控制限制），"决策授权阈值"及 RACI 矩阵也必须定义。一个授权阈值的例子：组合发起人有权做出不超过 1000 万美元的资金分配决策。

（3）对每项决策进行审查的时机和频率。治理决策框架一定要定义每项治理审查的频率及决策周期，如年度、季度、随时等。

（4）决策模型。存在多个选择方案，从这些选择方案中，选出一个最好的方案，这就需要对每个选择方案进行评估。该评估必须是客观的，从而更加有效，并使决策更加有据。这种客观性通过下列条件来保证：

① 一组评估标准（决策标准）。

② 评估标准的相对重要性，通过权重来表示。

③ 一套使用哪些标准的决策方法，如集体投票、评分模型、两两比较等。

这些要素，结合在一起称为决策模型，构成了任何决策框架的组成部分，并使其更加容易地获得干系人对决策的认可。

（5）治理决策的归档和沟通。治理委员会所做出的决策由组合管理办公室记录在组合治理决策登记册中，用于后续的审查和分析。

6.7 定义组合治理角色

在负责组合治理的个人之间建立适当的协作关系，对交付组织预期价值组合的成功是很关键的。组合经理推动组合治理委员帮助创造支持组合目标的组织条件。治理委员会的活动包括监控升级的可能影响组合财务价值的组合风险、被用于实现组合战略和指标的组合组件的构成、组织能力及技能资质的影响。在组合治理委员会成员、组合经理和组合投资人之间建立协作关系，对组织的最终成功很关键。组合经理可以为追求组织目标并被组合治理委员会授权的有效组合管理分配责任和义务。在这些实践中，假设组合经理为治理域中的一个治理实践负责人，治理角色的责任可以由业务部门主管、首席运营官、首席战略官、首席财务官、首席信息官或其他类似的高层管理人员来承担。

在满足每个组织的特定原则和需求，以及组合组件需求的方式下，组合治理结构可以获得最好的定义。组合治理和组合管理职能之间的关系，通常由一些作为关键角色的个人来管理，这些个人也是某些组合管理职能中的成员，并被识别为关键干系人。

6.7.1 组合发起人

组合发起人负责组织资源的申请以便帮助组合达到组织的目标和指标，并实现它的预期价值贡献。组合发起人常常由组合治理委员会中的一位高层管理人员担任，该高层管理人员在指导组织和它的投资决策方面担任高层角色，也会对组合组件的成功发挥作用，因而，通过组合为组织创造价值。在许多组织中，组合发起人作为组合治理委员会主席发挥作用。

通常情况下，组合发起人的责任包括：

（1）确保组合的目标和指标与战略愿景一致。

（2）提供对收益交付的监督和反馈，以促进组合的成功。

（3）排除组合成功的障碍和屏障。

（4）确保相关资金的批准。

（5）提供必要的资源。

（6）高层管理人员与组合管理团队之间进行的与组合活动相关的互动。

作为组合治理委员会的成员或主席，发起人是履行治理责任的主要人员。组织允许组合发起人有效地履行角色，应提供充分的时间和资源以促进成功，这常常需要其他责任的免除。组合发起人的技能和经验影响组合的有效性，通常情况下需要组合发起人通过组织推进变更，以便运营部门能够接纳组合组件交付的能力，并获得价值实现的有效收益。发起人在与干系人相关沟通的过程中是不可或缺的。通常情况下，一个有效的组合发起人应具有如下技能和背景：

（1）组织范围的洞察力。

（2）影响高层干系人的能力。

（3）能够与不同的干系人小组协同工作，以找出共同的收益解决方案。

（4）领导技能。

（5）决策授权。

（6）有效的沟通技巧。

6.7.2 组合治理委员会

大多数组织通过建立组合治理委员会来确保适当的组合治理，以便制定治理实践和提供适当的领导、监督和决策。组合治理委员会改善组合治理域遵守治理原则的可能性，这些治理原则指导确立跨组合、项目集和项目的治理实践。该委员会应能有效地解决在组合生命周期中发生的治理问题或难题。组合治理委员会常常由高层管理干系人构成，这些干系人具有战略洞察力、经营领域的知识、职能责任、运营责任、组织的组合管理责任和/或代表重要干系人小组的能力。在一些组织中，组合治理委员会还可以负责一些组合管理工作，一般情况下，组合治理委员会常常由被认为有组织洞察力和能够决策及授权的个人或集体担任，他们对组合目标、战略和运营计划的建立起到了关键作用。通常情况下，组合治理委员会包括负责支持组合关键要素职能小组的高层领导人，如负责支持组合组件的组织高层管理人员和领导人。组合治理委员会确保组合能够在具有适当组织知识和技能并得到治理框架支持的环境中执行，并对此进行决策授权。

治理委员会的常规责任包括：

（1）确定治理框架，监督、决策、控制和整合职能。这些职能能够指导治理过程和任务，以便实现治理指标。

（2）批准与治理相关的政策和过程。

（3）建立组件选择、分类、排序和授权的标准。

（4）审查和处理被上报的与治理相关的问题和风险。

治理委员会的责任还包含一些管理责任，通常包括：

（1）确保组合战略计划与组织战略和运营目标一致。

（2）为获得组合价值，考虑和平衡所要求的组织变更等级。

（3）为组合、项目集和项目过程的调整及期望提供高层支持。

（4）为市场、执行、实施和沟通决策提供领导。

（5）定义关键绩效指标和阈值。

（6）影响和指导多个领域，如对新产品与服务的组织沟通、外部报告、拨款和投资测量，以及战略指导。

（7）按照组织战略优先级和运营需求控制资源分配。

（8）确定风险和回报，包括财务投资、回报及组合价值。

（9）审查和解决冲突的目标及指标。

（10）定义需要与干系人和组织沟通的关键信息。

（11）审查绩效并提出建议以便调整组合。

（12）审查和处理被上报的与组合相关的问题和风险。

在一些小组织中，高层管理人员可以承担上述全部责任，而不是组建一个由多人组成的完整的组合治理委员会、指导委员会或董事会。

6.7.3 组合审计组织

组合治理包括依据组织的具体特点，为确保组件经理理解计划中的或临时安排的审计而进行的责任分配。审计评估可以由内部的和/或外部的审计机构执行，审计对象包括与批准的或强制的业务相一致的组织和组件/子组件，以及项目集/项目管理过程。组件审计通常专注于财务、管理和治理实践、风险管理实践、战略一致性、质量保证和质量控制，以及组件文档。

组合对组件的审计，可以授权给相应的组件治理委员会，由该委员会负责建立具体的组织的或组件的审计计划，供相应组件团队使用。这种计划常常提供有关审计的期望和准备、标准审计过程、已知内部或外部审计的预期进度、负责组织审计组件人员的角色和责任、审计结果的审查和沟通政策等组织方针的细节。

在组合组件中，审计有时被视为耗费时间，影响了组件工作。应注意到，审计常常帮助组件经理、组合经理和其他关心该领域的干系人对组件质量进行有价值的测量，因而能降低触发采取纠正措施的风险。并且，审计是直接与高层管理人员沟通的渠道，能够将清晰的信息传递到审计审查团队，避免可能出现的阻塞或过滤。因此，由治理职能提供的审计支持能够对组件最终成功和组合的长久成功做出重要贡献。

6.7.4 组合管理办公室

组合管理办公室的结构和责任取决于组织的需求。组合管理办公室协调已分配的组合组件的管理。它的责任可以是组织的一个具体领域，或者是一类项目或项目集。组合管理办公室的责任可以包括下列内容：

（1）提供项目或项目集管理支持职能。

（2）管理系统或支持组合管理系统的日常运营。

（3）提供资源或直接管理一个组合组件或一类组合组件。

如果当前组织之前没有设立组合管理办公室，则组合管理办公室的创建可以彰显一个结构化和正式的治理过程体系。反之，这个过程体系会为组织产生进一步的收益、行为规范和对组织的理解。随着组合管理过程被授权实施，这个新建的、重建的或重新调整的治理主体负责建立组合管理的预期衍生收益。

组合管理办公室的核心和具体的责任就是集中管理和协调处于其控制之下的组合。其职责范围包括从提供组合支持功能到具体的组合管理。组合管理办公方式的结构和职能可以依据组织需求的不同而不同。

组合管理办公室在组合生命周期中可能扮演一个干系人的角色，可能建议选择、终止或启动必要的行动，以确保组合与组织的战略指标保持一致。

组合管理办公室还可以为项目或项目集办公室提供如下服务：

（1）收集和提供组合组件的绩效结果。

（2）定义组合管理方法、最佳实践和标准，作为规范项目和项目集管理方法及标准的指导原则。

（3）预测组合的供应和需求，这些供应与需求可以分解为项目和项目集的供应与需求。

（4）定义组合管理战略。

（5）监督组合并管理组合的整体价值。

（6）在组合层级上识别风险、分析风险和规划风险应对。

6.7.5 组合管理大使

委派一位高层管理人员作为强有力的组合管理大使，对有效及能够向组织交付可维持收益的组合管理是必不可少的。一个有利于有效组合管理的组织文化是组合管理成功的关键因素之一。例如，组件启动方案一旦得到启动便不可能也一定不会被终止的信念，是成功地进行组合管理的主要障碍之一。既然组织文化不可能在一夜之间改变，那么一定要积极努力，将这种文化改造为一种有利于组合管理的文化。这就是高层管理人员中的组合管理大使的主要责任。随着业务变更管理组件启动方案的执行，组合管理的实施将会得到最好地推动。

6.7.6 组合经理

组合经理承担与治理委员会的接口责任，并管理组合，以确保项目集、项目和运营组件能够交付投资收益并满足组织战略指标。

（1）评估治理框架，包括组织结构、方针和程序。如果需要，构建组合治理框架。

（2）确保组合与治理方针和过程保持一致。

（3）管理组合与治理委员会和发起人之间的互动。

（4）引导组合组件的选择、排序、平衡和终止，以确保与战略目标及组织优先级一致。

（5）审查组合并提出重新分配和排序的建议，优化组合以确保能够随着不断演变的组织目标、机会和威胁持续进行调整。

（6）及时向关键人提供组合组件的选择、排序和绩效的评估结果，以及影响绩效组合层级的问题及风险的早期识别结果。

（7）测量和监控组合价值绩效测量标准及指标，如收益率、投资回报率、净现值、投资回收期、内部收益率及平衡记分卡。政府和非营利组织可能会有其他测量标准和指标，如生产率和客户满意度提升。

（8）通过与干系人在组合组件的进展、变更和影响方面的及时与一致的沟通，为高层及治理委员会的决策提供支持。

（9）参加项目集和项目的审查，体现在关键决策中高层的支持、领导和参与。

（10）评估、报告并向治理委员会上报关键风险和问题。

（11）交付组件收益，为项目集和项目经理开展的组件价值评估提供支持。

（12）创建、监控和沟通组合总体路线图，以及关键的内部和外部依赖关系。

6.7.7 项目集经理

项目集经理承担与组合经理、治理委员会和发起人的接口责任，并管理项目集，以确保预期收益的交付。

（1）确保项目集与治理方针和过程保持一致。

（2）管理项目集与组合经理、治理委员会和发起人之间的互动。

（3）监控和管理项目集的风险、绩效与沟通。

（4）监控和报告项目集总体拨款及健康状况。

（5）评估项目集的产出成果，向组合经理或治理委员会申请执行项目集总体战略变更的授权。

（6）评估、报告并视情况向组合经理和治理委员会上报关键的风险及问题。

（7）创建、监控和沟通项目集总体路线图，以及关键的内部和外部依赖关系。

（8）管理、监控和跟踪项目集总体收益实现情况。

6.7.8 项目经理

项目经理承担与组合经理、项目集经理和/或项目发起人的接口责任，并管理项目的产品、服务或成果。

（1）确保项目与治理方针和过程保持一致。

（2）监控和管理项目的风险、绩效及沟通。

（3）管理项目与组合经理、项目集经理、治理委员会和发起人之间的互动。

（4）评估、报告并视情况向组合经理、项目集经理或治理委员会上报关键的风险和问题。

（5）管理项目的内部和外部依赖关系。

（6）确保关键干系人的争取。

6.7.9 其他角色

为支持组合的组织和过程变更所要求的其他角色包括：

（1）支持组合治理和组合组件执行以确保实现所定义的目标。

（2）支持组合治理团队确定变更的影响。

（3）支持影响项目集和项目产出成果的变更。

（4）当适用时，展示治理主体的职能区域。

（5）支持与组合治理相关的组织变更。

6.8 定义关键组件

组合是通过使用一组在协同方式下管理的子组合、项目集、项目和运营活动来实现的，以便它们能更有效地为组织提供预期成果。组合组件可能彼此没有相互依赖关系，也可能不必在同一时间执行。为了能够有效地管理组合，组合组件的成果（预期的或已实现的）应是可测量的、可排列的和可排序的。

对于每一个组合，组合组件集合的规模是不同的，并且它在组合的存续期间可能发生变化。为了有效地交付组合预期成果（在资源制约的环境中），在组织技能资质容许的范围内，限制和维护可管理的组件数量很重要。组合中的关键组件能够以一种非常重要的方式促进预期收益的实现。为了改善组合的有效性，明确组合的关键组件很重要。一旦这些关键组件被识别，组合管理团队应评估管理它们的工作量，并采取措施改善组合管理团队的整体组织。

6.8.1 组合设计规格要求

组合设计的定义是组合定义过程周期中首先要执行的步骤，这是因为组合设计为组合定义的后续步骤指出了方向。组合设计规定了组合及其组件所需的一组特性和特征，并展现出一幅组合蓝图。组合设计规格要求描述了组合将如何被构建和管理。每一个个别组合组件及作为一个整体的组合，一定要满足组合设计规格要求。一个有效的组合设计能够长期确保组合组件满足3个组合管理指标。组合设计规格要求受下列因素的显著影响：

（1）外部因素。特别是政治、经济、社会、技术、法律、环境、行业条件等。

（2）内部因素。特别是组织战略、现有组织约束条件、组织风险承受能力等。

由于外部及内部因素易于发生变化，应定期（至少每年一次）对组合设计规格说明进行审查及必要时进行修订。

组合设计规格要求包括，但不限于下列内容。

1. 组合类别（及子类别）

（1）类别清单。

（2）每一类别的明确定义。

2. 组合平衡标准

组合类别的平衡（按类别投资分配的百分比）。

3. 组件启动方案筛选模型（按每个类别分别定义）

（1）每个类别的筛选标准（通常与优先排序标准或其子集相同）。

（2）每个类别每一筛选标准的阈值。

（3）对于存在多个筛选标准的情况，如何使用这些标准？

4. 组件启动方案优先排序模型（按每个类别分别定义）

（1）每种类型组件启动方案的优先排序标准。

（2）使用优先排序标准进行加权排序的技术。

（3）每个类别优先排序标准的相对权重。

（4）对组件启动方案进行排序的技术。

（5）每项标准的等级量表。

5. 贴现率（仅用于能够交付财务价值的组件启动方案）

（1）从组合角度给出的每一层级风险（低、中、高）的明确定义。

（2）每一层级风险的贴现率（较高层级的风险有较高的贴现率）。

① 由于贴现率出现在计算公式 $PV[PV = FV/(1+R^n)]$ 的分母中，因此较高的贴现率有较低的净现值。

② 当风险的等级提高时，组件交付预期净现值的概率会降低。因此，普遍的做法是，对于高风险组合组件，计算净现值时，选择较高的贴现率。

6. 组合层级的储备

（1）指导如何计算管理储备的方针（在组合层级，将全部组合组件的管理储备集中管理）。

（2）指导如何计算每个组件应急储备的方针。

6.8.2 评估关键组件

评估过程可能定期发生。通过审查已经包含在组合内的当前组件集合，并选择和评估对组合总体成果起重要作用的组件来进行评估。定义关键组件需要基于组合当前的内部和外部环境，深入了解战略指标及组合如何对这些指标做出贡献。因此，识别组合的关键组件依赖于对组织和组合主要战略指标的审查及更新。

该评估过程可以被一些活动所触发。最常见的有：

（1）由于内部和外部因素，组织的战略和指标的变更变得有必要。

（2）组合总体的预期成果和实际成果的偏差被发现。

（3）正在进行中的关键组件被延迟、关闭或已批准计划发生重要变更。

（4）新的组合组件被确认。

（5）新的机会（如一项新技术）出现。

除了组件的贡献价值，还有一些其他因素需要被评估以便能够定义组合的关键组件，这些因素有：

（1）实现因素。它们包括成本、周期、资源能力、预期成果、复杂性、组织对变更的抵制，等等。

（2）面向组织指标的因素。它们展现了战略指标所受到的正面或负面影响的比例、评估结果的难易程度、可视性及成果实现的进度表。

（3）外部因素。它们包括对组织形象的贡献，对社区、国家和世界健康的贡献，对周边社区改变的抵制。

当一个关键组件被评估时，对关键组合变量的评估是一个经常性的监管过程，因为这些变量常常是组合管理成功的决定因素。

每个组件对其他指标有潜在的负面影响。例如，关键组件可以开发一个先进技术水平的市场营销，它正面地影响组织的形象和收益。同时，组织的有效指标将受到这个组件的负面影响，这是由于预期结果的唯一性所导致的威胁。或者，一个组织可以有一个有效的指标，该指标由一个精益项目引入，但同时，这个项目的实现将对工作环境的质量产生负面影响，或可能产生对超越预期收益变更的抵制。

6.8.3 选择关键组件

选择关键组件对组合的成功是非常关键的。选择关键组件的有效性极大地依赖于与组合相关的组织战略指标的可视性和管理过程。没有这些信息，组合不可能定义哪个组件是重要的，因为组合没有定量的预期。

依据组织战略来批准组合可以确保二者一致。与整体战略不一致或被认为不可能交付预期价值的组合组件或当前工作清单不会被推荐进入组合，除了不需要资金投入的组件以外。当前组件被发现不再最好地适合于组合，它可能会被关闭，这可以帮助最大化资源的投资回报（如人力、财务、资产和知识资产）。

组合管理办公室是全部组合组件数据（包括组件的商业论证）的托管人，因此当组合管理活动需要时，它负责维护和提供全部组合组件的数据。在关键组件选择活动开始之前，组合管理办公室会要求各个备选组合组件的发起人提交他们各自组件的“轻量级商业论证”。为了避免在文档上花费太多时间，在组件被考虑作为一个关键“备选组件”之前，当进行关键组件选择时，通常推荐使用“轻量级商业论证”，而不是详细的商业论证。既然不同类别的组合组件所要求的信息类型存在很大差别，就应对不同的组合组件类别开发不同的商业论证模板。为了确保支持选择和排序的信息保持随时可用于组合组件的商业论证，商业论证模板一定要包括组合设计中列出的每一项选择/排序标准。

组合管理办公室应负责制作“轻量级商业论证”的可用模板（每个组合组件类别制作一个），以方便在这些组合组件之间进行比较。如果关键组件通过了选择，再将更详细的内容充实到关键组件的商业论证中，从而能够有效地推动下一个步骤中的组件排序工作。通常发起人会指导项目/项目集经理（如果已任命）去为各自负责的关键组件开发一个商业论证。在这一活动进行期间，组合管理办公室与项目/项目集经理紧密合作，确保商业论证得到相应发起人的审查，以确认其是否满足信息需求及是否准确。发起人负责响应由组合管理办公室提出的与商业论证相关的需要澄清的问题。组合管理办公室应在它的能力范围内参与各方面的工作，以确保商业论证中所提供的信息尽可能准确，这是因为关键组件的选择及后续排序工作的有效性极大地依赖于可靠的商业论证。

有两种常见的关键组合组件选择模型，可以选用其中一种或两种同时选用：

（1）为一个或多个排序标准分别定义阈值。例如，3 年内 *NPV* 大于或等于 100 万美元，技术成功概率大于或等于 50%。不能满足上述两个阈值的组合组件将直接予以终止（称为非补偿性决策），并且在下一个选择周期到来之前不再予以考虑。

（2）通过加权评分模型，为整体价值评分定义阈值。例如，整体价值评分大于或等于 150，不能满足该阈值的组合组件将直接予以终止，并且在下一个选择周期到来之前不再予以考虑。

有效的选择减少了进入下一阶段（排序）关键组件的数量，仅仅满足选择标准的关键组件能够参与排序。这将能够显著地减少进行关键组件排序所花费的时间。对于非自由决定的（强制性的）关键组件的情况，选择过程只需简单地确认关键组件符合强制性要求，然后让其自动进入下一步骤。

虽然选择模型与排序模型可能使用相同的标准，但是二者是有区别的：选择模型通常要为每一个标准指定一个阈值（最小可接受值），从而要求二选一（是/否）的决策；而排序模型不必指定阈值，但是需要为每个标准指定相对权重，从而能够计算优先级评分。需要注意的是，应避免设定过于苛刻的阈值，以避免可能非常有前途的组合组件被过早淘汰。在选择期间因不能满足一个或多个选择标准而被淘汰的组合组件，应在下一个选择周期重新予以考虑，这是因为在下一个选择周期期间，在主要业务和组织条件的背景下，在上一个选择周期中出现的同一组合组件可能会变得更有价值。应周期性地开展关键组件的选择，至少每年一次，或当组织战略计划被修订和沟通时。然而，处于不稳定业务或技术环境下的组织应更加频繁地进行关键组件的选择和排序。上述这些活动还可以自动触发组合审查活动。

选择关键组件需要考虑的因素包括：

（1）组织的战略和指标。组织的战略和指标提供了长期的方向、愿景、目标及指标。该项输入可以是一份组织战略计划文档，其中包含愿景、使命、战略和指标，并依据组织中各层次计划的目的和范围不同而详尽程度不同。

（2）工作清单。一个组织可能还没有由排序的组件清单构成的组合，然而，它可能有一个可用于开发一个组合的工作清单。组合组件清单或工作清单需要与组织的战略指标一致，以确保它们是有效的并能够满足已经制定的指标。组件的相互依赖关系也应被清楚地理解和记录，因为一个有效的组合通常包括与实际情况相当的数量，以便最小化满足组件指标的工作量。例如，一个衍生产品可以同时依赖于较早年代的制造过程和相关研究项目中关键子系统的可行性研究报告；作为结果，组织这样一个项目的风险较低，但是如果所依赖的活动不成功，这个项目将不能完成它的计划。

（3）组合过程资产。组合过程资产可以包括有关组合及对需要优化的组合进行授权和控制指导的相关数据及信息。在开发组合结构和组合章程中，组合管理团队需要知道干系人愿意提供的过程资产。例如：

① 组合拨款。理解干系人愿意承诺的财务资源和预期投资回报对构建组合是非常关键的。

② 组合资源。对组合承诺的可用资源的理解，有助于组合管理团队构建组合，并考虑资源的约束条件和依赖关系。

（4）组织过程资产。组织过程资产包括部分或全部来自于组织的针对组合的与资产相关的过程，可以影响组合的成功。组织过程资产包括，但不限于：

① 正式的/非正式的计划。

② 组织的标准方针、方法论、过程和流程。

③ 知识资产、知识产权、人才、专有技术等。

④ 指导方针。

⑤ 经验教训。

⑥ 模板/格式。

⑦ 来自于历史项目集/项目的记录和文档的知识及信息（如组织知识库）。

⑧ 年度报告。

⑨ 来自于过去的组合管理（用于标杆目的）的关键绩效指标（*KPI*）。

（5）事业环境因素。事业环境因素是组织的和环境的变量，能够帮助确定怎样管理组合的某些特定方面。一些需要考虑的因素如下：

① 组织文化或结构。

② 工具。

③ 人员。

④ 基础设施。

⑤ 市场条件。

⑥ 政府法规。

⑦ 干系人风险承受能力。

⑧ 经济条件和预测。

6.9 定义组合

定义组合的目的是通过识别、分类、评分和排序组合组件，建立一个最新的合格的组合组件清单。定义组合通过使用持续地评估、选择和优先排序的方法来生成组织的组合。定义组合确保资源被或将被用于能够提供最大投资价值，并与组织的战略和指标能够保持一致的组合组件上。

组件清单可以视为由一组结构化的信息（关键描述符）组成，这组信息包括组织执行的或建议的全部工作，以及因这些工作而消耗的或需要的资源（资金、人力资源等）等相关信息。这些信息通过一种有效的活动方式组织起来。该清单最好包括消耗组织资源的任何或全部工作（项目、项目集、运营等）。

（1）构建组件清单的团队应仔细地识别组件启动方案（项目或项目集）并将其纳入组件清单。这些组件启动方案尚未通过项目或项目集章程的方式获得一种“形式上的存在”，但是它们已经在消耗组织资源。许多这样的组件启动方案可能正在组织的各个组成部分实施。

（2）如果这些组件启动方案被遗漏，组件清单将无法提供组织中全部正在执行的工作及其资源消耗的真实情况。

组件清单应包括：

（1）组件启动方案清单（一定要包括“建议的组件启动方案”）。

（2）资源清单（资源能力和技能资质）。

组合清单构建活动在开展战略构建的阶段进行，这是因为在进行战略分析的过程中，高层管理人员需要理解组织所开展的各项工作、这些工作所消耗的资源，以及组织的资源能力和技能资质，以便能够更加有效地进行“内部分析”。在组合管理过程周期的实施过程中，现有的组合清单可能需要更新，以便增补组合管理所需要的但在早期无法获得的具体信息。在构建组件清单之前，需要完成下列基础性工作：

（1）明确定义一个项目或一个项目集的构成。这有助于加深对这些术语的共同理解，并有助于避免对这些术语的不同解释所导致的冲突。

（2）完成标准模板的制作，以便收集与组件启动方案相关的基础信息（在组合设计定义期间，定义的评估标准一定要作为关键描述符纳入该模板中）。

构建组件清单是一项非常耗时的活动，但所获得的成果也是非常丰富的。在组织内构建一个简单的组件清单，便可使组织的洞察力获得巨大提升。在组合管理活动开始之前，不是必须要 100% 完成组件清单的全部内容。通常的建议是通过捕获组件启动方案相关数据的基本集合来启动组合管理工作，然后随着时间的推移完成其余的清单构建工作。构建和更新组件清单的工作通常由组合管理办公室或等效实体负责。组合管理办公室应与项目和项目集经理紧密协作，捕获与组件启动方案相关的最好已经纳入标准模板的基础信息。组合管理办公室要努力与项目和项目集经理建立非常专业的关系，让他们感受到与他们所负责的组件启动方案相关的重要信息没有被隐藏起来。

组件预选择是组合组件的第一次过滤，通常在构建组件清单的过程中执行。组件预选择有助于减少在组合组件第二次过滤期间需要选择的组件启动方案的数量，从而节省了决策者的宝贵时间。组件预选择能够帮助组织：

（1）发现重复的或冗余的组件启动方案。在组件启动方案处于组织的不同业务部门或不同地理位置的情况下，如果可能，组织可以考虑终止冗余的组件启动方案，从而释放宝贵资源。

（2）发现多个、小的、相互关联的但又分别进行管理的组件启动方案。如果可能,组织可以考虑将这些项目合并成一个项目集,从而可以优化资源的使用。

（3）发现绩效不佳的组件启动方案。这类组件启动方案的评估结果对提升其绩效的可能性很低，组织可以考虑终止这些组件启动方案，从而释放宝贵资源。

（4）发现缺乏战略一致性的组件启动方案。这类启动方案是无法对其追溯战略主题或战略指标的组合组件。经过分析确认后，这类组件启动方案一定要过滤掉。

一旦组件被识别出来，现有的和推荐的组合组件需要组成若干个相关的组件组，并在同一组件组内采用共同的决策过滤机制和标准来进行评估、选择和优先排序。在同一组件组中的组合组件均有相同的目标，并且基于相同的基准进行评估，不管它们在组织中来源于何处。对组合组件进行分类，可以使组织能够在全部战略类别和目标之间进行投资和风险的平衡。

针对组合中的每个组合组件，所有相关信息都应被收集和汇总。这些信息来源于组织的各个方面，可以是定性的或定量的。组合经理可以多次修订这些数据，直到完全达到所要求的水平。

通过定义组合，组合管理人员只选择与组织战略一致并能够满足定义标准的组合组件。如果没有成功的评估和定义过程，不必要的或计划不到位的组合组件可能会被纳入组合，增加组织的负担，进而阻碍真正重要的并保持战略一致的组合组件的收益实现。

定义组合的关键活动包括：

（1）通过关键描述符的评估和分配来识别合格的组合组件。

（2）通过使用一组共同的决策筛选方法和标准来对组合组件进行分类。

（3）通过使用包含加权关键标准的排序和评分模型来评估组合组件。

定义组合可以对组合及其组件产生下列影响：

（1）为组合项目选择、授权和优化而开展的战略调整、评估和排序会导致组合及其组件的更新。对于每个组件类别，都需要生成一个经过识别和排序的组合组件清单。组合组件关键描述符被用来分类、评估和选择组合组件。这些关键描述符还为监控和优化组合组件绩效提供背景信息，从而确保收益的交付。

（2）当定义组合过程需要对组合路线图内的组合组件进行取舍或依赖关系变更时，组合路线图有可能需要更新。

（3）当定义组合过程的结果指出需要对组合管理方法进行变更，如对优先级标准进行某一变更时，组合管理计划可能需要更新。其他导致组合管理计划更新的例子有当修订组合组件的类别和分类时，或者优化、授权和监控组合的方法发生变更时。

为了定义组合，下列因素需要考虑：

（1）组合战略计划。组合战略计划使组合与组织的战略和指标保持一致。它包含优先排序模型，并驱动定义组合及其组件的需求。为了确保战略的一致性，之前的组合或任务清单应依据最新战略进行确认，该确认可能会导致组合组件的关键描述符、分类和组织结构发生变更。它可能不是决定哪个组合组件应被选择的唯一来源，但它是确定组织能够满足它的指标的关键来源。

（2）组合章程。组合章程是正式授权组合经理将组合资源应用于组合中的组合组件的文件。组合章程对定义组合是必要的，因为它能够基于组织的范围、层级和组合目标等领域识别组合与子组合。

（3）组合。不管组合是否存在，也不管用于组合的任务清单是否已经得到识别，组合组件都是定义或重新定义组合的基础。

（4）组合路线图。组合路线图对于定义组合来说是必要的，因为它汇总了组合的战略指标，并通过组织领域、组合里程碑、依赖关系、挑战和风险来展现战略的各个方面。具体的识别、分类、排名和评分标准可以通过组合路线图衍生出来。定义组合的标准和分类至少应与组合路线图保持一致。

（5）组合管理计划。制订组合管理计划是为了描述对组合组件的识别、批准、采购、优先排序、平衡、管理和报告进行管理的方法和意图。定义组合建立了对组合组件进行定义、优化和授权的方法。作为定义组合的一个考虑因素，组合管理计划包含了用来评估组合组件并对其一致性和优先级做出判断的指南。

（6）组合过程资产。组合过程资产可以包括与组合及指导定义组合组件相关的模板、工具、数据和信息。

组合经理可以应用与组织的各个方面相关的一系列评估标准。这些标准应是可量化的，从而可以基于净收益或价值进行测量、排列和优先排序。

一些评估标准的例子可以包括，但不限于：

（1）组织战略一致性。

（2）目标与指标。

（3）收益，包括财务的和非财务的。

（4）市场占有率、市场增长或新市场。

（5）成本（失去的机会成本）。

（6）内部和外部的依赖关系。

（7）内部和外部的风险。

（8）法律/法规的合规性。

（9）人力资源的能力和技能资质。

（10）技术的能力和技能资质。

（11）紧迫性。

要选择能够最好地支持组织的战略和指标实现的评估标准。这样的标准还可以用来测量一个组合组件所贡献的收益。

定义组合需要使用的知识和技能包括，但不限于：

（1）组合组件清单。合格的组合组件的识别可以决定一个具体的组合组件是否可以成为组合的一部分。组合发起人在为一个新的组合组件提交建议书或为一个现有的组合组件做出变更决定时，使用了一套标准的关键描述符。关键描述符应能够确保全部组合组件都可以比较。通过建立相关的验收层级，描述符和标准可以用于新组合组件的过滤和排除。

通过依据组合组件定义对组件清单列出的全部组合组件进行初步比较，可以识别所考虑的满足需求的组合组件。组合组件定义可以用于组合组件清单的初筛。例如，作为组合的一部分，组合组件应大于预先确定的最小规模，且与基本战略目标一致。

每个描述符都需要定义，相应的评估标准也应预先确定。关键描述符可以包括，但不限于：

① 组合组件编号。

② 组合组件代码。

③ 组合组件描述。

④ 组合组件类型。

⑤ 所支持的战略目标。

⑥ 定量收益。

⑦ 定性收益。

⑧ 组合组件客户。

⑨ 组合组件发起人。

⑩ 关键干系人。

⑪ 所需资源。

（2）组合组件分类技术。将组合组件按预先确定好的类别进行划分，有助于对具有相似组织需求和战略考虑的组合组件进行比较。通过确保组合组件能够按照符合组织的战略和指标的类别进行选择与管理，可以促进组合的优化。

每个被识别的组合组件及其关键描述符，都应与分类标准进行比较，并被划分给一个给定的类别，从而可以在相似的组合组件间进行评分、排序、评估和选择。

所划分的类别数通常会受到限制，如包括：

① 盈利能力提升（收入增长、新产品开发、成本降低和规避）。

② 风险降低。

③ 效率改善。

④ 法规/合规。

⑤ 市场占有率提升。

⑥ 过程改进。

⑦ 持续改进。

⑧ 基础建设（如对基础设施投资以促进业务增长）。

⑨ 业务要求（如内部工具包、IT 兼容性或升级）。

（3）加权排序和评分技术。基于价值分配，可以使用加权排序和评分技术对每个类别中的组合组件进行排序与评分，包括单一标准（两两比较）、多重标准加权排序及评分模型等方法。

需要特别注意法规和运营要求等强制性标准，要特别关注需要遵守这些强制要求的组合组件，无论它们的评分和排序如何，都要确保它们被纳入最终的组合中。

6.10 识别组件

识别组件的目的是更新组件清单，包括进行中的或新的将通过组合进行管理能够提供充分信息的组件。识别组件是定义组合的子过程之一。

识别组件的关键活动包括：

（1）评估进行中的组件及包含预定组件定义和相关关键描述符的新组件建议书。

（2）拒绝不适合预定组件定义的组件。

（3）按预定类别对组件进行分类，如项目、项目集、组合及其他工作。

识别组件，可以对组合及其组件产生下列影响：

（1）组件清单包括全部已识别出的满足组件定义的具有定性资格的组件，通过适当地记录得以完成。该清单还可能包括各种组件之间的关系清单。

（2）每个组件的关键描述符通过适当的模板展示了每个具有定性资格组件的完整记录。

（3）被拒绝组件清单包括没有满足组件定义或没有得到正确和完整记录的全部组件。组件定义用于组件清单的首次筛选。例如，作为组合的一部分，组件应大于预定义的最小规模并符合基本的战略指标。组合管理团队可以取消、重写或重组提交给组合（或另一个）过程的组件建议书。

为了识别组件，下列因素需要考虑：

（1）战略计划。组织使用战略计划来保持它的组织和财务结构与组织优先级、使命和指标一致。一个战略计划通常包括一个愿景说明书和一个使命说明书，即组织的长期目标、指标及组织计划实现这些总体目标和指标所采用方法的描述。战略计划还可以识别可能影响长期目标实现的外部因素，它是一个被组织用于预测和适应预期变化的过程。管理人员制订运营计划，以便对组织的年度或持续进行中的运营提供支持。这些计划可以被松散地或紧密地与组织战略计划整合在一起。

（2）组件定义。组件定义是基于战略计划和/或运营计划的目标和指标。组件定义用于组件清单的首次筛选。例如，作为组合的一部分，一个组件应大于预定义的最小规模并符合基本的战略指标。

（3）组件关键描述符。组件关键描述符用于组合组件的分类、评估和选择。关键描述符提供监控组件绩效以确保收益交付的背景信息。每个描述符都需要定义，其对应的接受等级被预先确定。关键描述符包括，但不限于：

① 组件编号。

② 组件描述。

③ 组件类别。

④ 高层级计划。

⑤ 支持的战略指标。

⑥ 定量收益。

⑦ 定性收益。

⑧ 组件客户。

⑨ 组件发起人。

⑩ 关键干系人。

⑪ 所需资源。

（4）全部现有组件清单。全部正在进行中的组件清单是一个来自先前的组合生命周期的组件清单，这些组件已经通过项目或项目集的过程得到授权，并开始执行或被放置在等待清单中。

（5）新组件建议书。在先前的组合生命周期之后提交的全部新组件建议书的汇编。组合生命周期可能包括作为审查过程一部分的新建议书，以确保组合能够包含支持战略目标实现的适当组件。

用于组件识别的工具和技术可以帮助组织编制组件清单，该组件清单由一组通用的用于比较、评估和选择的关键描述符构成。其中部分关键描述符还可以用于进一步评估和执行，如初步筛查、组件接受或拒绝的批准。

识别组件需要使用的知识和技能包括，但不限于：

（1）全部在册的基于关键描述符的组件记录。组件发起人提供全部在册的基于关键描述符的组件记录，以确保进行组件比较的共同基础。其接受等级，如果或无论何时需要过滤或终止组件，都可以通过一些描述符来预先确定。

（2）全部在册的含有组件定义的组件比较。对全部在册的基于组件定义的组件进行初步比较，有助于识别出能够满足预定要求的组件。组件定义用于组件清单的首次筛选。例如，作为组合的一部分，一个组件应大于预定义的最小规模并符合基本的战略指标。

（3）组件识别。组件识别是要列出全部有资格成为组合组成部分的组件。

（4）专家判断。专家判断常用于识别组件，这样的判断与专家意见可以用于这个过程中的任何技术和管理的细节。

6.11 为组件分类

为组件分类将组件分配给相关的业务小组，每个小组的组件具有相同的用于评估、选择、优先排序及平衡的决策过滤器和标准。组件类别基于战略计划来定义。同一小组内的组件有着共同的目标，并可以在相同的基础上测量，不管它们来自组织的何处。组件平衡使组织能够在全部战略类别和战略目标之间平衡它的投资和风险。为组件分类是定义组合的子过程之一。

为了能够符合战略，组件分类子过程基于组织战略及预期执行的工作类型，将组件启动方案划分为若干互不兼容的组。通常每个组件启动方案的类别，代表了一个具有一组自身约束条件的子组合。为每个组件启动方案的类别定义一个单独的组合，可以确保处于不同组的组件启动方案不必相互进行比较（类似于苹果与橘子的比较），也不必为资金进行竞争。既然一个特定类别中的组件启动方案，被认为与其他类别的组件启动方案有不同的特性，那么每个类别的选择和排序标准的集合都应分别进行定义。虽然一些排序标准可能适用于多个类别，但是同一标准在两个不同类别中的权重可能是不同的。

为了方便地进行没有任何冲突的分类，对每一个组件类别都要进行明确定义。如果一个组件启动方案不止适用于一个类别，则类别的定义很可能含混不清，需要进一步重新定义。类别定义还是一个迭代的过程：由于对组件启动方案理解的逐步深入，该定义可能需要多次修订。

许多组织为法律和法规的合规性所要求的非自主决定（强制性）的组件启动方案定义一个单独的类别。基于统计结果，多数组织定义的类别数量在4～12个之间。然而，类别的数量越多，系统就会变得越复杂。全部类别数量在3～6个之间，通常被认为是适当的。将每一类别又分为多个层级很常见（如若干子类别）。既然分类能够促进组件的平衡，那么将组件启动方案划分为多个层级，可以带来平衡组件启动方案多个特性的机会。通常情况下，将一个类别分为两个层级是适当的。既然不同的战略业务部门所开展的工作可能不同，那么有时在不同的战略业务部门之间为组合定义不同的类别集合是必要的。然而，许多分类模式可能会被多个战略业务部门同时使用，而不考虑所开展的工作类型。特别要注意，组件启动方案的类别不是静止的，一定要依据组织战略计划的变更并按要求进行修订。同样可能会发生，在为组件启动方案进行分类的过程中，如果产生了组件启动方案的新类型，可能需要对组件启动方案的类别进行重新修订。

组件启动方案可以有多种分类方式，下面列举一些通用分类模式：

（1）3地平线模型分类（分化、中和、优化）。

（2）Gartner分类（组织转型、组织成长、组织运行/保持灯亮）。

（3）风险回报分类（牡蛎、珍珠、面包、黄油）。

（4）强制、研发、新产品/服务开发、产品/服务增强、运营优化。

（5）平衡记分卡分类（财务、客户、业务流程、学习和成长）如果将平衡记分卡用于战略构建及规划，该分类将有易于开展组件启动方案的评估。

（6）其他分类模式（通过产品/服务线、行业或地域分布等）。

为组件分类的关键活动包括：

（1）基于战略计划识别战略类别。

（2）将已识别组件与分类标准进行比较。

（3）为每一个组件指定一个唯一的类别。

为组件分类，可以对组合及其组件产生下列影响：

为组件分类的结果是一个按类别分组的组件清单，包括全部已识别的并按全部战略类别进行划分的组件。当一个组件不能对其分类时，组合管理小组应做出是否应将该组件保留在清单中，以便进一步评估和选择的决定。

为组件分类，下列因素需要考虑：

（1）组件清单。组件清单包括全部已识别出的满足组件定义的具有定性资格的组件，通过适当地记录得以完成。该清单还可能包括各种组件之间的关系清单。

（2）每个组件的关键描述符。每个组件的关键描述符通过适当的模板展示了每个具有定性资格组件的完整记录。

（3）来自于战略计划的分类。组织使用战略计划来保持它的组织和预算的结构与组织优先级、使命及指标一致。

组件按照处理共同战略目标和测量标准的组件小组来分类。组织高层管理人员和组合管理团队使用战略计划确定组件类别。来自于组织的各个不同部门或业务部门的初始分类可能被采纳。分类需要被定义，并需要得到组织的广泛理解；如果战略计划变化了或扩展了，分类也可能会跟随变化或扩展。所划分的类别数通常会受到限制，例如：

① 收益增加（收入增加、升级、成本降低）。

② 风险降低。

③ 效率改善。

④ 法律/法规责任。

⑤ 市场份额提高。

⑥ 过程改进。

⑦ 持续改进。

⑧ 基础投入（如投资基础设施建设以发展业务）。

⑨ 商业要务（如内部工具、IT 兼容性或升级）。

每一个类别还可以包含子类别，用以生成可比较的表格、图形或图表，例如：

① 规模（如工作量、预算、资源）。

② 周期。

③ 客户吸引力的等级，如基本“必要的或想要的”、市场上的绩效表现不同的及振奋人心的/热点的/优质的组件。

④ 组件类型（如项目、项目集、其他工作）。

⑤ 阶段。

用于为组件分类的工具和技术，可以通过为组件分配预定的类别来帮助组织开展组件评估。这可以帮助对解决相似的组织需求和/或战略关注的组件进行比较。它还可以通过确保组件，按照能够解决组织的全部战略指标类别进行选择和管理来促进后续的组合平衡。

为组件分类需要使用的知识和技能包括，但不限于：

(1) 组件分类。为了实现能够对相似组件进行比较、评估、测量和选择的目的，要将每个已识别的含有关键描述符的组件与分类标准进行比较，然后再将该组件分配到一个给定的类别。

(2) 专家判断。组合管理团队为了对组件进行分类，常常利用专家判断来评估所需的输入。这样的判断与专家意见可以用于这个过程中的任何技术和管理的细节。

6.12 评估组件

评估组件是为了进行组件比较，以便能够开展组件的选择。组合中每个组件的全部相关信息都应得到收集和汇总。这些信息来自于整个组织的各方面来源，可以是定性的和/或定量的。组合管理团队可以对数据进行多次修订，直到达到需要完成的等级。评估组件所生成的图形、图表、文档和建议将支持后续的组件选择过程。评估组件是定义组合的子过程之一。

评估组件的关键活动包括：

(1) 通过包含加权关键标准的评分模型对组件进行评估。

(2) 生成图形视图以便在组件选择过程中进行决策。

(3) 为组件选择过程提出建议。

评估组件，可以对组合及其组件产生下列影响：

(1) 为每一类别生成和批准经过评估的组件清单，可以在一个类别内或在整个组合范围内对组件进行比较。

(2) 通过每个组件的评分模型，计算总价值评分。

(3) 组合管理团队生成一些展示图以支持决策。

(4) 组合管理团队应在完成组件评估后提出建议。组合管理团队可以基于每个组件或一组组件为一个组件、一个组件类别或整个组合提出建议。

为了评估组件，下列因素需要考虑：

(1) 战略计划。组织使用战略计划来保持它的组织和财务的结构与组织优先级、使命及指标一致。一个战略计划通常包括一个愿景说明书和一个使命说明书，即组织的长期目标、指标及组织计划实现这些总体目标和指标所采用方法的描述。战略计划还可以识别可能影响长期目标实现的外部因素，它是一个被组织用于预测和适应预期变化的过程。管理人员制订运营计划，以便对组织的年度或持续进行中的运营提供支持。这些计划可以被松散地或紧密地与组织战略计划整合在一起。

(2) 已分类组件清单。为了实现能够对相似组件进行比较、评估、测量和选择的目的，要将每个已识别的含有关键描述符的组件与分类标准进行比较，然后再将该组件分配到一个给定的类别。

（3）每个组件的关键描述符。每个组件的关键描述符通过适当的模板展示了每个具有定性资格组件的完整记录。

评估组件使组件之间变得可以比较，因而成为开展组合项目选择的一个促进因素。所以，可以按照组件选择标准，使用评估组件的工具和技术对组合组件进行仔细的比较。

组合管理团队可以使用一系列与各方面业务相关的评估标准。这些标准能够测量组件对战略业务指标的贡献，并能够用于跟踪预期的组件收益贡献。

评估标准的一些例子包括，但不限于：

（1）一般业务标准。

（2）财务标准。

（3）风险相关标准。

（4）法律/法规合规标准。

（5）市场标准。

（6）技术标准。

要选择能够最好地支持战略指标实现的评估标准。这样的标准还能够用于测量一个组件在执行一致性过程或监控过程时的收益贡献。

评估组件需要使用的知识和技能包括，但不限于：

（1）含有加权关键标准的评分模型。评分模型使用了一种可以用于评估组件并对这些组件进行比较的方法。图6－3展示了一个评分模型由一系列带有权重（用百分比或评分表示）的评估标准构成。评估标准可以包含一些子项，如战略一致性、业务部门优先级一致性、合同要求、财务收益、软收益、风险等。每一个标准的权重通过百分比来表达（总和为100%），并确定在组件评估中每一个标准的相对重要性。评分适用于每一个标准，并应当便于区分（如用0、5、10来表示）。评分测量每一个标准是否得到满足，每一个评分等级必须清晰地定义，以便确保组件与组件之间评估的一致性。评分与权重的乘积为每一个标准提供了一个价值，并且全部价值标准总和构成了组件的总价值。

典型的评分模型可以通过下列步骤被有效地设计和使用：

① 建立与业务指标一致的标准清单。

② 如果或无论何时可能，定义若干组标准，以便建立对应多标准的特定关键指标。

③ 在标准之间建立相关权重。

④ 确定需要使用的评估评分模型，例如：

评分模型

标准清单	权重	低	中	高	分值	汇总	
标准 1	20%	0 分	5 分	10 分	10 分	2	Y 指标
标准 2	20%	0 分	5 分	10 分	10 分	2	
标准 3	10%	0 分	5 分	10 分	5 分	0.5	
标准 4	15%	0 分	5 分	10 分	10 分	1.5	
标准 5	5%	0 分	5 分	10 分	5 分	0.25	
标准 6	5%	0 分	5 分	10 分	0 分	0	
标准 7	5%	0 分	5 分	10 分	10 分	0.5	X 指标
标准 8	5%	0 分	5 分	10 分	5 分	0.25	
标准 9	10%	0 分	5 分	10 分	0 分	0	
标准 10	5%	0 分	5 分	10 分	5 分	0.25	
总权重 =100%				总分		7.25	
				Y 指标 (0～1)		0.83	
				X 指标 (0～1)		0.4	

来源：Project Management Institute，Inc.，THE STANDARD FOR PORTFOLIO MANAGEMENT THIRD EDITION，Published by Project Management Institute，Inc.，2013，P. 70.

图 6－3　多重标准评分模型

a）0、5、10。

b）1～10。

c）1～5。

⑤ 按照每个标准评估组件。

⑥ 将每个标准的评分与其权重相乘以获得一个标准的总分。

⑦ 将每个标准的总分相加以获得组件的总评分。

⑧ 比较组件的评分结果。

标准，代表了强制规则，如法规或运营要求，是一定要遵循的，并应受到特别关注。被要求遵循这些强制规则的组件需要给予标记，以确保它们能够被纳入最终的组合中。

（2）图形表示法。各种图形表示法也可以用于需要评估组件之间的比较。图形表示法包括直方图、饼状图、线型图和泡泡图等。双标准比较网格，如图 6－4 所示，是最常用和最有效进行组件比较的图形工具，这些组件至少要满足一个选择标准。一对典型的标准是收益（标准 1）与战略一致性（标准 2）。

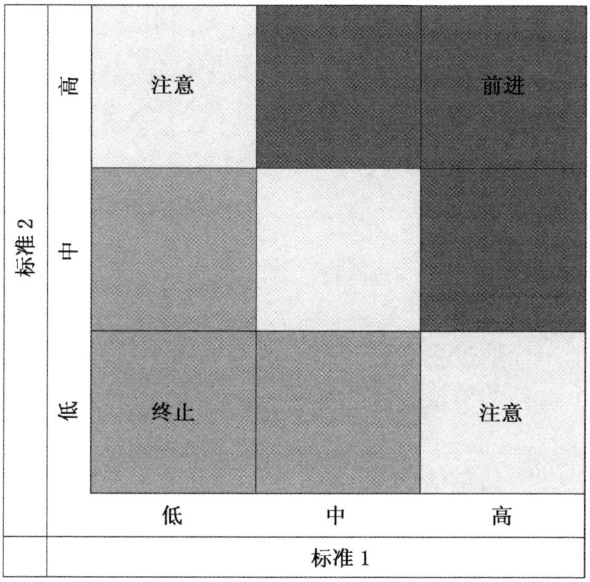

来源：Project Management Institute，Inc.，THE STANDARD FOR PORTFOLIO MANAGEMENT SECOND EDITION，Published by Project Management Institute，Inc.，2011.

图 6－4　基于双标准的图形比较

通过遵循下列执行步骤，可以有效地设计和使用一个双标准比较网格：

① 选择两个标准。

② 针对每个标准评估每个组件。

③ 确定每个组件在网格中的位置，例如：

对组件 XYZ：标准 1 = 中级，标准 2 = 中级。

④ 被评估为高级的组件获得高分。

⑤ 被评估为低级的组件获得低分。

⑥ 网格可以用颜色编码，以便指明哪些标准价值的结合是组织所偏爱的，哪些是应当避免的，例如：

a） 位于“中灰色区域”（终止） 的组件对组织具有低价值。

b） 位于“深灰色区域”（前进） 的组件对组织具有高价值。

⑦ 通行标识法通常仅用于在相同类别内进行组件比较，从而能够避免对没有解决相似的组织关注和/或指标的组件进行比较。

（3）专家判断。组合管理团队常常通过专家判断来评估所需的输入，以比较组件，并将该项技术用于该过程中的任何技术和管理的细节。

组合管理团队常常通过专家判断来识别所关注组件之间的关系。这些关系可能是独立的组件或相互耦合在一起的组件，包括：

① 依赖关系。

② 冗余性。

③ 部分重叠。

④ 组件互斥性。

6.13 选择组件

选择组件对基于评估过程建议和组织选择标准生成的组织组件的子集很有必要。评估确定每个组件的价值，并生成准备进行优先排序的组件清单。选择组件是定义组合的子过程之一。

选择组件的关键活动包括：

（1）将组件与选择标准进行比较。

（2）基于评估结果选择组件。

（3）为下一步优先排序生成组件清单。

选择组件，可以对组合及其组件产生下列影响：

（1）每个组件类别中经过评估和选择的组件清单得到生成和批准。组件可以在同一组件类别内进行比较，也可以在整个组合范围内进行比较。

（2）应在完成组件选择后提出建议。可以为一个组件、一个组件类别或整个组合提出建议。这些建议可以包括优先级排序、组件分段及组件的接受或拒绝。

为了选择组件，下列因素需要考虑：

（1）战略计划。组织使用战略计划来保持它的组织和财务的结构与组织优先级、使命和指标一致。一个战略计划通常包括一个愿景说明书和一个使命说明书，即组织的长期目标、指标及组织计划实现这些总体目标和指标所采用方法的描述。战略计划还可以识别可能影响长期目标实现的外部因素，它是一个用于预测和适应预期变化的过程。管理人员制订运营计划，以便对组织的年度或持续进行中的运营提供支持。这些计划可以被松散地或紧密地与组织战略计划整合在一起。

（2）经过分配和评估的组件清单。为每一类别生成和批准经过评估的组件清单，可以在一个类别内或整个组合范围内对组件进行比较。

（3）每个组件的价值评分。通过每个组件的评分模型，计算总价值评分。

（4）展示图。组合管理团队生成一些展示图以支持决策。

（5）组织资源。组织资源可以包括内部或外部的人力资源、财务资源、设备及其他资产。

（6）评估过程建议。组合管理团队应在完成组件评估后提出建议，它可以基于每个组件或一组组件为一个组件、一个组件类别或整个组合提出建议。

组织可以使用工具和技术建立一个用于下一步优先排序的入围组件清单。这可能包括使用评分模型的结果，以便结束在一个或几个预定标准或指标方面不满足可接受阈值评分的组件。这个过程专注于个别组件的价值，能力分析还将会限制组合中的组件范围，以满足组织的能力约束条件。

组合团队应使用有效的工具和技术，确保最好的组件被选入组合。

选择组件需要使用的知识和技能包括，但不限于：

（1）人力资源能力分析。为了能够了解组织为已选定项目提供资源并执行该项目的能力，组合管理团队一定要开展人力资源能力分析。组合管理团队应对组织技能集进行分析，以确定受特定技能集的限制所形成的约束条件。为了获得一个完整的视图，内部资源能力一定要得到测量，外部资源的可用性一定要得到分析。人力资源能力分析是组织能够执行项目的数量和规模的一个限制因素。

（2）财务能力分析。为了能够了解组织为已选定项目提供资金的能力，组合管理团队一定要开展财务资源能力分析。该项分析一定要通过组织的财务和/或预算过程进行。为了获得一个完整的视图，内部财务能力一定要得到测量，外部财务资源的可用性一定要得到分析。财务资源能力是组织能够执行项目的数量和规模的约束条件。财务能力与人力资源能力分析和资产能力分析相互作用，包括潜在培训预算、招聘外部资源及自制或外购决策。

（3）资产能力分析。为了能够了解为已选定项目提供支持的组织的物理需求，组合管理团队一定要开展资产资源能力分析。该项分析一定要按照资产的类别（设备、建筑等）来进行，以便能够了解由特定资产的限制形成的约束条件。资产能力将是组织能够执行项目的数量和规模的限制因素。

（4）专家判断。组合管理团队常常通过专家判断来评估所需的输入，以利于选择组件。组合管理团队利用专家判断为组件评分，该评分为制定一份用于组件排序和平衡的组件清单打下基础。与优先排序和组合平衡的组件清单提供一个基础。组合管理团队将这些判断和专家意见用于该过程中任何技术和管理的细节。

6.14 排序组件

排序组件考虑各方面干系人的优先级需求，按照已建立的标准对组件进行排名。这对后续的核实和平衡组合所需要的分析提供支持，以便选择能够实现有效和高效的资源分配的最有效组件构成方案。排序组件是定义组合的子过程之一。

排序有助于高层管理人员和组合治理委员会识别出预期能够交付最大相关价值的组件启动方案。每一个组件启动方案的“相关价值”(排序评分或价值评分)是基于预先定义的“排序决策模型”来计算的，也称为“价值测量框架”。负责进行排序决策的相同干系人（通常是高层管理人员和组合治理委员会）应参与定义排序决策模型，以便赢得最大的认可。组件启动方案排序的结果能够支持与下列各项相关的决策：

（1）哪些组件启动方案应纳入组合（作为组合优化的产出结果）？

（2）哪些组件启动方案需要获得“受限”资源的分配（包括资金）？

一个排序决策模型能够促进决策的客观性和合理性，进行这样一个决策所需要的要素包括：

（1）排序标准（与“属性”相同）。

（2）为标准设定权重的排序技术。

（3）标准的权重（指出它们的相对重要性）。

（4）每一标准的评定量表。

（5）用于对组件启动方案进行排序的技术或方法（利用标准）。

基于所使用的排序技术，除了上述要素外，可能会需要一些更多的要素。使用多于一种标准的决策模型称为“多标准决策模型”和“多标准分析”。在对组件启动方案进行排序之前，排序决策模型一定要得到定义并获得组合治理委员的正式批准。

定义适用的决策模型是组合管理最基本的工作之一，这是因为它们构成了投资决策的基础。所以，一旦决策模型得到定义，为了评估其“健全性”，必须开展下列工作：

（1）进行校准。

（2）进行敏感性分析。

虽然一个决策模型对减少决策中的主观性是必不可少的，但是决策模型不能取代管理的自主决策空间。组合经理应引导决策者之间的有效讨论，防止他们盲目地接受决策模型的结果。为了使组合管理更加有效，决策模型必须自始至终在全体组合中得到应用。

为了使组合能够保持战略一致性，组合中的组件无论从每个单一组件的角度还是将所有组件作为一个整体，都应与战略保持一致。既然排序决策主要依据排序标准，那么，要确保每一个所选定的排序标准都有助于实现一个或多个战略目标。一个良好的实践是从战略指标（作为组织战略计划的一部分）中导出排序标准。如果组合被分段（分类），建议对每一类别都识别出一组不同的排序标准，这是因为一组相同的标准不可能适用于全部类别。

问题是应选用多少个排序标准呢？排序标准的数量越多，其中的任一标准对整体排序结果的贡献度就越低。因此，大多数情况下，只需选择5~6个标准就可以达到排序的目的。一个平衡的排序方法不是简单地考虑每个组件启动方案的回报和收益，还应考虑所需的投资及与组件启动方案相关的风险。为了平衡组合类别的标准，建议对下列每个类别至少选择一个标准：

（1）吸引力（财务回报或定性收益）。

（2）可承受能力（投资收益，包括资本的和运营的）。

（3）可实现能力（与组件启动方案相关的风险，包括主要收益实现风险）。

排序标准通常是一个包括定性标准和定量标准的组合。

既然排序决策是全部投资决策的基础，在它被用于排序组件启动方案之前，就必须对该决策模型进行“健全性”评估。决策模型的“健全性”使用下列技术来评估，这些技术都是很常用的。这两项互相兼容的技术：一是校准技术，二是敏感性分析。

校准技术和敏感性分析的使用很有可能导致决策模型的变更，从而使决策模型更加“强健”。这能够导致决策者对排序结果更有信心，进而获得干系人更大的认可。

健全性检查——决策模型校准技术的步骤如下：

（1）选择一些已经完成的组件启动方案（选择10个组件启动方案是比较理想的）。

（2）基于事后评估，指定一个团队（团队1）对已完成的组件启动方案进行排序（注意不要使用即将用于校准的决策模型）。既然这些组件启动方案已经完成，其排序结果应当也是相当准确的。

（3）指定另一个团队（团队2）依据排序模型对相同的组件启动方案独立进行排序。

（4）将依据决策模型计算出的每一个组件启动方案的排序评分与由团队1获得的组件启动方案的排序结果进行一一比较。

（5）如果依据决策模型计算出的排序结果与项目完成后的实际排序结果相同度非常高（在容许误差范围内），则意味着决策模型通过了测试。反之，则必须对模型进行适当的变更（一是审查权重；二是审查标准，以确定是否要终止一些标准或增加一些新标准），然后再重复上述过程，直至决策模型通过测试。建议每次测试使用不同的组件启动方案的集合。

在每一个组件启动方案排序评分计算中，排序标准及其相关权重都起到了非常重要的作用。任何一个标准和/或相关权重发生变化都会直接影响排序评分，进而会影响组件启动方案的排序。业务环境的重要变化和/或组织战略的变更都非常可能导致下列变更中的1~2个变更发生：

（1）排序标准的变更（可能会有标准增加或删除）。

（2）一个或多个标准的权重的变更。

组合治理委员会成员很可能会问到与排序相关的重要问题有：

（1）排序评分对哪个标准是敏感的，换句话说，哪一个标准对排序评分的影响最大？

（2）这些标准的变更和/或其相关权重会如何影响一个组件启动方案集合的相关排序？

如果不进行敏感性分析，上述问题将无法得到准确的答案。

敏感性分析是一种"假设分析技术"，用于确定一个独立变量（此处特指标准权重）的不同取值，将会怎样在一组假设条件下影响一个特定的因变量（此处特指排序评分）。敏感性分析是一种风险分析技术，非常适用于确定哪些变量对排序评分的影响最大。例如，如果由于组织对降低成本的关注度提高，导致净现值（*NPV*）标准的权重减少5%或净现成本（*NPC*）标准的权重提高10%，则排序评分将会受到怎样的影响？如果某一标准的微小变更就可以改变组件启动方案的排名，那就表明一定要审查该标准及其权重。敏感性分析不仅与组件启动方案的排序相关，它还常常被用于组合的优化。

通过敏感性分析获得影响排序标准的相关信息，在组合执行期间非常有用。在组合执行期间，管理人员可以监控可能影响排序标准的或排序评分对其最敏感的环境因素（风险征兆），这些监控可以称为敏感性分析的运用。这些分析可能会触发对排序标准及其权重的审查。敏感性分析的结果通常通过"龙卷风图"或"敏感图"来展示。二者通过不同的方式来展示敏感性分析结果。敏感性分析无法通过手工来进行，而是需要工具的支持。有许多执行敏感性分析的方式，如其中一种方式称为"动态分析"。

排序组件的关键活动包括：

（1）按照预定的战略类别确认组件的分类。

（2）为组件排名制定评分或加权标准。

（3）确定组合中的哪些组件应获得最高的优先级。

排序组件将为每个战略类别制定一份经过排序的组件清单，该组件清单将被用于后续的组合平衡。

为了排序组件，下列因素需要考虑：

（1）经过分类的、评估的和选择的组件清单。每一个组件类别的已评估和选择的组件清单得到生成和批准。组件可以在同一组件类别内进行比较，也可以在整个组合范围内进行比较。

(2) 建议。应在完成组件选择后提出建议，可以为一个组件、一个组件类别或整个组合提出建议。这些建议可以包括优先级排序、组件分段及组件的接受或拒绝。

用于组件排序的工具和技术以帮助组织能够有效地进行选择为目的，如果或无论何时可能，组件之间都应进行排序。当使用相同的用于组件评估和选择的评分模型时，所采用的标准可能相同。为了排序，组件之间将被比较以便于区分或被合并，这有利于以一种一致的方式对其进行排序，从而确保能够最好地保持与战略计划一致。

排序组件需要使用的知识和技能包括，但不限于：

(1) 加权排名。加权排名基于所分配的价值对每一个组件类别中的组件进行排名。组件按照制定的标准从高到低排名（或按照组织的偏好，从低到高排名）。

排名如图 6－5 和图 6－6 所示，使用一个或多个标准进行排名。

	项目 A	项目 B	项目 C	项目 D	项目 E	项目 F	排名	
项目 A		1	1	1	1	1	5	排名第一
项目 B	0		0	1	1	0	2	
项目 C	0	1		1	1	0	3	
项目 D	0	0	0		1	0	1	
项目 E	0	0	0	0		0	0	排名最后
项目 F	0	1	1	1	1		4	

来源：Project Management Institute，Inc.，THE STANDARD FOR PORTFOLIO MANAGEMENT THIRD EDITION，Published by Project Management Institute，Inc.，2013，P. 68.

图 6－5 单一标准排序模型

单一标准方法，如图 6－5 所示，通常在不同项目之间采用两两比较的方式，从具有最高优先级的组件开始，按等级从高到低进行排名。这种方法不应在一个给定的组合周期内使用。在图 6－5 所示的例子中，每个项目与其他项目进行比较，然后通过下列步骤进行评分和排序：

① 如果项目 A 比项目 B 价值高，项目 A 得 1 分。

② 如果项目 B 比项目 A 价值低，项目 B 得 0 分。

③ 按行将每个项目的评分相加。

④ 获得最高评分的项目排名最高。

项目	标准 1		标准 2 成功概率		标准 3		标准 4		排序	
	测量	排名	结果	排名	重要级别	排名	测量	排名	评分	排序
项目 1	16.0	2	8.8 11×10^6(美元)×80%	2	5(++)	1	2×10^6 美元	1	1.50	1
项目 2	14.0	4	18.9 21×10^6(美元)×90%	1	4	2	2.5×10^6 美元	2	2.25	2
项目 3	15.5	3	8.45 13×10^6(美元)×65%	3	2	4	3×10^6 美元	3	3.25	3
项目 4	19.0	1	5.95 7×10^6(美元)×85%	4	1(−−)	6	4.3×10^6 美元	4	3.75	4
项目 5	10.0	6	5.4 6×10^6(美元)×90%	5	3	3	5.2×10^6 美元	6	5.00	5
项目 6	12.0	5	2.1 3×10^6(美元)×70%	6	1.5	5	4.6×10^6 美元	5	5.25	6

来源：Project Management Institute, Inc., THE STANDARD FOR PORTFOLIO MANAGEMENT THIRD EDITION, Published by Project Management Institute, Inc., 2013, P. 69.

图 6-6　多标准加权排名

图 6-6 所示的例子是一个加权的多标准模型。该模型可以通过下列步骤被有效地设计和使用：

① 选择一系列评估标准。

② 分别用同一标准测量每个项目。

③ 分别用同一标准对项目进行排名。

④ 对每个项目，将其所有排名相加，再除以所测量的标准数量，从而生成该项目的评分。

⑤ 基于评分结果确定组件的排序（获得最低评分的项目排名最高）。

（2）评分技术。有许多用于在每个组件类别中对组件进行统一排名的方法，如图 6－6 所示。

（3）专家判断。专家判断常常用于评估所需要的输入，以便确定如何对组件进行排序。这些判断和专家意见将用于该过程中任何技术和管理的细节。

6.15 案例：几家一流企业的评分模型

6.15.1 塞拉尼斯公司的评分模型[①]

塞拉尼斯公司（原赫斯特公司）有一个特别的部门是美国企业研究与技术小组。这个部门的任务是开发传统部门业务范围以外的新产品，并使其商品化。它侧重于更大型的、更高风险的、更不受约束的、更长期的项目（与为维持和延续业务部门现有产品线而设计的项目形成对照）。该部门通过 5 级门径来管理项目流程。

组合模型评分由五大类别 19 个问题组成。每个问题或标准都是经过仔细选择和文字推敲的，同时要求操作明确，并且还经过了几年的有效性和可靠性验证。表 6－1 展示了该模型，可以作为其他公司的范例。

表 6－1 塞拉尼斯公司的评分模型

因素 1：经营战略契合度
因素 2：战略推动力
因素 3：技术成功概率
因素 4：商业成功概率
因素 5：回报
项目集吸引力评分：5 因素评分汇总简略表

因素 1：经营战略契合度

关键因素	等级评分				评级	备注
	1	4	7	10		
一致性	只是在外表上与经营战略契合	一般性契合，但不符合战略的一个核心要素	与一个战略核心要素非常契合	与多个战略核心要素高度契合		
影响	影响最小；若项目集被放弃，不会带来明显损失	一般影响，会对财务造成影响	重要影响，若项目集失败或被放弃将难以恢复	业务部门的未来依赖于此项目		

① 来源：R. G. Cooper，S. J. Edgett And E. J. Kleinschmidt，PORTFOLIO MANAGEMENT FOR NEW PRODUCTS SECOND EDITION，Published by Basic Books，A Member of the Perseus Books Group，2001，PP. 49－52.

表6-1（续）

因素2：战略推动力

关键因素	等级评分				评级	备注
	1	4	7	10		
所有权地位	很容易被复制	受到保护，但缺乏力度	通过商业机密、专利的方式得到可靠保护，服务于专属客户	通过专利、商业机密、原材料访问控制的方式得到（上游和下游）全方位保护		
成长平台	死胡同/独一无二的	存在其他业务拓展机会	具有多样化的潜力	开辟新的技术和商业领域		
持久性（技术和市场）	无独特优势；快速“跳过”	也许会有好几年	具有一般生命周期（4～6年），但缺少机会进行渐进式改进	生命周期长，并有机会进行渐进式改进		
与企业其他运营部门的配合	仅限于单一业务部门	有关工作也适用于另一个战略业务部门	可以被几个战略业务部门采纳或使用	可以在公司内广泛使用		

因素3：技术成功概率

关键因素	等级评分				评级	备注
	1	4	7	10		
技术鸿沟	当前实践与指标之间存在巨大鸿沟；必须投资新技术	提出“重量级”变更建议	变更幅度小于“重量级”	渐进式改进；更加注重工程自身		
项目复杂度	难以定义；面临许多障碍	易于定义；面临许多障碍	面临挑战，但“能做”	简单易行		
技术技能基础	对公司来说是新技术；（几乎）没有技能	有一些研发经验但可能不够充分	在公司内开展过一些实践但尚未普及	已在公司内被广泛使用		
人力和设备的可用性	没有合适的人员/设备；必须招聘/筹建	关键领域人员/设备的短缺得到确认	资源可用；仍有需求；必须提前计划	人员/设备随时可用		

表6－1（续）

因素4：商业成功概率

关键因素	等级评分				评级	备注
	1	4	7	10		
市场需求	需要广泛的市场开发；没有明确需求	强调客户需求；产品需要量身定制	明确产品与需求的关系；竞争产品的一对一替代	产品对客户需求的快速响应；直接取代现有公司产品		
市场成熟度	下降	成熟的/初期的	适度成长	快速成长		
竞争强度	高	中度偏高	中度偏低	低		
商业应用开发技能	一定要开发公司不擅长的技能	一定要开发以便突破当前技能使用的局限	需要对建议的项目集进行剪裁	已经就绪		
商业假设条件	低概率/小影响	低预测能力/小影响	高概率/大影响	高预测能力/大影响		
监管的/社会的政治影响	负面的	中立的	有些好处（如浪费降至最低，有害材料减少）	对备受关注的问题产生积极影响（如塑料回收）		

因素5：回报

关键因素	等级评分				评级	备注
	1	4	7	10		
对盈利的绝对贡献（从商业化起步开始计算的5年累计现金流/美元）	＜1000万	5000万	15000万	＞25000万		
技术投资回收期/a	＞10	7	5	＜3		
距商业化起步时间/a	＞7	5	3	＜1		
投资回收期＝累计现金流所需年限（起步前的全部现金成本回收期）＋起步后的投资成本回收期						

项目集吸引力评分：5因素评分汇总简略表

关键因素	等级评分				评级	备注
	1	4	7	10		
技术成功概率/%	＜20	40	70	＞90		
商业成功概率/%	＜25	50	75	＞90		

表6-1（续）

关键因素	等级评分				评级	备注
	1	4	7	10		
回报	少/盈亏平衡	投资回收期 > 7年	投资回收期 = 5年	投资回收期 < 3年		
经营战略契合度	研发项目集与经营战略无关；对战略业务部门的影响小	对战略业务部门的战略提供一点支持；影响一般	支持战略业务部门的战略；影响一般	有力支持战略业务部门的战略；影响大		
战略推动力	独一无二的/死胡同	有一些拓展业务的机会	有推广到其他战略业务部门的机会	有大量的好机会		

塞拉尼斯公司在对项目进行优先排序时考虑的5个主要因素是：

（1）经营战略契合度。

（2）战略推动力。

（3）技术成功概率。

（4）商业成功概率。

（5）对组织的回报。

这5个因素都有一些管理人员评分时所依据的特性和测量标准（总共19个）。这19个测量尺度是固定的（尺度等级定义为1、4、7和10），以便于进行讨论（问题及操作定义见表6-1）。

将每个因素中的小项值相加，得出5个因素的得分。然后，将5个因素的得分以加权方式相加便得到项目的总得分，又称为项目吸引力得分。这一最终得分被用于：

（1）关卡的通过/淘汰决策。预先设定的决策点或关卡包含在塞拉尼斯公司新产品项目流程中。一个由高层管理人员组成的小组负责审查待审项目，并慎重做出通过/淘汰决策。并做出通过/淘汰决策。在每个关卡，将项目集的吸引力得分作为通过/淘汰决策的输入：一个50%的得分表示中止或底线。但决策并不是简单地根据这个得分来决定“是或否”的。每个关卡节点的讨论都很热烈，管理者的观点和经验都得到了展现，在19个测量标准中没有体现出的其他问题和定性因素也不能忽略。这些关卡会议大约每月一次，并从公司外部邀请评判人作为会议引导人。评判人通过评分模型对把关者进行引导，并负责计算和记录项目得分。

（2）优先排序。关卡会议结束后，应立即对组合中的项目进行审查。对过关“通过”的项目进行优先排序，并对获得批准的项目进行资源分配。新项目的项目集吸引力得分（相对于已获得资源的项目评分）决定了如何在大清单中对新项目进行优先排序，并决定这些新项目是否可以获得资源还是暂时搁置。除了经过计算的吸引力得分外，其他需要考虑的因素是：

① 适当的项目平衡。

② 资源需求（人员、资金）。

③ 可用资源。

6.15.2 杜邦公司的评分模型①

杜邦公司一些业务部门的新产品项目在阶段—关卡流程中运用了经过尝试和证实的评分系统。所使用的标准都是大家所熟悉的，并且关键要找出优秀的与不当的新产品项目之间的区别。

在杜邦公司的评分模型中，设定了7个标准：

（1）战略一致性。

（2）价值。

（3）竞争优势。

（4）市场吸引力。

（5）适应现有供应链。

（6）实现盈亏平衡时间。

（7）净现值（*NPV*）。

表6-2详细地列出了这些标准。需要注意的是，表6-1中的评分标准适用于高科技和平台项目，而表6-2中的模型通过裁剪更加适用于传统产品开发项目，这说明两家大型企业所使用的标准存在一些差异。

表6-2 杜邦公司吸引力评分卡

等级值	15	5	1
战略一致性	符合战略	支持	中性
价值	显著差异	一般	轻微
竞争优势	强大	一般	轻微
市场吸引力	高利润	一般利润	低利润
适应现有供应链	适应当前渠道	有些改变，但不显著	显著改变
实现盈亏平衡时间/a	<4	4~6	>6
净现值/美元	>2000万	500万~2000万	<500万

来源：Adapted from Robin Karol，“Integrating the Selection Process to Stage Gates”，paper presented at the IIR and PDMA Conference，Ft. Lauderdale，FL，2001.

① 来源：R. G. Cooper，S. J. Edgett And E. J. Kleinschmidt，PORTFOLIO MANAGEMENT FOR NEW PRODUCTS SECOND EDITION，Published by Basic Books，A Member of the Perseus Books Group，2001，PP. 52-53.

6.15.3 EXFO 公司的评分模型①

不是每家公司都使用一份长长的选择标准列表。EXFO 公司是一家涉足光纤光学领域仪器的中型制造商。2000 年该公司作为最佳管理创新企业获得了 PDMA（美国产品研发及管理协会）的杰出企业创新奖。

EXFO 公司的高层管理人员将阶段—关卡流程和组合管理会议紧密地联系起来，因为在每个季度的同一时间要审查许多项目，这样做的目的是简化标准和评分系统。EXFO 公司将评分标准简化为以下几个主要问题：

（1）项目适应企业战略吗？适应程度如何？

（2）市场潜力有哪些？市场有多大？

（3）财务评估正确吗？

（4）有研发技能吗？可以做这个项目吗？

在关卡会议上，按照这些标准对项目评分，并且在组合审查会议上，使用这些标准帮助进行项目间的相互排名。需要注意的是，该公司运用了一个相对简单的财务指标，从而避免了净现值方法的复杂性。

$$\text{财务指标} = S \times P_{cs} / [D \times (1 - P_{ts})]$$

式中 S——产品预期年度销售额，千美元；

D——开发成本，千美元；

P_{cs}——商业成功概率；

P_{ts}——技术成功概率。

此指数的最低中止值是 8.0。该公司的平均值由几年前的 5.0 ~ 6.0 提升至现在的 15.0。EXFO 公司研发副总裁介绍，项目财务吸引力的提升要归功于 EXFO 公司的阶段—关卡方法和组合管理系统。

6.15.4 加拿大皇家银行的评分模型②

加拿大皇家银行是北美最大的金融机构之一，分支机构遍布全球，员工有 58000 名，资产达 2940 亿美元。其业务大多是零售（消费者），它的银行业务部在新产品项目和组合管理方面都取得了巨大进步。

该银行的方法包括分类技术和评分模型的使用。来自不同生产线（生产组）的全部新项目和现有项目都在考虑之内（彼此组合并相互对立），因为它们都在

① 来源：R. G. Cooper，S. J. Edgett And E. J. Kleinschmidt，PORTFOLIO MANAGEMENT FOR NEW PRODUCTS SECOND EDITION，Published by Basic Books，A Member of the Perseus Books Group，2001，PP. 52 – 53.

② 来源：R. G. Cooper，S. J. Edgett And E. J. Kleinschmidt，PORTFOLIO MANAGEMENT FOR NEW PRODUCTS SECOND EDITION，Published by Basic Books，A Member of the Perseus Books Group，2001，PP. 60 – 63.

竞争同一个资源。

该银行通过召开关键性的全天会议来进行组合分析。产品组负责人及其他具有相关专业背景的管理者会被邀请参加该会议。加拿大皇家银行是会议室技术应用的大客户，组合会议也不例外。当需要提出问题时，参会者可以输入注释，这些注释会在室内其他人的电脑屏幕上显示出来，引导人员可以要求对某个问题进行投票。例如，“我们已经对项目的收入潜力进行了讨论，那么请各位对此进行投票，评分为1～9，其中……”接下来与会者键入他们的评分。评分结果会被计算并显示在电脑屏幕上，包括各种统计方法（均值与方差）或按顺序排列的清单。经过一些讨论后，会议进入下一个问题或投票。

这种基于电子技术的程序在收集和整合不同小组的观点（每个人都有机会发表观点）方面被证明非常有效，并且对每个问题都能以一种高效的方式得出结论（通过电子投票）。需要注意的是，这些人是高层管理人员，但他们还是要适应新的会议室技术。

在加拿大皇家银行的流程中，需要将在同一资源池中竞争资源的近200个项目纳入考虑范围。其中近半数是相对较小但需要重视的项目——关键的维护工作或必要的系统变更和升级。这些项目被自动“纳入预算中”。然后，其余的预算一定要被分配到可酌情选定的项目中，包括新项目或现有项目。在组合会议召开之前，每个产品组都会举行非正式会议，讨论自己的优先排序清单。

主要的组合会议开始时一般会简单地介绍大约100个可酌情选定的项目（与会者在会议开始前会收到这些项目的清单和一些说明）。投票从一种分类技术开始，会议引导人员要求每个与会者选出他或她最顶部和最底部的15个项目（所有投票结果通过与会者的电脑键入），结果被显示出来。通常的模式是：

（1）比较明显的项目子集，包括许多进展良好的项目，其中每个项目获得相当多的肯定票，这些项目一般会达成一致。

（2）类似的，项目子集中的每个项目得到许多否定票——这些项目明显是需要被“淘汰”的项目。

（3）位于中间的一组项目——这些项目很少获得投票并且其肯定票和否定票混杂其中。这些项目需要标记下来进行讨论。

此时，任何人都可以对中间一组的任何项目进行游说。需要注意的是，非常肯定和非常否定的项目不再进行讨论，因为已经对这些项目达成一致。只需针对不确定的项目（例外项目）进行讨论。

接下来，会议引导人员发起评分投票（在1～9之间），每个项目分别根据两个主要因素投票，其中每个因素包括3项标准：

因素1，项目重要性，包括：

(1) 战略重要性。

(2) 对银行的影响程度。

(3) 对银行的经济效益。

因素2，操作便捷性，包括：

(1) 操作成本（负比例尺）。

(2) 项目复杂度（负比例尺）。

(3) 资源可用性。

表6－3对这6项标准进行了详细定义。

表6－3 含有操作性定义的加拿大皇家银行组合评分标准

项目评分中的决策标准、投票标准的操作性定义		
项目重要性：		
1. 战略重要性 项目如何适应整体战略方向？这与背景相关，因为特定目标和关键成功因素会有更大的组织影响		
9＝高	5＝中	1＝低
2. 影响程度 依据项目对组织的影响来评估项目。主要领域是客户、盈利能力、收入、生产率		
9＝高	5＝中	1＝低
3. 经济效益 基于完成项目的总成本及感知收益（如美元存款、收入增长、业务有效性）进行主观评价		
9＝高	5＝中	1＝低
操作便捷性：		
1. 实施成本 评估在当前阶段投资项目的相关困难		
9＝高	5＝中	1＝低
2. 项目复杂性 评估设计、开发、执行和淘汰项目的困难程度		
9＝高	5＝中	1＝低
3. 资源可用性 拥有熟练技能的资源对成功执行项目是极重要的		
9＝高	5＝中	1＝低

将所有评估者给出的等级分数的平均值相加，就可以为每个项目生成两个主要因素（重要性和便捷性）的得分。然后计算项目总分数（两个因素的得分之

和），再转换成百分比的形式（加拿大皇家银行曾因评分标准加权值的选择而引发了争议，所以在最近的会议中只简单地为全部标准分配相同的权值）。

分类和评分会议结束后，根据项目评分结果生成一个按顺序排列的项目排序清单。从这方面看，到目前为止，该模型与塞拉尼斯公司使用的评分方法有些相似。清单中还列出了项目的预期年度支出和所有项目的累计开销（表6-4中使用了备选项目的例子）。该清单长达数页，其上的累计数额逐条递增，当某条的累计数额与年度预算相等时，其对应项目的下方用横线标注出来。第一轮下来，横线上方的项目暂定为“通过”，横线下方的项目则暂定为“未通过”或“搁置”。

表6-4 加拿大皇家银行项目排序清单

等级排序	项目名称	项目评分/%	开发成本(S&T*)(年度)/千美元	累计开发成本/千美元
1	BRCash	83	2400	2400
2	CashCore	76	1920	4320
3	EBX	76	1800	6120
4	EBY	73	500	6620
5	BuyAct	73	6000	12620
6	CorpPay	70	2000	14620
7	Project A-PC	70	1600	16220
8	PC-MD	68	7500	23720
⋮	⋮	⋮	⋮	⋮
26	Tiered/Interest Accounts	55	930	901502
27	Tiered	52	1000	
28	Trade-AP	52	1200	
29	ATM-Y	50	500	
⋮	⋮	⋮	⋮	⋮

注：S&T*为系统和技术（类似于R&D）。预算约9000万美元；截止到26号项目的组合支出略微超出预算。26号项目之后用横线标注出来。

项目用以X、Y为坐标的泡泡图表示，其中两个坐标轴分别表示便捷性和重要性。在图中的4个象限中，项目位于哪个象限将成为做出决策和确定路线的基础。

第二轮会议召开时，经理们重新审视项目清单，特别是靠近横线的项目或者在横线下方但可能是很重要的项目。管理人员的判断和经验可能会使边缘项目和其他项目在清单中上下移动。在本次会议中，还可以获得产品小组给出的项目资金的明细及每个小组的预期总体支出额。这份明细连同每个小组的战略角色和任务一起用于发现资源分配的不一致性。例如，如果在第一轮中，以“维持和防御”为使命的小型业务，占用了大比例的项目资金并且获得了全部开发资源中的一个显著比重，那么将会对其进行标注。这个产品小组的项目将被重新评估。经过深入讨论后，最终的和经过排序的项目清单获得通过。

6.15.5 综合最佳评分模型①

塞拉尼斯公司的模型为大型技术项目而设计，杜邦公司和EXFO公司的模型为各自行业中的新产品项目选择而设计。这里，介绍由罗伯特·G·库伯（Robert G·Cooper）等专家为新产品项目评级和排名开发的通用评分系统，源自标准的阶段－关卡e－手册②。这个复合模型的优势在于，其中的横向和纵向条目均取自众多领先企业。其中部分内容是基于新产品项目关键成功因素进行的广泛研究。

模型中包括6个主要因素，每个因素具有许多子条目：

（1）战略一致性和重要性。项目与战略一致吗？它在战略上很重要吗？

（2）产品和竞争优势。产品对客户有独特优势吗？是否比竞争对手更能满足客户需求？是否物超所值？

（3）市场吸引力。目标市场在规模、成长、利润和竞争等方面有吸引力吗？

（4）核心能力发挥。项目是根据组织在市场、技术和运营方面的实力、经验和能力创建的吗？

（5）技术可行性。针对缺口大小、复杂性和不确定性的技术可行性的概率有多大？

（6）经济效益。这个项目能赚钱吗？把握大吗？值得冒险吗？

这些因素的具体细节及实用评分等级详见表6－5。在塞拉尼斯系统中，管理人员与项目团队共同讨论项目。然后，管理人员根据每个因素的等级问题（通常等级是0～10）对项目进行评级。一些公司要求管理人员仅针对上述6个因素进行评分，并且只针对表6－5中每个因素的各个子条目进行讨论。另外一些企业运用了与表6－5不同的评分卡。这些企业更加追求细节，要求管理人员

---

① 来源：R. G. Cooper，S. J. Edgett And E. J. Kleinschmidt，PORTFOLIO MANAGEMENT FOR NEW PRODUCTS SECOND EDITION，Published by Basic Books，A Member of the Perseus Books Group，2001，PP. 54－56.

② e－指导是基于阶段－关卡方法的电子新产品流程的e－手册。它以许多领先企业流程为依托，是同级中最佳的新产品项目流程，可以通过产品开发协会获得（http://www. prod－dev. com）。

针对所有子条目对项目进行评分，模型中共有 21 个问题。正如表 6 –5 所显示的，当一些问题的评分为零时，项目将自动淘汰或终止。

表 6 –5 综合最佳实践标准评分卡

关键要素	等级值				评级
	0	4	7	10	
1. 战略一致性和重要性 （1）战略匹配和重要性； （2）匹配企业战略； （3）重要事项； （4）对企业经营影响大	产品对企业战略不匹配或不重要；影响小；淘汰	对企业战略有所支持；不很重要；一般影响	支持企业战略；重要；影响很大	产品与企业战略匹配良好；产品对战略非常重要；影响极大	
2. 产品和竞争优势 （1）独特的客户收益； （2）经济价值； （3）阶段 2 的客户反馈	无；客户反馈消极或中性；价值小	有限的；略高；反馈比较中性；价值还行	有些新收益；有些高；价值良好；反馈积极	主要的新收益；客户反馈非常积极；价值极大	
3. 市场吸引力 （1）市场规模和成长； （2）利润； （3）竞争形势	小的或不存在的市场；低成长和低利润；竞争激烈；淘汰	一般市场；成长有限；利润一般；竞争不可避免	重要市场；成长良好；利润良好；竞争适度	大型、有成长性、有吸引力的市场；利润良好；竞争对手弱小	
4. 发挥核心能力 （1）科技； （2）生产； （3）市场和分销/销售	没有机会发挥能力；所需的技能/经验/资源优势薄弱；淘汰	有一些发挥企业能力的机会；企业技能/经验/资源能力一般	有充分发挥能力的可能性；企业中存在项目所需的技能/经验	出色地发挥企业优势和能力；项目需求、企业技能、经验、资源之间的匹配极佳	
5. 技术可行性 （1）技术差距小； （2）技术不太复杂； （3）使用企业内部技术； （4）已论证的技术可行性	低；差距大；新科学；对公司来说是新技术；技术可行性未得到论证；淘汰	一般；差距比较大；有些困难但仍可做；对公司来说技术比较新；支持新技术可行性的证据有限	好；差距小；有些困难，但能够解决；有一些支持技术可行性的证据	直接去做；大量重复的工程；公司有内部技术；技术可行性已经得到论证	
6. 财务回报与风险 （1）相当大的极好的机会； （2）投资回报、*NPV* 和 *IRR* 还行； （3）评估可靠； （4）实施的风险和困难都不大	机会缺乏、有限；净现值为负；投资回报期 ＞5 年；很难赚到钱；实施有风险和困难；淘汰	机会一般；净现值为正；投资回报期 = 4 年；赚钱比较难；实施的风险和难度都比较大	机会比较好；净现值为正并良好；投资回报期 = 2 年；或许能够赚到钱；风险和困难一般	机会非常好；净现值为正并很高；投资回报期 ＜1 年；风险和困难都不太大	

项目吸引力评分是简单地将6个因素的得分加权后相加，经过适当调整，使价值能够通过百分比来表达。如果项目得分大于某个最小值（通常为100中的60），则认为该项目“通过”，并可为该项目分配资源。项目吸引力评分还可用于为项目排序。

6.16 授权组件

授权组件的目的是正式地为制定商业论证或执行所选择的组件分配资源，并就组合平衡决策进行正式沟通。

授权组件的关键活动包括：

（1）与关键干系人沟通组合平衡决策，包括组合内或组合外的组件。

（2）授权所选择的组件，暂停或终止组合组件。

（3）为执行所选择的组合组件分配资源。

（4）重新分配因组合组件的暂停和终止而释放出来的资金和资源。

（5）沟通每个所选择组件的预期结果（如审查周期、进度绩效指标、需要的可交付成果）。

授权组件，可以对组合及其组件产生下列影响：

（1）已纳入组合的全部活跃组件清单。伴随与新组件授权相关的变更，该清单得到更新。

（2）与组件整体集合相关的组件预期和可交付成果需求的变更。

（3）作为对一个或一组活跃组件变更的响应，对记录组件资金审批结果（批准或驳回）的相关文件进行更新。

（4）组件资源的批准或驳回都应进行描述，相应的文档都应依据沟通管理计划进行更新，以及与关键组件干系人和其他组件支持部门（如财务部门）进行沟通。

（5）全部组件的关键可交付成果和决策点清单应统一展示随着组合时间推进的预期产出成果。

为了授权组件，下列因素需要考虑：

（1）进行组件商业论证能够明确组件的可行性。在完成组件的商业论证后，应依据组件商业论证并按计划对组件清单进行审批。

（2）组件资金需求。在组件计划或商业论证中，提供了资金需求信息。

（3）组件资源需求。在组件计划或商业论证中，提供了资源需求信息。

（4）暂停或终止的组件清单。暂停或终止的组件清单有利于更高优先级和/或更高价值组件的开展。

组件授权的工具和技术主要专注于帮助组织有效地沟通平衡组合中的组件决

策，以及执行和监控分配角色、责任和绩效里程碑。

授权组合需要使用的知识和技能包括，但不限于：

（1）组合管理角色和责任文档。组合管理角色和责任文档识别干系人，然后为全部组合管理过程的参与者定义角色和具体责任。

（2）组合管理沟通计划。组合管理沟通计划定义全部沟通需求，制定沟通要求，规定沟通频率，并识别组合管理过程相关信息的接收者。

（3）组合授权过程。该授权过程对组合及其组件、预期、预算、进度和修订进行正式授权。

6.17　授权组合

授权组合的目的是通过资源分配来激活所选择的组合组件，以便制定组件建议书并执行组合组件。更新与最新投资、资源分配与分配相关的组合报告；记录治理决策。组合的变更及相关决策被传达到利益相关方、治理委员会、干系人及组合经理、项目集经理和项目经理。授权组合的关键活动包括：

（1）授权制订组合组件建议书或执行组合组件。

（2）为授权的组合组件分配资源。

（3）重新分配因组合组件的暂停和终止而释放出来的资金和资源给活跃的组合组件或资源池。

（4）为授权的组合组件进行变更和决策的沟通。

授权组合将对组合进行更新，包括新授权的组合组件的状态，为它们分配的资金和资源，以及其他任何适用的相关信息。组合组件授权应形成书面文件，以便正式地授权组合组件开始工作。此项沟通应包括干系人及其他支持组合组件的职能部门。

授权组合，可以对组合及其组件产生下列影响：

（1）授权新的组合组件并对其进行资金和资源分配，以及任何其他相关适用信息的状态更新都会导致组合的更新。应对组合组件授权进行记录，以便正式授权组合组件开始工作。需要沟通的范围包括干系人及其他为组合组件提供支持的职能部门。

（2）授权组合过程的各种相关因素可能会引起组合管理计划及其子计划的更新。例如，如果当前已建立的过程不能满足组合管理的要求，那么组合组件预算/资金或资源分配可能需要更新，组合组件授权评估过程也可能要更新。

（3）作为授权组合过程的结果，各种组合报告可能需要更新，如资源、资产（财务的和非财务的）及治理决策报告。在授权组合过程中，由于组合组件被授权，有关资金和资源库的报告也会相应地变更。由于授权活动及其结果，其他报告也可能会更新。例如，组合资金报告（单年度或多年度预算）被更新，以反映当前分配给该组合中已获得授权的组合组件的资金；从被终止的或被取消的组合组件中结余出来的资金，可以在将来重新分配给新的经过批准的组合组件或存入资金池。另一个例子是一份显示更新资源池的报告，该报告显示来自已经被终止或取消的组合组件的剩余资源被重新分配给组合中已获得授权的组合组件。

(4) 在授权组合过程执行之后，组合过程资产可能需要更新。组合过程资产包括工具与模板，正式与非正式的计划、政策、程序和指导方针。授权组合组件程序与指导方针信息可能需要更新。更新的例子包括人力资源分配程序及组件与资金池之间的双向资金转移。

为了授权组合，下列因素需要考虑：

(1) 组合。组合包括一个组合组件清单及其相关描述信息，这些组合组件已经通过之前组合过程的执行获得批准，但还需要获得资金和资源的授权。组合还包括被冻结的需要将其剩余资金和资源返还给组织的资金与资源池的组合组件清单。

(2) 组合管理计划。组合管理计划描述了授权组合组件分配或再分配资源和资金，以及定义与组合管理过程相关的关键沟通需求的过程，着眼于面向关键干系人关键信息的主动和定向的开发与交付。

(3) 组合报告。通过审查和分析各种组合报告来授权组合组件。在这个过程中，报告的主要类型是财务/资金、资源和治理决策。例如，组合预算（年度的或多年度的格式）是组织为执行组合组件和为实现组织的战略及指标，分配给组合的资金。在授权过程中，组合资金根据每个组合组件的合同里程碑进行划分，然后分配给不同的组合组件。

资源报告包括人力资源（如项目经理、主题专家、方案设计师等），物理的/主要的共享资产（如 IT 和电信设施，或特殊设备、实验室及工程安装）和财务资源。资源报告可以用来为已授权的组合组件分配资源。资源的集中管理有助于最大限度地提高资源利用率，与组合的总体目标和指标保持一致，并确保正确的资源能够按时到位。

治理决策报告记录对组合组件的授权决定,并提供有关授权依据的详细信息。

授权组合需要使用的知识和技能包括，但不限于：

(1) 组合授权技术。授权技术与工具给出了正式授权一个新的组合或组合组件的活动细节，从而能够落实资金分配与移交，以及报告及沟通授权结果。

(2) 组合管理信息系统。组合管理信息系统是一个通过标识哪些组合组件将获得资源，从而执行授权组合的工具。已授权的组合组件的所有变更和更新，通过更新的组合管理信息系统及其他沟通方法得到沟通。

6.18 识别组合干系人

在组合、项目集和项目管理的方方面面，干系人普遍存在。所以，在各个领域中的干系人识别和分析，都存在很多相似性。那么，组合干系人的识别和分析与项目集及项目干系人的争取又有哪些不同呢？

虽然组合管理活动对项目集管理甚至项目管理有用，但是组合干系人争取依然是一个基础性的战略活动。组合干系人争取主要关注战略层级运作的干系人，而不是直接在项目集或项目层级运作的干系人。例如，依赖于具体项目，项目人员可能根本不知道对组织的持续运营和未来发展起关键作用的干系人。

同样有可能的是，战略层级存在一些在组件项目集和项目中需要得到重视的共识和关系。本节专注于识别在战略层级运作的干系人，然后制订争取计划。这些都是在组合范围内全部项目集和项目干系人应当了解的原则和程序。

在这一层级，干系人包括关键的个人及实体。除了在战略层级的运作外，组合干系人重点关注战略交付，特别是已经分配给组合的战略组件启动方案。

组合干系人的识别和分析活动没有禁止或限制与项目集和项目的互动。所以，重点是指导和促进，而不是限制。

在战略层级，组合经理需要获取一些组织低层不关注的信息。组合经理在确保当前和未来项目与组织战略的一致性上起关键作用，并且需要掌握组织技能资质将怎样开发，以及项目集和项目需要哪些技能和技能资质的知识。

由于组合信息的潜在敏感特性，特别是那些与所产生的竞争和专利信息相关的及面向组织最高层级的信息，预防措施需要制定和加强，以便限制特定干系人的访问（可能设法对组织战略指标的绩效施加潜在负面影响的人），以及对优先排序决策持消极态度的人。这一组干系人可能包括竞争对手、供应商或客户。在组织和组合层级的治理指导方针中，上述后者（客户）的关注应得到适当重视。

6.18.1 干系人分类

在一个组织中，组合管理的存在表明在组织中存在许多已完成的或正在执行的项目集和项目。由于这一自然特性，一个大型组织会在一个包括潜在供应商、客户、竞争者、规则制订者、其他利益相关方及组织内部干系人的环境中运作。

通过设计一个分类系统（对一些干系人小组或类别进行排列），将战略干系人分类的任务可能会变得比较容易。开发共同语言可以改善组合组件之间的互动，并帮助减少冲突。例如，当组合中有许多项目集和项目时，可能会存在对稀缺资源的竞争。建立有利于开展准备工作的外部干系人清单（如批准的供应商清单）也是有帮助的。这些或其他共同活动能够减少组合组件的启动时间，并改善组件经理和干系人之间的沟通。

通过使用组织战略作为指南，组合经理能够识别干系人的类别，并开始识别部分需要优先建立和维持关系的干系人（并将这些关系的维持进一步延伸到项目集和项目）。

注意，战略也是依赖于组合存在的各类域的相关术语。例如，它可以是国际或国家层级的（如联合国或政府）、组织层级的，甚至业务部门或更低层级的。

由于市场是动态的，干系人分类也应成为一个持续的活动，与组合的存在一样长久。干系人分类的例子包括：

（1）高层管理人员。

（2）战略联盟。

（3）承包商。

（4）法规制定机构。

（5）竞争者。

（6）利益和活动组。

（7）细分客户。

（8）在组合层级运作的其他各方。

这些干系人主要通过组织来体现，但是也包括具体的和影响力强的个人。

由于与内部干系人沟通的方式和与外部干系人沟通的方式很可能是不同的，将干系人分为内部干系人和外部干系人。“内部干系人”是指隶属于执行组织的干系人，如高层管理人员、战略规划团队、公司治理团队、治理委员会、组合管理团队、项目集和项目团队、业务运营团队及职能团队等。“外部干系人”是指位于执行组织之外的干系人，如外部客户、供应商、监管机构、当前的或潜在的竞争者、特别利益集团及投资组织等。

6.18.2 识别干系人

组合管理引导和指导全部组合及其组件。项目集管理也可以起到同样的作用，此外，它还可以进行管控，类似于执行项目管理的角色；并且组合管理不应超出它的责任范围。这也适用于干系人争取。组合干系人争取需要得到理解，并且它的运作范围边界需要得到明确。作为先前所建议的，组合干系人更加应该关注战略层级，而不是过多地关注战术层级，以避免在项目集和项目上设置不必要的约束条件；然而，必要时，可以为项目集和项目提供建议并制订规则。

为了识别干系人、获得有关干系人分析的引导信息及争取干系人，会议、访谈、调查/问卷、焦点小组、启发式干系人研讨会是可能用到的、常常彼此关联的引导技术。

组合干系人与组合组件干系人之间的关系如下：

（1）全部组合组件干系人同时也是间接的组合干系人。

（2）虽然为了组合成功，组合发起组织中的各个层级的干系人都应得到争取，但是下列干系人更应得到重点关注：

① 负责执行组合实践的干系人，包括组合定义和交付。

② 与组合最终收益相关联的干系人。

③ 同时与多个组合组件相关的干系人（如共同的用户、供货商等）。

④ 与高优先级组件相关联的干系人。

⑤ 与高优先级组件所依赖的组合组件（通过组合路线图识别出来）相关联的干系人。

（3）此外，既然“变更过度”与干系人有直接关联，组合干系人争取就还有助于减少“变更过度”的发生。

6.19　分析组合干系人

组合干系人识别是一个持续的过程。一个简要的分析应定期进行，以便查看组合干系人是否可以简便地进行分组。然而，在每个干系人组中，都有一些关键成员需要被区别或个别对待。

为了识别组合干系人的主要关注点或观点，表6－6中列举了这些关注点。

表6－6　关键干系人背景举例

谁	关　注	背　景
业主	需要对问题或机会的解决方案	提出战略需求（战略计划） 执行机构：发起人
架构师	描述业主需求	在一个架构设计中
工程师	设计解决方案	在规格说明、设计图纸和建模中（或用户案例）
建设者	执行解决方案	在虚拟（过程、结构和数据）和物理构件中，这些构件组合成一个工作系统
用户	使用解决方案	代理人：解决方案所有者
社区	从解决方案中收益或受其负面影响	代理人：政府和监管机构应负责保护他们的利益

来源：Project Management Institute，Inc.，THE STANDARD FOR PORTFOLIO MANAGEMENT FOURTH EDITION，Published by Project Management Institute，Inc.，2017，P. 69.

组合经理的关键职能是解释组织战略、理解战略组件启动方案的等级，以便按等级对组件进行识别、分类和评估，从而将它们进行合并，如合并为项目集或独立运行的项目。

正如表6－6所指出的，每个组合都会有一些运作在不同层级并有着不同利益的干系人，可以使用共同用语来识别它们。一些干系人有特殊的权益要求，而另外一些干系人（如法规制定机构）可能有不可逾越的权益要求，以便确保一个干系人的权益不会影响其他干系人更重要的权益。例如，许多国家制订了控制竞争的规则，并且对可能发生的串通行为制定了严厉的惩罚条款。关键要收集这些规则的信息，并将它们记录在项目集或项目的指南中。

分析组合干系人包括下列内容：

（1）分析收益与非收益（收益分布矩阵）。

（2）分析净收益与所需的变更等级（净收益/变更等级矩阵）。

（3）分析干系人的正式权力。

（4）分析干系人之间的关系（干系人关系矩阵）。

（5）分析干系人的兴趣等级（变更意愿）和影响等级（正式的和非正式的）（干系人影响/兴趣矩阵）。

（6）分析干系人的个人因素。

（7）识别干系人当前的和目标的承诺等级。

（8）制定干系人争取战略。

理解战略与计划的区别很重要；具体地说，就是要理解组合干系人争取战略与组合干系人争取计划的区别。

（1）组合干系人争取战略解决的是“为什么”和“怎样”进行干系人争取及沟通的问题，而组合干系人争取计划解决的是“与谁、为什么、谁、何时及怎样”争取干系人的问题。大家可能已经注意到上述战略及计划都要回答“怎样”的问题，但所关注的详细程度不一样。

（2）战略总是在计划之前制订，促进详细计划的制订。换句话说，计划是从战略中衍生出来的。

（3）组合干系人争取战略，基于各个干系人组在影响－兴趣矩阵中的位置，描述干系人争取的总体方法（或选择一组方法），并促进组合干系人争取计划向组合干系人争取目标推进。

（4）一个缺少战略的计划很可能会迷失方向。

（5）影响－兴趣矩阵有4个象限（它也可能是一个3×3的矩阵），并且干系人争取战略给出了如何有效地对各个象限的干系人进行争取的方法。

（6）面向这4类干系人的方法的集合构成了干系人争取战略。

（7）干系人争取战略没有描述将如何争取每个干系人或某一特定干系人组，因为这个问题是由干系人争取计划来解决的。

（8）在组合管理过程生命周期的不同步骤或活动的过程中，基于干系人的兴趣及为该活动做贡献的能力和需求，干系人争取战略可以为相同的干系人提出不同层级的争取建议（方法）。

（9）干系人争取的层级与争取的方法是不同的。

（10）干系人争取战略为4类（象限）干系人分别描述了各自的争取方法，而干系人争取计划根据可能属于相同类别的特定干系人的需求定义沟通机制，所以会比干系人争取战略更加详细。

（11）干系人争取战略的错误思路可能会浪费干系人的时间，并导致干系人“争取的失败”——不愿参与未来的磋商。

6.20 制订干系人争取计划

制订干系人争取计划是组合经理的关键活动之一。组合经理专注对组织战略的理解，并解释和调整在组织中包括沟通在内的运营计划与战略的一致性。在运营计划中，还有一些要执行的组件之间的清晰关联及哪些组件启动方案将如何支持组织战略。

由于全部战略计划会被定期审查和修订，特别是在竞争和永远变化的世界市场中，组合应经常被审查以确保修订的战略与运营计划中要执行的组件启动方案保持一致。所以，当组合对战略计划变更进行审查和调整时，为了沟通和对干系人的进一步争取，干系人争取计划应包括触发机制。

组合干系人争取计划包含下列要素：

（1）沟通信息接收人。

（2）关键信息（预期收益和所需支持）。

（3）沟通者的责任。

（4）沟通需求分析（沟通频率、沟通工具、沟通方法、格式及详细程度）。

（5）资源需求与预算。

（6）反馈请求与处理。

（7）披露范围。

（8）计划审查和更新过程。

组合干系人争取计划主要包含下列内容：

（1）哪些干系人（与谁沟通）？

哪些干系人一定要得到沟通（基于他们当前在“影响－兴趣矩阵”中的位置）？

（2）哪些关键信息一定要得到沟通（沟通什么）？

① 哪些信息必须要与每一个干系人沟通（基于他的兴趣和关心）？这些信息称为需要交付的关键信息（内容）？

② 组合管理团队必须努力工作，通过干系人争取过程，不管哪个组合管理团队成员来执行沟通，都能确保与全部干系人沟通的一致性。

③ 交付给每个干系人的关键信息一定要能够表明需要这些干系人提供什么样的支持，以及支持他们将如何受益（我可以从中得到什么）。

（3）谁负责沟通（谁沟通）？

① 谁负责沟通关键信息？

② 仅仅由一个人，如组合经理在一个单一点，负责全部组合干系人的沟通，这种沟通方式可能不是一个最有效的沟通方式。这是因为对于某些干系人，另外一些人由于自身的有利条件，可能会比组合经理沟通得更好，如这些人可能已经同特定干系人建立了信任。

③ 该计划一定要识别出哪个人最适合与一个特定干系人进行沟通。

（4）要按何种频率进行沟通（何时沟通）？

对于每项需要与每个干系人沟通的信息，应当以何种频率进行沟通。干系人争取计划的该部分内容应包括：

① 何种沟通频率对干系人是适当的？

② 需要怎样与干系人保持一个经常性的沟通？

③ 何时会与干系人沟通一些事宜？

④ 何时是与干系人沟通的好时机，何时不宜与干系人沟通？

（5）应使用哪些沟通工具？

在与每个干系人的沟通中，一定要使用哪些沟通工具？这里是指交付信息的媒介，如企业内部网络门户、电子邮件、审查会议、博客、新闻通信等。这可以解决：

① 哪种媒介最适合干系人？

② 哪种媒介最适合某种信息的沟通？

③ 通过沟通，希望获得什么？

（6）应选用哪些沟通的方法、格式及详细程度？

① 在与每个干系人的沟通中，一定要使用哪些沟通方法？这里是指信息内容如何展现？例如，月度状态报告、组合仪表盘、资源赤字报告、视频、故事讲述，等等。

② 通过将沟通工具与沟通方法相结合，并基于最适合干系人的工作方式及需要交付的信息类型，实现适当信息的交付。

（7）为了争取干系人需要哪些资源？

多少钱，多少有特殊技能的人力资源，何种技术和设备，如果有，需要哪些资源来执行争取计划？

（8）反馈如何被请求和处理？

来自每个干系人的反馈如何被请求和处理？既然沟通一定是一个双向的过程，那么为了更加有效地争取干系人，这样做是必要的。干系人一定要能够清楚地看到他们的反馈和评论已经得到处理。计划中的这部分一定要解决：

① 怎样请求干系人的反馈？

② 使用哪个过程来处理反馈？

③ 有面向干系人反馈的经过批准的响应时间服务等级吗？

④ 将怎样监控这个过程？

⑤ 将怎样确认干系人反馈已经得到处理？

（9）该计划何时被审查和更新？

基于经验教训，如果需要，干系人争取计划何时或以何种频率、被谁审查和更新？

为了满足干系人争取指标，在组合生命周期期间，组合干系人争取干系人争取战略的实施。如果干系人争取战略和干系人争取计划是有效的并已得到有效地执行，之前制定的干系人争取指标将会实现。在争取干系人的过程中，一定要密切跟踪在定义干系人争取指标期间识别出的干系人争取测量标准。争取干系人是指通过执行干系人争取战略及干系人争取计划来对干系人进行系统性争取。然而，干系人争取应在干系人争取过程的开始就立即启动，并贯穿于干系人争取过程的整个生命周期。

了解在多大程度上实现了干系人争取指标，为继续进行、调整或重新考虑干系人争取的方法（战略）提供了重要的证据和动力。评估干系人争取过程就是要制定一个检查机制。

应该何时或多久进行一次干系人争取战略或干系人争取计划的审查呢？

（1）按照干系人争取计划中定义的频率。

（2）当与干系人或干系人组相关的威胁出现时，如发生干系人对某项组合工作的强烈反对。这种情况下，要评估干系人争取战略是否已经无效，或该战略的执行是否已经无效。

（3）不能确定干系人对某一问题的看法，或希望直接了解他们对该问题的响应。

对干系人争取过程的评估至少要回答下列问题：

（1）有关规划过程的问题：

① 哪些规划过程执行良好？

② 哪些方面需要改进或采取不同的措施？

③ 用于规划的时间和资源充足吗？

④ 是否有些干系人被遗忘？

⑤ 干系人组有他们的代表吗?

(2) 有关干系人争取的问题:

① 哪些干系人争取方法使用效果良好?

② 哪些方面需要改进或采取不同的措施?

③ 用于干系人争取的时间和资源充足吗?

④ 是否充分地管理了后勤和风险?

⑤ 所获得的干系人支持或对他们的争取充分吗?

⑥ 所争取的干系人数量是否足够?

(3) 有关收益/产出成果的问题:

① 服务、项目和项目集的质量如何改进?

② 如何改变对更广泛的组合指标的承诺?

③ 如何改变与特定干系人的关系?

④ 未来与哪些干系人的关系可能会有哪些特性?

6.21 识别沟通管理方法

在识别组合最有效的沟通方法的过程中,许多因素应予以考虑。这些因素涉及从组织的组合治理实践和过程到组合管理团队的有效资源,以及它们在组合路线图和组合管理计划的指导方针中的使用。

为了识别沟通管理方法,下列因素需要考虑:

(1) 与治理的一致性。确保组合沟通管理计划要与组织的组合治理需求和过程保持一致。组合经理应确保了解这些过程,并且,如果组织没有正式的文档,组合团队需要开发一个组合执行所要求的治理文档,并将其提交给发起人批准。这些原则和指标应记录在沟通管理计划中。高层管理人员基于组织的基础标准、规则和价值定义组织的治理方式,这些定义被作为开发组合治理实践,包括沟通管理的基础。既然组合治理实践被作为组织的治理原则,那么它们又可以应用到组合组件,从而提供控制、整合、决策和总体监督。

(2) 沟通基础构件。组合包括已经批准的或潜在的组合组件的清单及组件的其他描述信息,如依赖关系、工作量、接触点及其他仪表盘类型的信息。沟通基础构件包括组织和组合管理用于沟通组合状态的全部过程、政策和技术。组合的组件知识可以影响用于统一和标准化沟通及在组合层级(与组件层级相对应)评估沟通战略的沟通方法。组合的组件清单对理解需要沟通的全部范围很关键。

组合路线图帮助理解组合的结构,识别组合组件之间的相互关系,并确定组合组件怎样协调一致,以便制定实现组织战略和指标的计划。对路线图及其变更的清晰和及时沟通是组合沟通的基础部分。组合沟通管理计划可以包括组合组件之间相互依赖的可能会影响组合沟通指标的信息。

（3）组合管理计划。组合管理计划提供了组合的范围和指标，以及主要内部与外部组合干系人的初始清单，包括治理模型。组合管理计划是建立组合层级的依赖关系和约束条件以便实现有效监督的指导性构件。组合管理计划描述了识别、分析、选择、批准、排序、安排组合组件和设置优先级的计划方法。组合管理计划的全部要素均包含沟通需求，如需要与治理委员会、组合经理和干系人沟通的风险。组合管理计划的变更可以引入新的干系人或新的沟通需求。

组合沟通管理计划可以是组合管理计划的子计划，也可以被包括在组合管理计划中。组合治理计划可以是组合管理计划的子计划。

（4）组合报告。组合报告包括各种报告，如组合状态和进展报告、绩效报告、组合风险报告、组合仪表盘、电子报表及来自组合组件总体治理的汇总报告。组合绩效报告可以提供包含每个组合组件总体投资的信息，用于组合价值评估的沟通。一些组织通过仪表盘进行沟通，以便能够提供一目了然的状态信息。这些报告的格式和内容应在组合沟通管理计划中定义，并为计划的组合报告提供模板、标准格式、过程和程序。

（5）组合过程资产。与制订组合沟通计划相关的组合过程资产包括，但不限于：

① 经理的角色和责任。

② 状态报告。

③ 对关键风险和问题的风险预测或风险评估。

④ 对计划偏差的预测。

⑤ 治理决策。

⑥ 资金决策。

⑦ 资源决策。

⑧ 价值评估。

⑨ 沟通责任的委托。

组合治理的成功执行依赖于与全部干系人的有效沟通。对全部参与人的需求和意愿的深入分析是确保适当的信息以一种及时和有效的方式流动的基础。

识别沟通管理方法需要使用的知识和技能包括，但不限于：

（1）引导技术。在整个过程中，当组合干系人和干系人沟通需求发生改变时，组合经理要争取干系人以确保组合沟通管理计划与他们的需求保持一致。这可以通过面谈、调查问卷和调研、干系人会议和经验教训会议等有效的沟通方式来实现。

通过与干系人见面，如组合经理通过审查沟通计划来获得对组合沟通计划的反馈。在识别先前没有考虑到的新干系人组的过程中，头脑风暴可能有帮助，并且在这些会议中，组合干系人可以确定或建议对沟通需求的变更。

（2）沟通需求分析。在开展沟通需求分析中，应评估用于与干系人沟通信息的载体或工具和计划的沟通频度，以便确定是否应进行变更。需要确定一份有效沟通方法的清单，以便评估备选方案，并确定为满足干系人需求而需要使用的最优工具。

应组织审查以便识别冗余的沟通。一些冗余的沟通是有意安排的，以便不同类型的接收人都能收到信息，并且接收人对信息接收方式的各种偏好都可以得到满足。沟通可能需要进行选择，以便识别哪种沟通是首要的，哪种沟通是次要的，哪种沟通应当被终止。

为了捕获和记录这项分析结果，可以使用一种沟通矩阵。表6－7是一个沟通矩阵的例子。沟通矩阵是建立沟通管理计划的基础。

表6－7 沟通矩阵举例

沟通内容	频　率	预计接收者	沟　通　工　具*
组合治理决策	季度和月度	项目发起人、组合经理、PMO、合同管理员	内部网站上的季度和月度报告
组合仪表盘	每周/月度	项目发起人、组合经理、PMO	治理会议，邮件分发，内部网站上的组合仪表盘
组合绩效报告	每周/月度	组合发起人、PMO、组合干系人、职能经理	治理会议，通过邮件分发的状态报告，内部网站上的时事通信、博客、组合仪表盘
关键问题和风险更新	每周/月度	组合发起人、组合干系人、职能经理	治理会议，通过邮件分发的状态报告
资源使用	每周/月度	项目团队、项目团队成员、主题专家	治理会议，通过邮件分发的状态报告，内部网站上的组合仪表盘

注：*通过多种工具进行沟通不一定意味着大量沟通。有时，多种沟通工具对于满足多种类型的接收人或为接收人提供多种信息接收选择是必要的。

来源：Project Management Institute，Inc.，THE STANDARD FOR PORTFOLIO MANAGEMENT FOURTH EDITION，Published by Project Management Institute，Inc.，2017，P. 69.

为了完成组合沟通需求分析，组织文化的评估可以帮助确定组合沟通管理计划是否适合于组织。如果组织缺乏足够的技术手段，它可能更偏爱使用纸质报告和电子邮件。对组织文化的更新可以在矩阵中得到反映。

6.22 谈判预期价值

组合经理针对所需要的价值，谈判组合要实现的预期价值，以便确保按照战略制定的近期目标不会使组织处于严重低回报的风险中。作为谈判的一部分，组合经理要除去冗余的价值并协调预期价值和风险偏好的一致性。谈判需要组合经理在组件拥有者和组织中的战略职能部门之间起到桥梁的作用。

战略还会受到战略投资选择的影响，投资选择与组合的一致性相关。这个分析关注新的或改变的战略指标/目标，并指出在一个整体的组合中，哪里会存在投资偏差，偏差可能会给组合带来风险。

评估方法包括，但不限于：

（1）权衡分析。确定改变一个或多个组合因素的作用效果。

（2）市场收益的可变性。关注价格和销售对一组市场因素的预测和依赖，通过改变这些因素中的一个或多个的作用效果影响组合自身或组合战略。

（3）预算的可变性。确定改变组合的作用效果。

（4）绩效的可变性。分析组合的绩效。

（5）市场需求的可变性。分析与组合相关的市场需求的改变。

（6）入市时间的可变性。确定改变组合工作进度的作用效果。

有 3 个支持谈判的概念：

（1）价值管理框架。为组件定义目标价值提供基准的框架。

（2）基于证据的价值说明书。每个组合组件都应提供一个商业论证，包含有关价值需求的基于证据的（无论是有形的或无形的）价值说明书，包括时间、实际依赖关系和责任。

（3）有效边界。一个建模方法，即为决策者提供在给定的资源约束条件下优化组合的分析工具。

6.23 案例：英式陶土公司预期商业价值法①

在特定的预算约束条件下，预期商业价值法（*ECV*）寻求组合的预期价值或预期商业价值的最大化。这里的关键词是预期。净现值和性价比方法的弱点之一

① 来源：R. G. Cooper，S. J. Edgett And E. J. Kleinschmidt，PORTFOLIO MANAGEMENT FOR NEW PRODUCTS SECOND EDITION，Published by Basic Books，A Member of the Perseus Books Group，2001，PP. 35 –40.

在于忽略了风险，技术和商业成功的概率没有直接作为因素纳入模型中。

预期商业价值法克服了这一弱点，是经过更加深入推敲的财务模型之一，它是净现值和性价比法的扩展。通过增加新的属性，使该方法特别适用于组合管理。该方法在英式陶土公司得到了应用。

英式陶土公司是全球最大的陶土及陶土相关产品生产商。美国的运营总部设在佐治亚州的亚特兰大。陶土制品的市场及应用广阔，包括优质纸张（黏土可以使纸张洁白鲜亮）及塑料、油漆和其他材料的填充剂。

通过使用预期商业价值法，英式陶土公司确定了公司每个项目的价值或商业价值，也称为项目的预期商业价值。这种方法依据图 6－7 中的决策树，它考虑了项目的未来收益流、商业和技术的成功概率，以及商业化和开发的成本。英式陶土公司版本的预期商业价值法同时纳入了项目战略的重要性，它作为公司的一个特征变量被加入图 6－7 中的通用预期商业价值模型中。

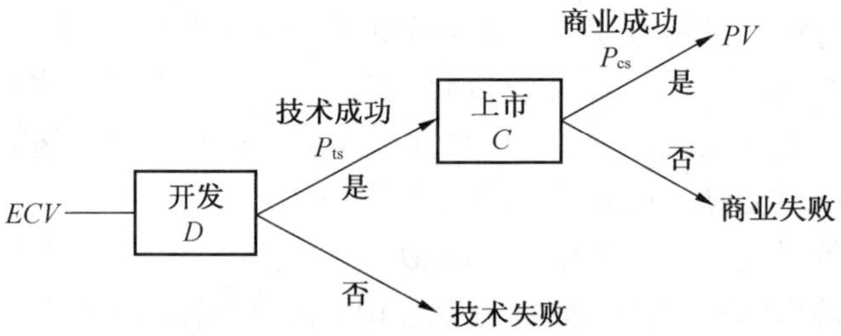

注：英式陶土公司对此图做了轻微调整。

图6－7　项目预期商业价值的确定

对图 6－7 分析如下：

（1）PV 收益流假设商业成功，但并不是 100% 成功。因此，它必须与商业成功概率 P_{cs} 相乘。所以 $ECV = PV \times P_{cs}$。

（2）进入市场后，公司必须使项目商业化（用图中标有“上市”的方框来表示）。公司必须为商业化成本支出 C 美元，也许是资本投资和市场推广成本。所以 $ECV = (PV \times P_{cs}) - C$。

（3）但在进入商业化之前，产品必须取得技术成功——开发的努力必须通过适当的成本支出来收获正确的产品。因此，上述 ECV 价值必须与技术成功概率 P_{ts} 相乘。因此 $ECV = [(PV \times P_{c}) - C] \times P_{ts}$。

（4）但为了获得技术成功，公司必须为开发投入资金，用图中标有“开发”的方框或开发阶段来表示。开发成本为 D 美元，所以 ECV 必须减去此项成本。

根据以上对图 6－7 中的决策树的分析，*ECV* 的最终公式为

$$ECV = [(PV \times P_{cs} - C) \times P_{ts}] - D$$

式中　*ECV*——项目的预期商业价值；

PV——项目上市后现金流的现值（无项目成本，开发费用、启动资金等已经从此现金流中减去；此 *PV* 是严格的收入流）；

P_{cs}——商业成功概率（0～1.0 的数字）；

C——项目需保留用于商业化或上市的成本（投资成本、客户试用、市场成本等）；

P_{ts}——技术成功概率（0～1.0 的数字）；

D——需保留用于开发支出的成本。

需要注意的是，图 6－7 中的说明是基于一个简便的双阶段模型。可以选择一个三阶段和四阶段模型，每级都具有自己的成本和成功概率。例如，可以增加一个阶段，在该阶段将贝塔测试或现场试验的成功概率作为相关风险和概率。

表 6－8 中给出了计算样本，包括公司的备选项目。需要注意的是，预期商业价值与简单的净现值之间的不同之处。例如，项目 Alpha 的现值是 3000 万美元，减去开发和商业化的成本后，它的价值或净现值变成 2200 万美元。因此，项目 Alpha 的商业价值是诱人的 2200 万美元，但不是这样，根据预期商业价值的方法，该项目的真正价值仅为 500 万美元，与 2200 万美元相距甚远。结论是，只根据净现值对项目进行评级或排序，可能会导致严重的误导。

表 6－8　英式陶土公司确定的预期商业价值

项目名称	现值/万美元	技术成功概率/%	商业成功概率/%	开发成本/万美元	商业化成本/万美元	预期商业价值/万美元
Alpha	3000	80	50	300	500	500
Beta	6375	50	80	500	200	1950
Gamma	862	75	75	200	100	210
Delta	300	100	100	100	50	150
Echo	500	60	75	500	300	1570
Foxtrot	6625	50	80	1000	200	1550

英式陶土公司通过引入项目战略重要性，增加了新的控制点。该公司简单地将现值与战略重要性指数（SI）相乘：

SI＝战略重要性指数，根据项目战略的重要程度分为 3 个等级（高＝3、

中 =2、低 =1)。

这就是英式陶土公司的识别方式，战略考量与经济价值同等重要，并且一个项目的战略价值可以提升企业的总体价值。

为了能够构建一个项目排序清单，英式陶土公司引入了性价比方法并考虑资源约束条件。在该公司的项目中，资本被看作约束资源（注意，该公司的许多项目均属于资本密集型项目，如一些项目需要新的生产设备）。其他公司可以选择将研发人员或工作月或研发资金作为约束资源，如图 6 – 7 所示。多数公司的研发预算和人员数量都是有限的。在这个借助英式陶土公司并隐藏真实数据的例子中，将研发资金作为约束条件，并将预算资金假设为 1500 万美元。

英式陶土公司将需要最大化的预期商业价值除以约束资源（每个推荐项目的年度研发支出），从而得到比值。然后根据比值进行项目排序，从而确保最大性价比。也就是说，在既定的预算制约下，获得预期商业价值的最大化。表 6 – 9 展示了最终排序清单，其中双横线标识出 1500 万美元支出的截止点。双横线上方的项目是“活跃的并纳入组合的项目”，双横线下方的项目则被搁置。

表 6 – 9　英式陶土公司基于预期商业价值/开发的比值排序的项目清单

项目名称	预期商业价值(*ECV*)/万美元	开发成本(*Dev*)/万美元	*ECV*/*Dev*	*Dev* 总和/万美元
Beta	1950	500	390	500
Echo	1570	500	314	1000
Alpha	500	300	167	1300
Foxtrot	1550	1000	155	(2300)
Delta	150	100	150	1400
Gamma	210	200	105	1500

注：1. 总开发预算为 1500 万美元。

2. 标准：将需要最大化的 *ECV* 除以约束资源（*Dev*）的比值（生成性价比的最大值）。

需要注意的是，如果英式陶土公司的项目仅简单地依据预期商业价值排序（而不是预期商业价值/开发的比值），其排序清单将会不一样。最重要的是，组合总价值将会下降：既然研发预算是已定的，最终的项目清单就会导致总预期商业价值降低。

这个预期商业价值模型涵盖了净现值法和性价比法的全部优点：

(1) 它引入了专业和财务的严谨性。

（2）它不再考虑沉没成本，仅计算剩余成本。

（3）它考虑资金的时间价值，并立即开始计时。

（4）它识别受到约束的资源，并试图在这项约束条件下最大化组合价值。

（5）它生成最大组合价值。

预期商业价值法的最大优势在于，从商业和技术两方面考虑风险和概率，这是普通的净现值法和电子表格计算所没有的。对于大部分公司和大部分重要项目来说，成功概率不会是 100%。除此之外，传统的净现值法往往对项目估值过高，从而对组合总体估值过高，并且与预期商业价值法比较估值差距会非常大。表 6－8 列举了同一项目传统净现值估值结果与预期商业价值间的巨大差距。

第二个主要的但不易看清的收益是，由于预期商业价值法是基于决策树法的，可以看出，如果项目中途暂停，某些支出就不会发生，并且通过/淘汰决策是一个逐步的或递进的进程。换言之，这种方法可以使项目投资的期权性在某一时间只“买进”项目的“一块儿”。例如，被一些人采用的过于简单的方式，即项目净现值乘以成功概率，就捕获不到这些细微差别。后者曲解了项目价值，特别容易过度误判资本投入或商业化成本高，并且技术成功概率低的项目，甚至蒙特卡洛模拟法也会忽略决策过程的期权特性。通过预期商业价值法认识到，管理人员在整个项目过程中都会面临通过/淘汰的选择，这些选择降低了项目的风险性，而且一个项目的“正确价值评估”需要使用决策树法，如图 6－7 所示。

英式陶土公司使用的模型引进了战略重要性指数。尽管还是以经济收益最大化为基础，但修改后的预期商业价值法同时也会考量项目的战略重要性。

通过对 *ECV* 公式、表 6－8 和表 6－9 中的排序模型的仔细推敲，可以看出预期商业价值模型能够使如下一些类型的项目得到合理的评估，其优先级别也会随之提升：

（1）更加接近上市的项目。

（2）剩余投资相对较少的项目。

（3）成功概率（商业和技术）更高的项目。

（4）更高收益流的项目。

（5）限制资源使用较少的项目。

这种方法的第一个弱点是依赖财务及其他定量数据。例如，必须获得所有项目未来收益流、商业化和资本的可能支出、开发成本及成功概率的准确数据。这些估算常常是不可靠的，使这种排序方法的有效性受到质疑，或者在项目生命周期的初期，一些估算根本无法进行；因此，这种方法仅可用于已经过了某个过程节点的项目（如在已经完成了一个全面经济商业论证之后）。

第二个弱点是对于概率的处理。如何定量地评估一个成功概率呢？这跟有些公司凭空获取数据差不多；然而，这些概率的评估对项目的评估价值影响很大。这些概率数据的影响通过彼此相乘然后乘以项目的现值或净现值产生。概率估算中一个不太大的错误，能够导致项目价值评估数据的巨大偏差。经验丰富的高层管理人员就很排斥将两个非常不确定的概率数据相乘，认为这样计算的结果非常不准确，得到的数值很小："这对那些多冒一些风险的项目很不公平。"

第三个弱点是这种方法忽略了组合的平衡，即组合在高风险与低风险项目之间或者在市场与技术之间是否保持了正确的平衡。

最后一个弱点是这种方法仅考虑了一个预期商业价值最大化的测量标准（虽然无可否认，但是预期商业价值中也包含了许多参数）。

上述前两个弱点，即准确财务估算的需求及商业和技术成功概率估算的需求，是重要的同时也是很棘手的问题。

6.24 定义关键风险计划要素

在组合层级，全部风险要素应得到应对。组合层级不能应对的风险可以通过战略层级的治理过程来处理。在最终的分析结果中，如果一个风险变成了一个问题，那么这个问题可以在组织的组合、项目集和项目的架构下解决，而不在战略治理层级解决。

6.24.1 组合风险管理要素

在组合风险管理中有 4 个关键要素：风险管理计划、风险识别、风险分析和风险响应，这些要素如图 6－8 所示。其中，双箭头代表各种计划信息视图的反馈环，如组合风险管理计划和支持建立这些数据视图的职能。在以数据为中心的信息结构中，报告和计划按特定格式展示。对于风险管理，这些视图和格式采用组合风险管理计划、风险响应计划、组合置信等级或置信百分比、风险登记册、下级风险管理和响应计划，以及其他组合层级关心的与风险相关的数据要素形式来展现。风险响应计划、监控需要提供给组合经理一个具有灵活的风险管理和响应能力的结构。一个以数据为中心的报告和文件编制方法，能够促进结构的自我更新。

图 6－8 是一个展现各种组合风险管理元素的概念图。风险识别、评估和响应元素被标记在管理组合风险的要素中，以便展现风险识别和评估要素怎样发出一个具体的风险响应。为了保持组合、项目集和项目风险要素的一致性，管理组合风险被作为一个组合风险要素使用。在组合层级，风险通常是不可控的，它们通过一个综合的风险战略来管理。在组合层级展现的风险环境，具有动态的、复杂的和非线性的特性，正如图 6－8 中多个双箭头所表示的内容。

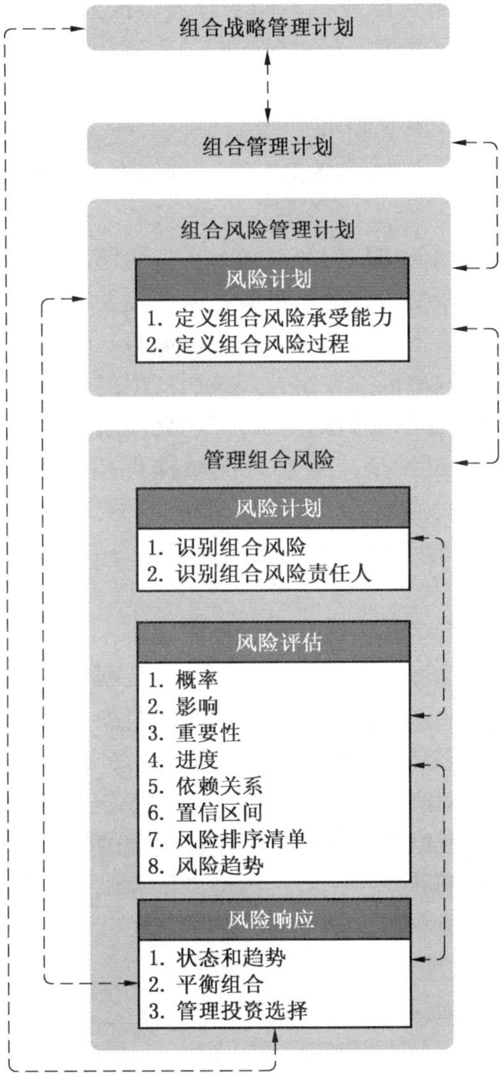

来源：Project Management Institute，Inc.，THE STANDARD FOR PORTFOLIO MANAGEMENT FOURTH EDITION，Published by Project Management Institute，Inc.，2017，P. 90.

图 6-8　组合风险管理要素

在制订组合风险计划过程中识别出的风险可能来自于外部（事业环境因素）或来自于内部，并可以被组织中的任何人所识别，包括高层管理人员、运营管理人员、组合经理、项目集或项目管理团队及干系人。每一个管理者（组合、项目集、项目和运营）对组合风险有不同的理解，因此高层管理人员所起的作用也是不同的。例如，高层管理人员对风险的关心通常涉及风险价值、入市时间和对资金及投资的测量。这些包括客户品牌和组织声誉、组织运营模式、对组织战略和指标的影响，以及将会受到组合影响的现有产品和服务。高层管理人员常常专注于干系人投资的安全保障、公司资产、发现和预防欺诈，以及识别和管理债务。

在组合层级，结构风险或执行风险被个人强势驱动。但是，并不是说，如环境问题、组织方针、背景变更、跨组件的技术依赖关系或接口，以及跨多个组件的技术风险的汇总和升级不会影响组合层级的风险。然而，与直接驾驭风险的项目集或项目层级相比，这些因素在组合层级所产生的作用较小。

从变更的观点来看，结构考虑和执行考虑之间的关联被描述为动态能力，或一个组织的适应潜力。组织适应或管理的敏捷性不是由过程和技术考虑驱动的，而是由经理个人或在组织中工作的下级驱动的。与动态能力相关的风险以人为中心。组织对风险的态度及其风险偏好基于在管理结构中工作的个人的风险态度。

个人对任何单一风险的正面或负面的作用效果，可能不仅影响项目集和项目的组合，而且影响当前的服务、产品、预测结果及项目集和项目产生的收益，因为一个风险会对其他风险产生影响。当影响通过组织扩大时，它们会影响组织干系人、它的名声及它的市场定位的变化。然而，所产生的威胁，如果威胁可以被其他领域的机会补偿，对个别组件或组合的组成部分来说是第二位的。作为在组合构成方案中的风险变化结果，重要的是整体价值的交付。如果最终的作用效果与组织的愿景、战略和商业模型一致，则可以认为该组合是有效的，而不必考虑一些个别组合组件的最终状态。

项目、项目集和组合层级的一个主要风险来源是依赖关系。在组合层级，依赖关系可能非常复杂。如果不能对其进行有效的管理，可能会对组合层级预期收益的实现产生严重影响。一般情况下，有着相互依赖关系的组合组件的数量越多，组合的环境就会越复杂。组合依赖关系分析是组合风险管理的一个组成部分，它也是开展组合优化活动的前提条件。为了管理与依赖关系相关的风险，并且为了在依赖关系的背景下进行有效的组合决策，首先要识别和分析依赖关系。

组合组件的依赖关系分类如下：

（1）输出或可交付成果的逻辑依赖关系。在这种依赖关系中，一个或多个组合组件的进展依赖于位于组合内部或外部的另一个组件的可交付成果或结果，或者依赖于一个活动的结果（如几个组件所依赖的外部监管审批）。

（2）资源的逻辑依赖关系。在这种依赖关系中，依赖关系与多个组合组件之间的共享资源相关，或者在某一稀缺资源被同一组合中的另一个组件释放之前不得不等待该资源。在该背景下的“资源”是指人员、设备或设施。这种类型的依赖关系集中在“稀缺”或“有限”资源上。

（3）收益实现依赖关系。在这种依赖关系中，一个组合组件收益的交付或实现，依赖于其他位于组合内部或外部的一个或多个组合组件收益的交付，从而形成了收益链。

（4）财务依赖关系。在这种依赖关系中，一个或多个组合组件的输出、产出成果或收益交付依赖于执行组织或投资组织的拨款，或位于组合内部或外部另一个组件交付的可变现财务收益的回收。

（5）学习依赖关系。在这种依赖关系中，依赖关系与从一个或多个位于组合内部或外部的组合组件中获取技能资质或知识的需求相关。

通过使用下列一个或多个技术有效地展现组合的依赖关系，以便于进一步分析。除了下列一些流行的展现技术以外，还有许多其他技术未一一列出。这些技术不是彼此互斥的，可以结合起来使用。

（1）虚拟组合组件图。

（2）收益依赖图或结果链。

（3）组合路线图。

（4）组合依赖矩阵。

一旦通过使用上述技术将组合依赖关系识别和展示出来，接下来就要对这些依赖关系进行分析，通常包含对每一个依赖组合组件的依赖关系所产生影响的分析。一个很流行的方法是将依赖关系所产生的影响划分等级：

（1）高级。依赖关系可能对依赖组件的输出、产出成果或收益产生显著影响，一个或多个组合层级的收益可能无法实现。

（2）中级。依赖关系的影响可能会导致成本增加。

（3）低级。依赖关系的影响可以通过利用现有资源来化解。

为了避免因依赖关系过多所导致的局面无法控制，同时为了优化管理依赖关系的努力，应重点关注影响级别高的依赖关系。

为了更加有效，依赖关系的管理必须采取一种协作的方式，组合经理应确保全部相关的组合组件团队能够充分参与该过程。组合管理办公室能够提升组合依赖关系识别和分析的价值。一旦依赖关系的影响得到分析，来自于高影响等级的依赖关系的风险将得到识别，并记录在风险登记册中，以供下一步分析及制订风险响应计划。应为每个已识别的依赖关系设定一个唯一的编号。每当一个来自于依赖关系的风险被识别出来，一定不要忘记将该依赖关系的编号记录在风险登记册中。

6.24.2 组合风险感知

组织要建立一个对风险的共同理解，并且要为已知威胁和机会的概率及影响做好准备。风险偏好说明书应基于对全部干系人的观念和关心的审查而开发，并应能够解决当前组织战略和实践的意图。这使组织能够开发风险偏好说明书，并设定内部风险偏好的限制。风险偏好通过风险阈值定义，风险阈值可以成为其他主观风险偏好说明书的测量标准。组织在行动前，还应对每一风险领域定义风险承受能力的带宽。这些带宽基于已定义的战略指标，明确可接受的风险变化层级。要建立清晰和共识的风险偏好说明书，以便指导基于风险的决策，并设定整体风险管理活动的范围。风险数据，包括报告和正式文档，由组合经理负责维护和更新，从而保持与组织战略和组织的其他方向一致。多数组合层级的风险管理都涉及组织风险文化，而组织风险文化是按照由高层管理人员到下级经理对风险偏好的定义来建立的。传统风险响应的计划、监督和响应，通常通过一些项目集或项目的执行或作为组合中的持续运营组件在组合组件中执行。然而，风险观念和基于风险的管理决策是基于个人的风险态度和偏好，以及组织的总体风险偏好的。组合管理风险可以被组织中的任何人识别，包括高层管理人员、运营管理人员、组合经理及项目集管理和项目团队。每一组织层级都有不同的组合风险观念。组织层级包括高层管理人员、运营管理人员、组合经理、项目集组件及项目和小团队层级。在全部层级，正面的（机会）和负面的（威胁）风险都称为因素。观念，因其自身特性，是难以定性的，并且是基于许多处理个人风险心理学方法的因素而产生的。由于潜在风险观念的人类心理学特性，在组合层级对具有复杂性和不确定性的风险响应，通常比在项目集或项目层级中所发现的风险更加复杂、更加不确定，即各自的收益和产品或服务的交付才是项目集或项目的关注点。

当不确定性增加时，对风险态度的感知变得更加重要。不确定性来自于有缺陷的或不完整的信息。不确定性在组合层级最大，这是因为受到组合中失控变量的影响。而项目及有着较少扩展的项目集可以免于某些失控变量的影响。作为结果，高层经理和组合管理团队工作在一个比项目集和项目经理的工作环境更加不确定的环境中。面对不断增长的不确定性，高层管理人员和组合经理依靠感知去填补有缺陷的和不完整的信息。所以，风险偏好和风险态度对风险管理工作更加关键。

组合层级的价值交付也受到风险感知的驱动。仅仅满足组合中的各个项目集、项目和运营的可测量指标，不足以完整地定义组合的价值交付方程式。简单地说，仅仅依赖于组合中全部组件元素的收益汇总或依赖于项目或持续运营的特定技能资质的交付，无法完整地定义组合所要交付的价值。价值的感知总是在风险回报的背景下得到体现。最重要的感知是，面对的风险越大，组合获得的回报和价值也应该越大。

在通过价值方程式计算收益的过程中，由于个人风险感知的重要性，个别干系人的风险偏好对管理组合层级的风险会起到关键作用。正如前面所说的，组合层级的风险管理是一个机会和威胁（正面的和负面的风险）的平衡，从而使组合实现战略目标和指标具有最大的可能性。组合的价值，在可以带来预期结果的风险背景下，通过对满足或超过战略目标和指标的成功度测量来确定。

多个个人形成组织，并且它是个人风险感知和由组织风险态度或风险文化形成的风险偏好的结合。这并不意味着一个组织风险态度的形成，是全部组织雇员和经理态度的汇总。形成一个组织风险态度的过程是复杂的，并且有时需要基于获得必要目标和指标置信度的最佳沟通。组织对组织组合中风险的正面或负面作用效果的态度，称为组织风险偏好。容忍风险的组织愿意承担更多的风险，以便更快地进入新的市场、更快地扩展产品或在新产品开发中进行更大的投资。厌恶风险的组织不可能快速推进。组织风险偏好会影响或支配个人的风险态度。组织的风险偏好还影响组织的技能资质或敏捷度。变更存在风险，厌恶风险的组织不可能快速地适应和响应变更，这会影响组合风险管理方法，特别是组合风险管理框架。

7 组合计划阶段

组合计划阶段的主要目标是开发组合管理计划，并在以下方面达成共识：

（1）在范围内开展组合组件的管理。

（2）成功执行组件所需的预算。

（3）组合及其组件之间的相互依赖关系的识别。

（4）风险和问题的识别及响应计划的开发。

（5）资源需求（人力、财务、资产和知识）。

（6）组合组件的优先级。

（7）治理委员会/发起人和干系人责任的确认。

（8）测量成功的测量标准（财务的和非财务的）。

（9）组合中的组件范围。

（10）产品和/或服务的需求和规格。

在周期性制订组合战略计划期间，组合商业模型被重新审查，以便确保它与客户价值/收益和商业/组织战略目标保持一致。在该阶段，由于组合要正式地与战略保持一致，作为结果，组合的初步优化开始进行。组合测量标准被审查以确保它们在客户、战略和财务层级与实际目标/指标的关联。在启动阶段获得共识的并正在进行中的组件将被更加仔细地审查，包括范围、时间、预算、风险、资源需求（人力、财务、资产和知识）和相互依赖关系。另外，基于最新一次战略审查以来新引进的组件及它们的绩效，优先排序标准将被审查。资本需求与可用资金和有效需求相比较，并基于组合需求建立资源能力计划。在重新计划期间，组合将被重新审查。基于组织的需求，组件（包括子组合）得到修订。最后，基于在该时间点的组件的相关状态及组合的整体风险和/或问题，组合管理计划将被审查和更新。

作为一个迭代的优化—平衡周期的结果，组合计划阶段是在组合被组合治理委员会选中后才启动的。所以，组合计划在组合优化和平衡之后才开始进行。在首次优化—平衡周期之后，“初始的最优组合”被组合治理委员会选中。该组合称为初始的组合，是因为该组合的构成可能还会不断发生变化。一旦初始的组合被选中，组合经理（在组合管理办公室的支持下）开始为所选中的组合制订计划。组合计划阶段需要从组合定义活动的结果中导出组合战略计划和组合管理计划。组合战略计划和组合管理计划必须要经过组合治理委员会的批准。组合战略计划和组合管理计划可能是不同的构件，也可能被合并成一个单一的构件。但是它们在本质上是两个不同的但又彼此紧密相关的计划。

为了成功，组织中组合管理的执行应作为一个独立的、有着自身计划的组件启动方案来开展。这样的计划称为组合管理执行计划。

(1) 组合管理执行计划按步骤详细描述将要采用的方法，以便建立组织中的组合管理原则。

(2) 既然有效的组合管理以一种组织决策的行为方式保障变更（有时是重大的），组合管理执行计划还描述了改变组合行为方式的计划方法，从而使组合管理更加有效。

组合管理执行计划不是针对某一特定的组合，而是为整个组织制订的，然而组合战略计划和组合管理计划是针对组织中的每个组合来制订的。

通常情况下，组合战略计划及组合管理计划每年至少修订一次。组合管理计划修订的次数可能比组合战略计划修订的次数多。组合战略计划一定要整合进入组合发起组织的战略计划中（如组合与之相一致的战略理念，以及用于定义战略的假设战略图/平衡记分卡等）。组合管理计划代表了主要的组合基准。组合过程以该计划为基准，通过组合仪表盘来监控和报告组合进展情况。

7.1 制订组合管理计划

制订组合管理计划包含制订和更新组合管理计划，以保证与组合战略目标和指标、组合章程授权及组合路线图保持一致。组合管理计划的制订是一个迭代过程，并且包括如绩效、沟通和风险管理计划等子计划的整合。这套子计划可以同时也可以分别制订。组合管理计划建立了如何定义、组织、优化和控制组合的过程。

正如项目集和项目管理计划那样，组合管理计划包含了多个子计划。例如，组合管理计划包括，但不限于下列子计划：

(1) 组合交付进度计划。

(2) 组合绩效管理计划，包括：

① 组合能力管理计划。

② 组合价值管理计划。

③ 组合财务管理计划。

(3) 组合风险计划，包括：

① 组合风险管理计划。

② 组合风险响应计划。

（4）组合沟通管理计划。

（5）组合采购管理计划。

组合管理计划包括下列内容：

（1）治理模式。治理模式根据组织的具体环境，定义在组合中将以怎样的方式制订管理组织资产和资源的计划。基于为实现组织的战略和指标所面临的组合风险，建立并裁剪为管理过程所需的决策权与权限、责任、规则和协议。这是通过在项目各个阶段组织关口审查来实现的。关口审查使管理人员有机会在整个项目生命周期中的各个标准里程碑关口审查项目组件的进展与状态。在每个阶段关口，管理人员对调整的和预期的价值和最新的风险进行审查，以便决定项目是否应该继续、暂停甚至取消。组织治理是组织指导和控制其运营和战略活动，并响应干系人的合法权利、期望和愿望的过程。组合治理是一组相关的组织过程，通过这些过程，组织可以选择和排序组件，分配有限的内部资源，以便最好地实现组织的战略和指标。

特定人员的角色和职责应该明确定义，如组合经理、发起人、组合干系人、高层管理干系人和项目集/项目经理。组合管理人员和各类治理委员会的角色和职责也需要定义。

（2）组合监管。组合、项目集和项目管理办公室（PMO）可以通过提供共享或优化稀缺的或共同的资源等有效方式，来支持组合监管。组合治理在需要的时候按照所要求的数量与质量水平来分配资源。根据发起人和干系人的需求，PMO也可以在沟通治理决策、开展组合变更及干系人沟通等方面给予协助。如果建立了PMO，其结构、职责和执行方式都应在组合管理计划中予以规定。

（3）管理战略变更。管理战略变更的目的是让组合经理可以对组织的战略和指标的变更做出响应。如果是递增的或微小的变更，通常不需要变更组合。然而在组织环境中，重大变更依赖于定义的变更控制结构，通常会引入一个新的战略方向，进而对组合资源和组合组件产生影响。组合管理计划和组合治理过程应绘制和管理对人员、过程、资产或技术产生影响的重大战略变更的响应方案。

战略方向上的重大变更会影响组合组件的分类或优先排序，因而需要对组合进行再平衡。经过组合再平衡，一些组合组件可能在交付之前被终止，而另一些新的组合组件可能得到批准并启动。

（4）变更控制与管理。变更控制与管理定义了对已经获得批准的需求、范围、进度、资金等方面的变更进行管理的过程，包括干系人和治理委员会的审查与批准。该过程要确保产出成果与组织的战略和指标相一致并符合目标，并获得投资回报，同时资源也得到合理的分配。如果资源已经被优先安排给其他的组合组件，变更控制还可以包括组合组件的启动、停止和延迟。

变更管理通过引导影响分析的结构变更（通常在组件建议书中提供）来实施，慎重地对建议的变更活动进行审查、审批（批准或拒绝）、优先排序并制订进度计划。

（5）平衡组合和管理依赖关系。组合管理计划记录了组合经理平衡组合的方法，这是一个优化组合组件的构成以实现组织战略指标的过程。组合平衡为依据战略方向规划和分配资源的能力及在组织预定义的预期风险预测范围内最大化组合回报的能力提供支持。

（6）绩效管理计划。组合管理计划包括测量和监控绩效和价值、组合绩效报告和组合审查。这部分包含或引用组合绩效管理计划。

（7）沟通管理计划。这部分包含或引用组合沟通管理计划。

（8）风险管理计划。这部分包含或引用组合风险管理计划。

（9）采购管理计划。这个计划应定义任意组合级别将在组合管理中被采用或被考虑的采购指标或标准。

（10）管理合规性。对新法律的合规要求可能需要对活跃的或计划的组合组件进行延期，从而导致推迟或降低相应的收益。该计划将会记录组合经理将怎样处理合规性要求。

（11）组合优先级模型。一个简单的优先级模型，如记分卡，可以确保包含与组织的战略和指标、预期投资回报率、投资风险和依赖关系一致的标准。

为了管理组合与组织战略和组合战略计划的一致性，组合经理需要更新组合过程资产，包括各种组合政策、过程、指导方针及组合管理知识库。

为了制订组合管理计划，下列因素需要考虑：

（1）组合战略计划。当制订组合管理计划时，获得组合战略计划的指导很重要。组合战略计划明确地提供了组合风险承受能力、组织沟通战略和组织绩效战略。另外，组合战略计划还包括组合指标、组合管理的组织结构、组合收益、优先排序模型及资源信息。

（2）组合章程。组合章程是制订组合管理计划所需要的，用于理解组合结构、组合范围、资源、进度表、干系人沟通需求、预期绩效、关键风险、依赖关系和约束条件。

（3）组合路线图。组合管理计划使用来自组合路线图的高层级战略方向和扩展的进度表等信息，来为组合组件定义低层级的计划和进度表。这种管理组合的方法能够确保按照组合路线图定义的组合组件的依赖关系得到兑现。例如，按照组合路线图定义的组合组件的依赖关系和整合方案会影响组合管理计划中的沟通与风险管理所采用的方法。

组合管理计划可以描述或参考不同的方法论和方法，这些方法论和方法被组织用于管理不同类别或类型的组合组件，这些组合组件在组合路线图中有详细说明。

（4）组合过程资产。组合过程资产包括组合方针、过程和程序、组合知识库。更新和增加组合过程资产，作为贯穿组合管理过程的必要步骤，通常由组合经理负责完成。这些内容都会在组合管理计划中得到阐述。

组合过程资产还包括用于建立组合管理过程和定义下列职责的当前信息：

① 来自组合的以往绩效和历史的绩效信息（用于标杆对照的目的）。

② 组合管理的决策和未解决的问题。

③ 进行中和计划中的有关组合管理任务的信息。

（5）组织过程资产。组织过程资产包含组织的过程、程序和知识库。这些资产可作为开发组合管理计划和组合管理方法的参考。

（6）事业环境因素。事业环境因素包括组织的综合治理过程，可由组织、环境和政府等各种可变因素构成，并对组合的各个方面如何进行管理提供支持。组合管理计划通过建立流程来监督特定的事业环境因素及触发特定组合管理过程启动的临界值（问题升级、变更请求、组合管理过程改进等）。

制订组合管理计划需要使用的知识和技能包括，但不限于：

（1）引导技术。为制订组合管理计划，组合经理通过多种来源并采用多种方法进行需求引导。在组合开发（发现）中，引导技术在组合管理计划的制订中所起的作用最大。这些技术可以用于面向监督团队、关键干系人、工作组和主题专家的引导。一些用于引导关键信息的方法如下：

① 启发技术。包括焦点小组和头脑风暴活动。在这种启发式的会议中，思维导图作为一种应用工具，将干系人的想法进行梳理后分解成若干逻辑组，用于分析并纳入组合管理计划中。

② 调查技术。包括通过使用访谈和观察研究技术来收集干系人的输入。

③ 协同技术。使用这种技术可以确保在制订计划的过程中能够通过协商一致或获得多数人投票来获取一个团队的输入。投票可以使用电子工具，而且通常是采用匿名的方式；然后生成报告以展示对建议的范围变更的主流意见。在组合管理计划的制订中，在组合开发阶段或执行重大范围变更之前，引导技术所起的作用最大。这些技术可以用于面向监督团队、关键干系人、工作组或主题专家的引导。

（2）组合组织结构分析。取决于组织的规模和复杂程度，组合可以由一个人管理，也可以由一个团队管理，并且高层管理人员或治理委员会也可以做出有关组合组件的决定。组合经理应为每个项目集、项目和运营组件的绩效考核和报告设定角色和职责。资源（包括信息、人员、财务）应得到识别并在正确的时间分配给组合组件，并在分配资源的目的实现后将其返还给组织。

（3）整合组合管理计划。组合管理计划的制订是一个迭代的过程。其子计划，如风险、沟通和绩效管理计划，可以同时在组合管理的各个阶段制订。这些子计划作为组合管理计划的一部分，尽管它们可能是各自单独的文件并包含对组合管理计划的引用。对子计划进行整合，假定这些子计划已经经过分析且已经协调一致。如果子计划的整合导致对已批准文件的变更，这些变更必须传达到责任方，以便能够解决问题并协调变更。

7.2 制订组合能力管理计划

组合能力管理计划针对可用的组织资源能力，允许通过测量组合组件来理解资源需求，确保组织成功地执行通过组合识别出的组件启动方案。

从组合的角度来看，整体的需求和可用的供给应被识别和汇总作为对整体供应和需求的预测，以便开展资源分析和分配。组合供应和需求的预测提供了对预测资源一致的和历史的视角。它还能捕获针对资源和投资的风险属性和阈值，该属性和阈值对于资源分配的定义、组合组件的排列、优先排序和选择的权衡和决策及组合整体和持续的权衡和优化都是必不可少的。

对组织战略计划、风险管理计划、组织过程资产、组合过程资产和事业环境因素的总体审查，为开发需求和支持组合组件有效供给的总体和综合预测提供了基本信息。

总体供应和需求信息预测凸显了来自组织的跨人力、财务、资产和知识维度的资源能力（包括边界和约束条件），为组合执行和组合治理提供了有价值的指导，以便选择组件并为其拨款。

在考虑整体组合的过程中，组合可能有一些超出组织能力或技能资质的强制性或法律要求的组件启动方案，组合能力管理计划还需要接受这种情况的发生。依赖于组织的风险预测，组合能力管理计划可能要为非计划的、可能在经营生命周期中出现的组合组件提供应急储备。

由组合能力管理计划衍生的对供应与需求的全面预测，提供了供应与需求的统一的和历史的视角。它为组件的排列、优先排序、选择及组合的持续平衡和优化定义了资源分配和权衡标准。

有关能力管理的一些基本概念描述如下：

1. 资源能力（供应）

（1）它代表了为项目工作部署资源的能力。

（2）在资源层级，它是指一个给定受控资源的总体潜在工作时间。能力的单位是每一周期的时间（如每周 40 h）或一个等同于全职雇员的百分比

（如 50%）。

（3）通常情况下，对于非项目工作，组织减去“偏离顶层”能力的固定部分；对于项目工作，跟踪其应用细节。

（4）组织资源能力是一种集成的资源能力，它涵盖了全部承担项目工作的资源组。

2. 资源可用性

（1）它展现了一个给定周期内能力与应用之间的差别。

（2）它是一个被分配了更多工作资源的可用时间，并包括每一周期内的时间单位（如小时/每周）或能力分数。

3. （企业）资源池

（1）（企业）资源池包含组织中执行项目所需的全部企业资源（人员、设备、材料和设施）。

（2）按照会计术语中的定义，资源是直接项目成本的元素。因此，资源池的属性驱动了跟踪基于活动的项目成本及材料消耗的能力。

（3）当通过资源池对资源进行管理时，可以保持对资源分配的更加严格的控制。

4. 资源需求（能力和技能资质）

（1）它代表了一个特定时间的项目工作所需资源的数量和技能需求。

（2）在资源层级，它是指在一个给定周期内，在一个建议项目的驱动下，或依据进行中的与项目相关的递增工作需求，对资源递增的潜在工作进行分配。

（3）需求可能大于或小于一个给定的可用周期。

5. 资源分配（已分配的 = 已承诺的）

（1）它是资源与项目的结合，按照资源的百分比，没有项目工作分解结构的一个特定元素的特定分配，通常由项目经理执行，并得到组合管理办公室的支持。该分配在一个项目周期中可能是固定的，也可能是变化的。

（2）对与工作分解结构没有特定关联的资源分配，允许在项目管理中使用非耦合资源管理方法。

6. 组织分解结构（OBS）

（1）它是一种层级模型，通过使用类似于项目活动或 WBS（工作分解结构）“工作包”中使用的分组方法，描述已建立的组织财务框架。

（2）它提供了一种组织的而不是基于任务的视角。

（3）OBS 层次结构允许将项目信息集成（汇总）到组合层级。

7. 非项目工作

（1）非项目工作通常是一些没有列入项目计划的维持类工作。在 IT 组织中的一些常见例子有服务台活动、运营中断/修复、其他作为日常任务的业务及与非项目相关的会议等。

（2）通常情况下，任何一个没有列入项目计划的活动都可视为“非项目工作”。

（3）这些工作活动的进度计划需要通过一个高层级进行安排（通常每年一次），并且一个特定百分比的时间需求被分配给这些活动。

（4）任何情况下，非项目工作的定义都必须纳入组合管理的框架中。

“硬预定”是一种不会将已分配给组合组件的资源再释放回企业资源池的实践，即使组件已经没有使用该资源的需求。“硬预定”资源导致资源始终处于被分配给某一组件并被该组件经理控制的状态；如果在未来任何时候出现需求，该组件经理随时都能够使用该资源。既然“硬预定”资源不可以再将该资源释放回企业资源池，组合管理办公室将无法了解有多少及哪种资源可以分配给其他组合组件，从而出现了在资源实际可用的情况下却出现资源短缺的问题。

简而言之，“硬预定”是指资源始终被保留给特定组合组件使用，不能够再返回企业资源池中。而“软预定”是指计划将资源分配给组合组件（实际还没有分配），所以资源依然在企业资源池中。“软预定”的组合组件在实际获得资源分配之前需要提出资源申请并得到批准。一旦资源被批准分配给某个组合组件，该资源的“软预定”便被转变为“硬预定”，如计划的资源被实际分配给了组合组件。

制订组合能力管理计划需要使用的知识和技能包括，但不限于：

（1）引导技术。引导技术是制订组合能力管理计划的基础。在引导技术中，通过规划会议、头脑风暴会议、访谈或调查等方式邀请干系人和关键主题专家参与讨论，来制定测量标准，并确保按照正确的标准项进行测量，从而确保资源绩效达到最优化。组合经理应为预先定义和预先批准的测量标准制订开发和报告计划，用以监控战略目标实现、财务贡献、干系人满意度、风险预测和资源使用情况。这些测量标准用于测量来自组合组件汇总的定性和定量信息。

被选定的测量标准应当与组织的战略和指标相关，并与其他绩效测量标准保持一致。组合管理办公室应在适当的时候开发新的测量标准，并对不再与干系人相关或不再支持组织的战略和指标的测量标准执行删除或变更。测量标准的量化不应让干系人感到难以理解，应确保测量标准能够获得有效地跟踪和理解。

（2）能力和技能资质分析。该分析是一种用来了解组织的人员、财务和资产容量及能力，以便选择、拨款和执行组合组件的技术。能力是指一种使组织可以执行组件和交付成果的特定能力。为了能够捕获资源能力和技能资质以便于分析，应当采用一种适当的资源管理工具、技术和/或过程。资源能力和技能资质分析包括：

① 资源类型。资源类型有财务、人力资源、物理/知识资产及知识库。

② 资源进度计划。资源进度计划是一种直方图，展示当前正在进行的、综合的、经过详细预测的资源供应与需求情况。

③假设情景。通过各种假设情景，跟踪对资源能力进行组合优化决策带来的影响。

④ 有限能力规划和报告。在组织指标给定的情况下，这个规划和报告工具指出是否存在资源瓶颈、分配过度或分配不足；以治理监督委员会制定的优先级为基础，并在组合组件之间进行资源平衡。

⑤ 资源管理工具。这些工具有助于快速、简便地识别资源能力和技能资质。

7.3 制订组合价值管理计划

组合价值管理计划，包括为实现组织价值最大化，如何跟踪和优化与组合组件相关的收益实现过程。组织价值不仅局限于如收入提高和营业利润增长的经济价值，还包括其他形式的价值，如员工或客户满意度、社会贡献、声誉的保护和提高、品牌、组织产品或服务的完整性及对环境资源的保护。

组合报告着重为干系人和治理委员会提供测量标准，以便确定组合是否能够满足组织的战略和指标。它使组合发起人可以迅速理解组合在实现预期收益方面的进展情况。

组合价值管理计划是组合管理计划的一个组件或者子计划。该计划包括，但不限于：

（1）导言（目标、指标、战略及战术）。

（2）价值管理的角色和责任（谁来测量及测量频率）。

（3）价值测量标准，即测量什么。

（4）价值报告（用什么工具、报告分发、谁负责、何时提交）。

（5）收益实现（怎样跟踪收益实现并与计划进行比较，怎样计算价值）。

组合价值管理计划对给定的项目或项目集组合的预期收益进行深入挖掘，详细描述它们如何被测量、由谁来测量、何时对它们进行测量。组合价值管理计划应能够完成下列活动：

（1）确保干系人清晰地定义一个给定组合的收益。

（2）在管理组合的过程中，以一种容易测量和评估的方式记录收益。

（3）允许组合治理委员会评估一个给定组合或多个组合的预期净收益，以便对组合工作进行优先排序。此外，有关以往组合实际收益的历史数据可以帮助管理人员在对未来相似组件进行优先排序时做出明智的决策。

为了制订组合价值管理计划，下列因素需要考虑：

（1）组合路线图。组合路线图提供了一个预期的组合组件交付的高层级进度表。一个或多个组合组件按计划交付的延迟会通过组合产生连锁反应，从而影响资源使用和其他组合组件的启动。组合组件交付的延迟同样会影响源于组合的价值。

（2）组合管理计划。组合管理计划对组合收益的价值和对组织指标的影响提供持续的识别和评估，对各个组合组件交付的各种收益之间的相互依赖关系提供识别和监控，对组合组件变化对收益产出成果的潜在影响进行分析，并为组合组件提供的实际收益实现分配责任和职责。

（3）组合报告。组合报告包括组合组件绩效（时间、成本和范围）汇总报告、计划执行进展情况、要交付的预期价值的最新预测及偏差报告。

组合绩效偏差报告收集组合组件的数据，并基于组合组件的变化、各种内部和外部风险因素、竞争对手和市场数据及其他各种因素，在所构成的组合中，将原始预期价值贡献与当前预期价值贡献进行比较。

制订组合价值管理计划需要使用的知识和技能包括，但不限于：

（1）引导技术。在制订组合价值管理计划中使用的引导技术包括同干系人制定评估标准，识别分配给不同收益和产出成果的权重。SWOT 分析（优势、劣势、机会和威胁）也可以用来进行信息的引导，以确保收益能够得到全面和整体的考虑。收益来自于对优势或机会的利用及对劣势和威胁的主动面对。

（2）价值评分和测量分析。有很多方法可以用于组织价值的评分和测量：

① 评分模型。评分模型可以用财务的方式持续记录和评估无形的组合收益（这些收益无法通过财务的投资回报方法来评估）。收益评分模型中的所有标准应与组织优先级关联。使用评分模型便于在“什么是重要的”等问题上达成共识，以确保标准得到记录并持续应用到所有无形收益中。

② 成本—收益分析。该分析寻求明确组合将会提供的收益，同时与组合的成本进行比较。收益可能是财务的，如增加利润；但也可能是非财务的，如增加市场份额或新的技能资质。由于组合组件的变化及财务状况和竞争环境的变化，成本—收益分析应按照要求，在全部组合绩效管理过程中，得到跟踪和重新评估。投资回报和净现值（流入的现值减去流出的现值）有助于确定预期影响。

③ 比较优势分析。当对一个战略指标或组合组件建议书进行比较优势分析时，要考虑存在于组织内部或外部的各种竞争。典型的组件建议书包括针对当前或未来的一些备选方案的分析和比较的层级。这项技术可能还包括假设分析，考虑如何通过各种能力和技能资质构成方案的选择来实现组合组件和它的预期收益。

④ 进展测量技术。这些在组合层面所使用的工具与技术类似于在组合组件中使用的工具与技术。

⑤ 价值测量技术。各种绩效指标根据评估的价值来定义，并用于测量和报告组合绩效。

⑥ 组合有效边界。有效边界基于哈里·马克维茨的现代组合理论，使决策者能够通过使用这个分析工具在给定的资源约束条件下去优化组合。如果对于组合的风险等级，预期回报水平有最好的可能，那么这个组合常常称为“有效的”（通常用组合回报的标准偏差表示）。相同的组合预期回报可能因风险降低而存在差异。需要注意的是，有效边界不是静态的，组织应持续不断地监控成本－收益率。

（3）收益实现分析。组织收益和价值超越了经济价值（也称经济利润、经济附加值、股东价值），包括其他形式的价值，如员工价值、客户价值、供应商价值、渠道合作伙伴价值、联盟伙伴价值、管理价值和社会价值。许多这些形式的价值不能直接用货币来测量。

一些工具可以帮助组织提高其计划收益的实现能力：

① 结果链。结果链展示需要交付计划收益的组合组件之间的因果关系。这种关系显示了一系列需要用来实现计划产出成果和开发组织价值的收益。这个工具用来识别每个组合组件对于整体组合价值的具体贡献，还显示了为了更有效和高效地实现计划收益而需要处理的偏差和重叠。

② 组合产出成果概率分析。组合经理根据成功标准对潜在的组合产出成果进行评估，列出相应的具有相关置信等级绩效指标的可能价值。这个输出通常表示为一个累计分布，项目经理可以用它来设定满足干系人风险承受能力的现实目标。

可能用于可视化和支持组合价值管理的各种其他方法视所涉及的情况和需求而定。例如，各种图形方法（如显示计划目标与实际目标对照关系的图表）。

7.4 制订组合沟通管理计划

图7－1为一个沟通管理的概貌，包括干系人及沟通的需求分析、干系人对风险识别的讨论和参与，以及用于管理组合信息与报告的沟通管理的过程和输入。

组合沟通管理促进受到组合影响的内部与外部干系人、个人或小组之间的双向交流，其中包括：

（1）执行经理。

（2）运营经理。

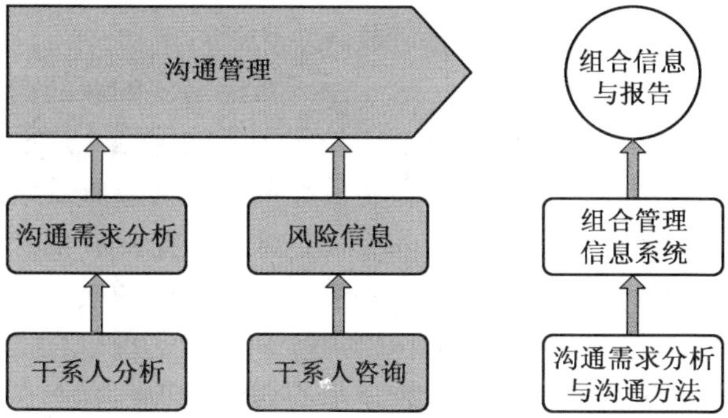

来源：Project Management Institute，Inc.，THE STANDARD FOR PORTFOLIO MANAGEMENT THIRD EDITION，Published by Project Management Institute，Inc.，2013，P. 106.

图 7－1　组合沟通管理

（3）治理委员会。

（4）发起人。

（5）项目/项目集/组合经理。

（6）供应商和外部资源提供者。

（7）监管机构。

（8）其他。

为了制订组合沟通管理计划，不但要确定沟通需求，而且必须进行干系人的识别和分析。

在制订组合沟通计划过程中，组合管理计划能够识别一些主要干系人，如高级经理与发起人等对组合成功负有责任的人员。计划可以不包含需要或受益于组合进程、绩效及变更的非主要干系人。这些非主要干系人会作为更新在组合管理计划中得到体现。当编制一份综合性的干系人清单时，要决定他们的需求信息及偏爱的沟通方式。制订一份完善的沟通管理计划还需要其他各种组合管理过程的输入，如绩效和风险管理过程。

组合沟通在决策管理过程中广泛识别各种类型的干系人，从高层管理人员到执行基本任务的个人，再到第三方。组合干系人的信息需求比项目层面的沟通更加多样化，这是因为组合干系人的广泛性和多样性。透明地规划组合管理报告，对于尽早发现是否存在缺项及管理不充分或不一致沟通导致的风险很重要。透明地沟通对规划资源的最优利用很有价值。

沟通管理计划可以是组合管理计划的一个子计划，也可以被纳入组合管理计划的文档中。组合沟通管理计划定义全部沟通需求，提出沟通要求，指定沟通频率，识别与组合管理过程相关的信息接收人。

应通过对组合管理计划的变更记录干系人可能需要的新的沟通。干系人分析和沟通解决需要沟通哪些组合信息及期望怎样沟通的问题。这些分析结果应记录在组合沟通管理计划中。这一计划定义了信息的收集和审查及组合沟通的格式和传递的预期过程。它还在项目团队之间就促进人员、想法和信息之间的基本一致性建立所必需的预期活动和过程，而这些对于组合沟通的成功是必要的。沟通计划不充分所带来的风险可以导致未能识别风险、不能实现组合指标、增加重复劳动、降低干系人信心等。沟通管理计划至少应包括以下内容：

（1）沟通指标。

（2）管理沟通的角色和责任。

（3）已识别的干系人。

（4）已识别的干系人期望。

（5）计划收集与存储沟通信息的方法。

（6）计划访问与传递沟通信息的工具。

（7）计划沟通频率。

（8）沟通策略/约束条件。

组合过程资产将得到更新，包括沟通管理的角色和责任、策略或程序、工具或模板、组合关键风险和问题，以及从有效的组合沟通管理中获得的作为经验教训的知识。

为了制订组合沟通管理计划，下列因素需要考虑：

（1）组合。组合包括已批准的和潜在的组合组件及其描述信息，如依赖关系、人力投入水平、接洽点及其他仪表盘类的信息。对组合组件知识的掌握会对沟通方式产生影响，而沟通方式又被用于统一与标准化沟通和在组合层面（与组件层面对应）评估沟通战略。组合组件清单对理解所需的总体沟通范围很重要。

（2）组合路线图。组合路线图有助于理解组合的结构、组合组件之间的依赖关系及所有组合组件如何“组成一个整体”，以便制订实现组织的战略和指标的计划。对路线图的清晰和及时的沟通，以及对路线图的任何变更是组合沟通的基础部分。组合沟通管理计划可以包括组合组件之间具有依赖关系的信息，这些信息可能会对组合沟通指标产生影响。

（3）组合管理计划。组合管理计划提供组合的范围及主要内部与外部干系人（包含治理委员会）的初始清单。组合管理计划是为进行有效监督而建立组合层级的依赖关系与约束条件的指导性构件。组合管理计划描述了组合组件的批准、优先排序和进度安排的方法。组合管理计划的全部要素都有沟通需求，如需要与治理委员会、组合经理、发起人进行风险沟通。组合管理计划的变更可能需要引入新的干系人或新的沟通需求。

沟通管理计划可以是组合管理计划的子计划，也可以被纳入组合管理计划中。

（4）组合报告。组合报告包含很多报告，如组合状态和进展报告、绩效报告、组合风险报告及组合组件的全面治理汇总报告。组合绩效报告能够提供每个组合组件的总体投资信息，这些信息用于沟通组合价值评估。一些组织通过仪表盘进行沟通，以便提供一目了然的状态信息。这些报告的格式和内容需要在为组合报告提供模板、标准格式和程序的组合沟通管理计划中定义。

（5）组合过程资产。组合过程资产与规划组合沟通相关，包括：

① 组合经理角色和责任。

② 状态报告。

③ 组合风险预测或对关键风险和问题的风险评估。

④ 基于计划的组合偏差预测。

⑤ 治理决策。

⑥ 资金决策。

⑦ 资源决策。

⑧ 组合价值评估。

⑨ 沟通责任委托。

制订组合沟通管理计划需要使用的知识和技能包括，但不限于：

（1）干系人分析。干系人分析的目的在于识别干系人，确定不同的个人和小组，确定他们的关注、利益和影响。对于组合管理，要理解干系人在组合投资中的利益和影响，以便制订组合沟通管理计划。在收集哪些人是组合干系人的信息之后，干系人分析过程捕获每个干系人的信息及干系人之间的关系。干系人分析还包括干系人分类。

当进行干系人识别时，要建立一份包含全部干系人的清单。在清单中，收集了干系人的属性，如哪些干系人属于哪个组别。同一组干系人可能会有不同的关注点和兴趣点，并且这些关注点和兴趣点可能是不断变化的。除了将他们分组之外，干系人还被分为内部干系人与外部干系人。内部干系人包括业务运营干系人等，外部干系人包括与组合相关的业务伙伴、竞争对手、政府、行业、法律、顾客、投资者、股东及公共关系等。

需要持续接收组合状态通知的干系人包括：对业务变更交付有兴趣或有影响的内部干系人，在组合范围以外，但是影响组合或需要组合沟通的外部干系人，作为组合组件所有者的组件发起人，以及组合经理。将干系人分成若干小组，并将他们分为内部干系人或外部干系人，有助于找到沟通的最优类型，并有助于明确各种沟通是否能够分组，以便与干系人分组相匹配。并且，一旦完成分组，就可以着手进行各干系人组对组合影响的能力分析。为了开展影响评估，可以提出以下问题：

① 谁是治理委员会的成员？有需要给予支持的治理过程吗？如组合组件建议书的确认、对投资回报率的考虑及投资管理实践。这些过程是怎样影响信息需求的（也就是什么人需要什么信息）？

② 哪些干系人被认为是领导者、有影响力的人或早期践行者？哪些干系人被发现抵制变更？他们是支持还是阻碍他人开展变革的组件启动方案？

③ 能够对组合及组织施加影响的干系人拥有何种授权层级？

④ 他们在组织中的政治影响如何？

⑤ 他们的角色在组织中是否被识别为干系人？

⑥ 干系人之间的依赖关系是什么？

⑦ 哪些干系人能够显著影响其他干系人？

在确定影响层级之后，干系人分析还要评估每位干系人对沟通的兴趣层级及对沟通紧急性的要求。

基于以上干系人分析，制定干系人沟通管理策略的简单方法，就是使用影响与兴趣层级的四象限图。例如，如果一位干系人对沟通过程中产生的报告兴趣层级不高，同时他的影响与决策的层级也不高，那么在策略上应尽可能减少对该干系人的争取工作。表 7－1 为此概念的例子。理解每位干系人的核心沟通需求是制订沟通计划所必需的条件。哪种信息是每位干系人都感兴趣的？为确保组合成功，哪种沟通方式是他们所期望的？表 4－1 是干系人矩阵在干系人分析中应用的例子。

表 7－1 干系人沟通策略矩阵

制定干系人沟通策略			
		兴趣层级	
		低	高
影响层级	低	尽最小努力	随时报告
	高	积极沟通	积极沟通和争取

来源：Project Management Institute，Inc.，THE STANDARD FOR PORTFOLIO MANAGEMENT THIRD EDITION，Published by Project Management Institute，Inc.，2013，P. 111.

（2）引导技术。组合干系人及干系人沟通需求随时可能发生变化，因此争取干系人以确保他们的需求得到满足并与沟通管理计划保持一致，对组合经理来说很重要。这可以通过访谈、问卷调查、干系人会议和经验教训会议等多种有效沟通方式获得。例如，通过与干系人会面，组合经理可以审查沟通计划的落实情况，从而得到对该计划的反馈。头脑风暴有助于识别之前没有考虑到的新的干系人组别，并且在这些会议中，组合干系人能够确认或改变沟通需求。

（3）沟通需求分析。在沟通需求分析中，与干系人沟通信息所使用的载体与工具及计划的沟通频率得到评估，从而确定是否需要进行变更。同时，一份有效沟通方法的清单被列出，以便评估备选方案，并保证最优工具得到使用以满足干系人的需求。

为了识别任何可能存在的冗余沟通，需要组织审查。为了确保满足多种类型的信息接收人或当信息接收人对接收信息的方式具有各种不同偏好时，保留一些冗余沟通是必要的。需要做出选择，以确定哪些沟通是首选的，哪些沟通应该被暂停。

沟通矩阵被用来捕获和记录这一分析结果。表 6 - 7 是沟通矩阵的一个例子。该矩阵是建立沟通管理计划的基础。

为了完成组合沟通需求分析，应对组织文化进行评估，以确保沟通管理计划能够适应组织。如果组织拥有适当的技术，可以更加广泛地采用门户网站作为报告信息的主要工具。如果组织缺乏适当的技术，他们可能宁愿使用纸质报告和电子邮件。组织文化的更新可以在沟通矩阵中得到体现。

7.5 制订组合风险管理计划

计划对组合管理的成功很关键，正如它对项目集和项目管理的成功也很关键一样。组合风险管理计划应与整体组合风险管理框架相适应。组合风险管理计划描述了在组合中将怎样管理风险。组合风险管理计划不包含风险分析，但是它为风险相关的数据管理提供结构。这些数据形成了风险分析，并且组合风险管理计划描述了数据将怎样被高层经理和组合经理使用。一个以数据为中心的计划方法允许持续地审查、更新和响应（当需要时）风险触发事件。

7.5.1 组合风险管理框架

组合风险管理框架或架构支持风险管理的主要原则，并提供组合中风险管理的愿景。组合风险管理框架是一个连接组合中组织风险管理过程的纲要。此外，组合风险管理框架将项目集、项目和运营管理与组合风险管理结构关联，这样能够提供超出组合的风险关注与组合中组件的风险关注之间的关联。一个共同的集合和风险类别的建立或风险分解结构，作为开发组合风险管理框架的一部分由组合管理团队来提供。从以数据为中心的观点来看，组合风险管理框架定义了组合风险过程执行的主要风险环境。

组合、项目集、项目和运营所关注的风险管理领域是不同的。在项目集或项目层级，或当开展运营时，重点是要避免、转移或减轻负面风险（威胁）的管理及开拓、共享或增强正面风险（机会）的管理。在组合层级，重点应平衡正面和负面风险，以便支持组织愿景、战略目标和组织指标，这样才可以实现组织的价值。在组合层级，接受风险可能是一个更加通用的战略，因为许多风险都超出了组织计划的能力或控制。

对于正面风险，组织可以开拓、增强或共享。当处理一个提升的产品需求时，如风险响应活动通常是计划的组合战略或市场工作的一部分。

复杂的项目可能需要平衡风险和超越简单风险响应策略的风险战略。关键是组织应关注什么。一般情况下，组合经理所关注的风险平衡超越了通常在项目集或项目层级所做的那种平衡，这是因为组合管理的范围越宽，高层管理会更加复杂、控制力会更低、跨越管理架构的愿景通常会更广泛。

基于风险的决策将风险划分成不同类别。风险分类提供了一种确保在细节层次一致的基础上，系统识别风险的综合过程和提高风险识别的有效性及质量的结构。组织可以使用之前已经准备好的分类框架。一些风险类别如图 7－2 所示。一个风险分类的备选方法是风险分解结构，可以按工作阶段、风险来源或其他有利于管理的组织结构来划分。另外，一个风险分解结构可以形成颗粒度更细的风险分类清单。所选择的方法依赖于组织及其高层管理团队的风险偏好，以及所采用管理方法的整体颗粒度。

组合定义风险又称为结构风险，这类风险包括，但不限于：

（1）组件清单创建风险。

（2）组件启动方案分类风险。

（3）组件启动方案排序风险。

（4）组合优化和平衡风险。

（5）组合计划风险。

结构风险的例子列举如下：

（1）关键组合干系人可能会反对终止战略一致性差的组件启动方案。

（2）在组件启动方案商业论证中所展示的数据可能是不准确的。

（3）由于乐观与偏见，可能导致做出选择次优项目的决策。

组合交付风险又称为执行风险，这类风险包括，但不限于：

（1）收益实现风险。

（2）干系人争取风险。

风险分类举例
组合组件风险
组织风险
绩效风险
资源风险
财务/预算风险
市场风险
监管风险
数据/信息质量
干系人风险
采购风险
供应链风险
形象与公共关系风险
环境风险
自然因素风险

来源：Project Management Institute, Inc., THE STANDARD FOR PORTFOLIO MANAGEMENT FOURTH EDITION, Published by Project Management Institute, Inc., 2017, P. 94.

图7－2 风险分类举例

（3）财务风险。

（4）治理风险。

（5）资源管理风险。

执行风险的例子列举如下：

（1）面向多个组合组件的通用供应商可能无法履行合同。

（2）当一个高优先级组件需要使用面向多个组合组件的通用关键资源时，该资源可能处于不可用状态（资源的逻辑依赖关系）。

（3）某一高优先级组合组件的全部或部分关键受益人可能强烈反对与其相关的业务变更。

7.5.2 组合风险管理计划

组合风险管理计划是组合管理计划的一个组件。它描述在组合中风险管理活动怎样被组织和执行。它还包括对风险管理指导方针、政策及定义组织风险战略和偏好的程序（包括阈值和置信区间）的引用。组合风险管理计划为治理委员会提供了用于评估组合组件风险的方法。虽然存在组合组件共同的风险管理方法和总的组合管理计划，但是组合风险管理计划不是组合组件风险管理计划的收集或汇总。例如，当接受风险成为组织的一种文化时，组合的风险方法应能够更加容忍风险，并且风险的接受将成为涵盖全部组合组件的共同主题。

组合中的项目集、项目和运营可以有不同的风险管理方法，并且个别项目集、项目和运营经理在风险偏好和风险态度上会存在差别。这些差别不应阻碍对跨越组合风险管理共同主题概念的认可。组合风险管理计划包括对风险管理方针、政策和程序，以及定义组织风险战略、展现组织风险偏好和风险容忍能力阈值的程序的引用。在各种风险管理方法中，有风险如何查看、如何监控的一般性描述。例如，在核电工业中，每个组织依据本地法规和组织过程执行不同的风险管理实践。然而，一个行业中共同的风险管理主题是对核物质导致的威胁采取零容忍的态度。

组合风险管理计划扩展了在组合风险管理框架中表达的愿景。组合风险管理计划概述了用于在组合层级管理风险的过程。然而，组合风险管理计划既不应涵盖项目层级的规定，也不应用于定义如何管理运营风险，运营风险被看作是组合风险的一部分。在组合组件中工作的经理应保持风险计划与组合风险管理框架一致，并且个别组件风险管理计划应支持组合风险管理计划。虽然管理人员对组合组件的关注常常与对组合层级的关注（如时间、影响、作用效果的程度或复杂性）不同，但是每个组件的风险管理计划不能仅仅是面向整个组合风险管理计划的一个子集。

一般情况下，冒险型投资或增长型投资作为不同类型的新投资，由于具有潜在的高回报而具有更大的吸引力，同时也使组织具有更大的延展性，并且一般情况下，有可能面对更大的风险。在不同类型的新投资中，为了最大限度地提高资源投资的回报率，组织会考虑一些高风险的投资。但是，风险管理计划应当阐述面对已知风险，治理委员会应如何行动以平衡投资风险和管理整体预期回报。

组合风险管理计划不断更新标准，从而使组合团队能够评估通过采用一种有效的符合组织风险战略的方式识别出来的风险。组合风险管理计划详细描述哪些风险得到了识别和分析，以及如何制定、管理和沟通这些风险的响应方案。风险管理不是处理单一事件，而是一个持续的过程。组合风险管理计划详细描述了风险管理的过程、节奏和报告。

组合风险管理计划是组合管理计划的子计划，描述在组合中如何结构化和执行风险管理，包括下列内容：

（1）方法论。定义执行组合风险管理可以使用的方法、工具和数据来源。

（2）角色和责任。针对风险管理计划中的各种活动类型，定义每种活动类型的风险所有人、领导人、支持人和团队成员，并阐述他们的责任。

（3）风险测量。定义风险概率和影响的类别及标准、风险概率和影响矩阵的结构、干系人的风险承受能力和风险偏好。

（4）频率。定义在整个组合生命周期中，何时和多久执行风险管理过程，为治理要求建立协议规则，定义风险管理活动并将其纳入组合管理计划。

（5）风险分类。提供一个风险分类结构，通过一个系统识别风险的综合过程确保细节层次一致，并为提高风险识别过程的质量和有效性提供支持。组织可以使用之前准备好的，或者以一种简单分类清单的形式呈现的分类框架。一些风险类别如图 7－2 所示。

制订组合风险管理计划可能导致组合过程资产更新，如组合资金。组合经理还可能建议更新组织过程资产，如风险核对单、新的风险类别或子类别。

有许多制订组合风险计划的方式。组织可以根据自身需求和风险类别（图 7－2）识别不同的风险，也可以根据组合管理的一些特殊情况提出新的风险类别。

为了制订组合风险管理计划，下列因素需要考虑：

（1）组合管理计划。为了制订风险管理计划，组合管理计划提供有关治理模式、绩效管理、沟通、干系人争取的指导。该计划还为开展风险管理、预算、风险管理活动进度计划、风险分类、概率和影响的定义，以及干系人风险承受能力等定义角色和责任。

（2）组合过程资产。作为制订组合风险管理计划输入的组合过程资产包括，但不限于：

① 组合组件清单。

② 组合组件选择标准。

③ 优先排序算法。

④ 组合风险登记册。

⑤ 组合问题登记册。

⑥ 组合绩效测量指标。

⑦ 组合资源。

⑧ 组合预算。

以上来自组合风险的信息可以从历史文件、实际数据和经验教训中获得。

（3）组织过程资产。在制订组合风险管理计划中，用于开展分析的组织过程资产包括，但不限于：

① 愿景和使命说明书。

② 组织的战略和指标。

③ 组织风险承受能力。

④ 经验教训。

（4）事业环境因素。可以影响风险管理计划制订的事业环境因素包括：组织文化和结构、基础设施、组织级项目管理、法律和监管方面的考虑因素、行业要求、市场状况等。商业数据库、学术研究、市场调研和标杆对照等公开发布的信息可以为制订组合风险管理计划提供相关信息。

制订组合风险管理计划需要使用的知识和技能包括，但不限于：

（1）加权排名与评分技术。组合经理与治理委员会使用加权排名与评分技术，评估多个组合和组合整体结构的风险。在制订组合风险管理计划的过程中，排名与评分可用于任何技术和风险细节的管理。排名与评分可以由任何具备专业知识或经过培训的组织或个人提供，并可以从多种来源中获得。值得注意的是，识别和管理风险的过程应嵌入组合管理过程中，而无须作为单独活动分离出来。制订组合风险管理计划需要识别风险管理的相关领域包括，但不限于：

① 组合风险对组织的重要性。

② 风险负责人。

③ 风险承受能力。

④ 风险过程。

排名与评分用于定义开展风险管理活动的高层级计划。风险管理的成本因素和活动进度分别纳入组合组件的预算和进度计划中。可以建立并审查风险应急储备应用方法，并分配风险管理责任。对于特定的项目，需要对组织的通用风险分类和术语定义的模板进行裁剪，如风险等级、不同类型风险发生的概率、不同类型指标带来的影响，以及概率和影响矩阵等。如果这些模板中未包含过程中的某些步骤，则可以通过召开会议的方式予以补充。以上活动的输出应汇总到风险管理计划中。

（2）图形分析方法。在制订组合风险管理计划的过程中，应定义特定的用于测量风险的工具和模型。这些工具包括（但不限于）概率（可能性）和影响（结果）。虽然对概率/可能性和影响/结果进行分级不是一种精确的科学方法，但是图 7 -3 所示的概率和影响矩阵可以使组织能够对其风险进行标准化的观测和评估。

风险概率评估旨在确定每个具体风险发生的可能性。风险影响评估旨在调查风险对一个或多个组合指标的潜在影响，包括被视为威胁的负面影响和被视为机会的正面影响。

对每个已识别出来的风险都要进行概率和影响评估。可以通过与熟悉将要讨论的风险类别的人员进行面谈或举行会议的方式对风险进行评估。来自组合之外

概率	威胁					机会				
0.90	0.05	0.09	0.18	0.36	0.72	0.72	0.36	0.18	0.09	0.05
0.70	0.04	0.07	0.14	0.28	0.56	0.56	0.28	0.14	0.07	0.04
0.50	0.03	0.05	0.10	0.20	0.40	0.40	0.20	0.10	0.05	0.03
0.30	0.02	0.03	0.06	0.12	0.24	0.24	0.12	0.06	0.03	0.02
0.10	0.01	0.01	0.02	0.04	0.08	0.08	0.04	0.02	0.01	0.01
	0.05	0.10	0.20	0.40	0.80	0.80	0.40	0.20	0.10	0.05

对指标(如成本、时间、范围或质量)的影响(比值)

高风险　　一般风险　　低风险

注：按发生概率核对指标的影响，对每个风险进行评级。在矩阵中显示组织对低风险、一般风险和高风险所设定的阈值。根据这些阈值，确定哪些风险被评定为高风险、一般风险或低风险。

来源：Project Management Institute, Inc. , THE STANDARD FOR PORTFOLIO MANAGEMENT THIRD EDITION, Published by Project Management Institute, Inc. , 2013, P. 126.

图 7-3　概率和影响矩阵

的组合经理人员或掌握专门知识的个人也应被邀请参加。由于组织数据库中关于以往组合、项目集和项目的风险信息可能不够充分，邀请专家进行判断是必要的。

在面谈和会议期间，每个风险的概率级别及其对每个指标的影响应得到评估。一些说明性细节，包括确定级别分配所依据的假设条件等，应予以记录。风险的概率和影响应按照风险管理计划中的定义予以定级。明显具有低级别概率和影响的风险，无须保留作为继续处理的对象，而将其纳入一般监控类别（观察清单）。

① 重要性。定义哪一种类型或类别比其他的更重要。

② 时机。定义何时某些风险或风险类型会产生更大的影响。

③ 依赖性。处理风险之间的联系或风险类型之间的联系。

④ 置信区间。定义风险和绩效测量的置信水平。

⑤ 风险优先排序列表。定义在组合列表中风险如何被列出和优先排序。

（3）定量和定性分析。在制订组合风险管理计划的过程中，有一些特定的工具和过程被用于分析趋势、平衡组合和管理投资选择方案。这些工具和过程包括，但不限于：

① 现状和趋势分析。用于比较当前绩效数据和近期趋势，比较组合中的趋势变化。

② 再平衡方法。当组合偏离战略或者为了更好地平衡风险时，使用该方法对组合进行重新分配。

③ 投资选择工具。包括：

a）权衡分析。用于确定一个或多个组合因素变化带来的影响。

b）市场回报的可变性。该可变性集中体现在定价和销售预测上，它依赖于多个市场因素，即一个或多个市场因素的改变可能会对组合自身或组合战略带来的影响。

c）预算的可变性。用于确定组合预算发生变更带来的影响。

d）绩效的可变性。用于分析组合绩效。

e）市场需求的可变性。用于分析与组合关联的市场需求的变化。

f）入市时间的可变性。用于确定组合敏捷性带来的影响。

④ 组合风险承担图表。这类图表提供以下信息：

a）组合产出成果概率分析。组合经理依据成功标准评估潜在的组合产出成果，并列出相关绩效指标的可能价值。该项输出通常用累计成本分布图来表示（图 7－4）。组件经理可以根据干系人风险承受能力，利用该图来设定实际目标。

b）组合指标实现概率。组合经理可以使用前述模型技术，评估在现行计划下实现特定指标的概率。图 7－4 中的曲线代表实现某一成本指标的累计概率。例如，在图 7－4 中，组合成本控制在 41000 美元以内的概率只有 12%，而在 50000 美元预测之内的概率有 75%。

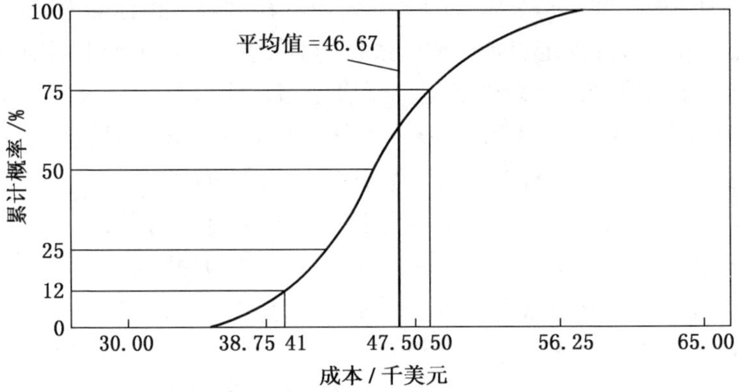

来源：Project Management Institute, Inc. , THE STANDARD FOR PORTFOLIO MANAGEMENT THIRD EDITION, Published by Project Management Institute, Inc. , 2013, P. 128.

图 7－4　给定时间段内组合累计成本分布

8 组合执行阶段

组合执行阶段的主要目标是：

（1）引导组合中全部组件的交付。

（2）主动管理和解决组合及其组件之间（相互依赖）和之中的风险和问题。

（3）引导组合和组件的沟通（包括各层级的状态报告）。

（4）按照需求（监控）重新排序或变更子组合。

（5）依据组件的交付，监控潜在的收益实现。

（6）管理受限于组合的组合资产和资源。

组合执行阶段的实施，涵盖各种组件和运营，应通过定期状态报告和审查在计划期间制订的组件绩效测量标准，报告组合的健康情况。应依据组织的持续需求，审查所建议的变更。组织环境中的变更可能导致组件的重新排序或引进新的组件进入组合。应依据计划外的关键需求（内部的或外部的），以及用概念、试点或可行性研究作为证明材料的正面产出成果，对新组件进行审查。

8.1 管理战略一致性

管理战略一致性能够使组合经理对组织战略的变化做出响应，并增强对重要的影响组合计划和管理的战略变更予以接受或采取措施的能力。

当战略发生改变时，当前的状态应当与未来的状态（可以通过推演或递增的方式导出）进行比较。二者之间的偏差可能会导致资源重新分配或支持战略变更的组合组件构成方案的调整。组合发生变更是一种正常情况，并且基于变更的重要程度，组合文档可能需要修改以保证与战略持续一致。这种重复发生的适应型改变可以与项目管理中所要求的渐进明细形成对照。这是一个一致性过程，用于识别当前与未来状态的偏差并分析战略变更和资源（人员、过程、资产/技术）变更的影响和响应方案。

需要分析战略指标和目标，以便确定组合结构的哪一部分将解决具体的战略目标问题。需要对当前进行中的组合或工作清单进行分析，以确定哪些工作或组件将继续或关闭，哪些组件将增加。所采用的技术包括战略变更的驱动因素分析，以便确定组件启动方案对战略指标的预期贡献，并确定考虑了财务、资源、知识和风险等约束条件后的收益和可测量的贡献。

管理战略一致性的方法可以分为：

（1）自上而下的方法：

战略桶模型：

①协助做出如何支出的决定。

②一个战略桶就是一笔封装的资金或为一组特殊领域的组件启动方案预留的资金，用于组织战略的支持。

③它专注于资源或资金的分配。

（2）自下而上的方法：

① 选择模型和加权评分模型：

a）协助做出如何选择组件启动方案的决策。

b）加权评分模型使用从组合发起组织的战略中导出的加权标准。

c）每个组件启动方案都要经过多层级的选择。

② 战略一致性矩阵：

a）协助做出如何选择组件启动方案的决策。

b）特别协助评估每个组件启动方案的战略匹配度。

（3）混合方法：

① 自上而下和自下而上方法的结合。

② 通过多次迭代的方式，将自上而下和自下而上两类方法结合起来。

许多组织在战略规划中，通常会为类别（如战略主题）的最顶层定义投资分配百分比。这些投资分配的百分比在组织的战略计划中定义，并在组合定义期间得到引用。分配给个别战略业务部门或类别的最顶层的投资百分比通常由组织的高层管理人员来定义。然后，每个战略业务部门的领导团队，负责定义如何将已分配给战略业务部门的投资，再分配给该战略业务部门内的不同类别（不同组合）的组件启动方案。为了实现每类（组合）组件启动方案的投资分配百分比，领导团队还可以依据一些标准，使用评分模型或其他适当的对组件启动方案类别进行排序的排序技术，然后规范化加权评分，从而将评分转换为投资分配百分比。针对每个组件启动方案类别的投资分配百分比将作为组合预算的约束条件，将会对组合优化过程产生重要影响。投资分配百分比（预算约束条件）不仅是预算的约束条件，而且还被视为组合优化的约束条件之一。其他适用于组合的约束条件也必须要考虑。每个组件启动方案类别的实际支出应与投资分配百分比（目标层级）保持一致。

不同的组织使用不同的方法决定每个战略桶的规模。组织应使用下列方法或下列方法的组合。最好的方法是边干边学，并基于所学到的知识对战略桶的规模进行微调：

（1）为每个战略桶的预测规模分配一个百分比。

（2）依据上一年的预算结果进行适当增减。

（3）每一年都对已经成功的或预计未来会成功的战略桶增加投入，对不成功的或预计未来不会成功的战略桶减少投入。

8.1.1 对管理战略变更的考虑

在管理战略变更中，干系人分析很关键，因为它可以帮助确保连续性，并与关键干系人对战略变更和组合一致性结果的期望保持一致。该变更还可以导致新干系人的识别和当前干系人的移除。该项被用于分析干系人的期望和需求的技术可以包括与高级管理干系人的面谈和分析战略变更的需求和预期。这可以包括通过个人或小组识别干系人、确定期望和需求、演变条件、新识别出的痛点及问题或意图、变更影响、问题、风险承受能力、外部治理和规则（如环境规则）的改变及其他关注。

偏差分析是将当前的组合构成方案与面向新战略方向和未来组织愿景的组件进行比较。该分析确定偏差和所需组合构成方案的变更，以便组件能够被增加、改变或终止。

准备情况评估是评估组织执行必要步骤以填补组合当前状态与未来状态的偏差的能力。为了开展变更，该评估确定是否、何时、怎样去执行变更，并指出任何尚未解决但需要解决的需求。

8.1.2 管理战略变更

相关战略的变更可能对组合及其组件和/或基本原则产生有限的或深远的影响。这些影响包括但不限于下列内容：

（1）当未来的战略变更被确定时，更新组合战略计划并修订需求。组合战略计划的各个部分可能需要变更以反映组织战略的变化，如优先级模型、收益、假设条件、约束条件、依赖关系和风险。

（2）当未来的战略变更被确定时，更新和修订组合章程。章程中的组合结构可能需要改变以反映新的战略指标及关键的或主要的干系人及其沟通需求。

（3）当一个战略变更被确定时，组合组件可能被增加、修改、延迟或结束，以便能够与新战略保持一致。

（4）基于战略变更的影响，并考虑新的未来的愿景和组合组件、进度表和依赖关系的最终变更，更新组合路线图。

（5）由于战略变更可能导致的管理方式、优先级、组织结构和组合管理计划其他方面的改变，可能需要更新组合管理计划。作为对干系人、偏差和准备情况评估的结果，干系人争取、沟通管理、绩效和风险方面的内容可能需要更新。

（6）当战略变更影响组合计划和过程时，需要更新组合过程资产。这些资产包括先前与组合相关的人员、过程和技术的战略变更、绩效测量指标、风险管理和经验教训数据库的可用信息。

（7）如果得到承诺，可能需要更新组合资金结构/财务管理计划。

（8）获取和整合组织的成熟度特征以促进变更成功。

当改变战略时，必须对当前状态与期望状态（可以通过推演或递增的方式导出）进行比较。二者之间的偏差可能会导致资源的重新分配或支持战略变更的组合组件构成方案的调整。组合发生变更是一种正常情况，并且基于变更的重要程度，组合文档可能需要修改以保证与战略的持续一致。这种重复发生的适应型改变可以与项目管理中所要求的渐进明细形成对照。这是一个一致性过程，用于识别当前状态与未来状态的偏差并分析战略变更和资源（人员、过程、资产/技术）变更的影响和响应方案。用来计划并执行战略变更的工具是组合战略计划和组合管理计划。

为了管理战略变更，下列因素需要考虑：

（1）组合战略计划。当管理战略变更时，要理解战略计划，从而确保能够将组织领域中具有高战略价值的正确组件纳入组合中。由于新的战略方向，在组合变更前和变更中需要考虑高层管理人员和关键干系人的预期和沟通需求。

（2）组合章程。当管理战略变更时，如果适用，应该审查首次制定的或经过修订的组合章程，以确保组合章程与组合保持一致并能够按照需求更新。

（3）组合。组合是实现预期愿景的手段。应对当前的组合组件清单进行审查和评估，以确定所要求的对组件构成方案的变更，并保持组合组件清单与战略方向一致。

（4）组合路线图。组合路线图采用按照时间顺序来展示组合管理执行的方式，提供高层级的战略方法，并确保组合内部的依赖关系得到建立和评估。这是能够开展组合管理并展示从当前状态到期望状态的基本构件。审查或更新组合路线图，确保组合路线图能够与战略方向的变更保持一致。

（5）组合管理计划。组合管理计划通过采用开发、维护和控制组合及其组件的形式和经过规划的标准来提供对组合的监督。该计划记录了管理组合及其组件的预期方法，以便能够满足组织的战略和指标。在管理战略变更的过程中，对组合管理计划应当进行再评估，如有必要，对其进行更新，以确保基于最新战略的使命成功执行。

（6）组合过程资产。当管理战略变更时，组合经理参照并依托组合计划、政策、程序和指导方针。这些资产的例子包括分析和评估的工具和模板。

管理战略变更需要使用的知识和技能包括，但不限于：

（1）干系人分析。干系人分析对管理战略变更至关重要，因为它有助于确保连续性，并使干系人的期望与不断变化的战略及由此产生的组合调整保持一致。这个常用于分析干系人对战略变更的需求和期望的技术，可以包括与高层管理干系人面谈和分析战略变更的需求和期望。这可以包括：识别干系人或干系人组，明确预期、演变条件、新发现的痛点、问题或期望、变更影响、风险承受能力和关注点。

（2）偏差分析。偏差分析用来开展当前的组合构成方案及组件与新战略方向，以及未来组织愿景的比较。这对于妥善管理战略变更是必不可少的。这个分析用来确定偏差和组合构成方案中的变更需求，以便能够做出增加、改变或终止组件的决策。

（3）准备情况评估。准备情况评估用来评估应怎样做好准备，通过执行必要的步骤，实现从“当前”组合状态到“未来”组合状态的过渡。这个评估确定是否、何时、为什么和怎样执行变更，找出任何需要解决但还没有解决的需求，以便对变更施加影响。

8.2 管理供应与需求

管理供应与需求涉及对组合组件的分析和资源分配，以便平衡供应与需求。开展总体供应与需求的一致性管理，首先要进行一个全面分析，以便对组合组件的资源分配提供支持。该分析提供了一个在组合项目选择、授权和拨款期间用于资源分配的关键决策框架。供应和需求预测为所需的能力和技能资质分析提供了基础信息。能力和技能资质分析是研究资源能力（如技能和证书），将它们与组合组件的指标和目标匹配，并将技能资质转变为能够满足组合需求的能力的基础。

8.2.1 组合资源管理的概念

在组合资源管理背景下的“资源”涵盖了人力资源、IT 和非 IT 设备、工具、物理设施和资金（如财务资源）。一些组织将设备、设施等非人力资源称为资产。虽然全部类型的资源都可以进行管理，但是为了使资源能够有效，组合资源管理应专注于“有限的或受约束”的资源（也称为“鼓”资源）。例如，它主要应用于受约束的资源业务环境。由于资源代表了开展业务的主要（如果不能称为最重要）成本，有效的资源管理对于大多数组织来说都是非常重要的。作为结果之一，最大化对资源的投资回报对于实现战略经营和财务的目标很关键。

组合资源管理是一组应用实践，这组实践确保当前的和未来的组合组件在需要时能够配置到足够的资源（包括掌握正确技能的人力资源），确保这些资源被尽可能高效地使用，从而尽可能地避免能力未被利用及需求未被满足情况的发生。组合资源管理有助于解决下列问题：

(1) 特定的资源能够做什么?

(2) 为什么推动一个新项目如此困难?

(3) 为什么这些资源总是被超额预定? 能控制分配资源的过程吗?

(4) 在未来的3个月里，具备足够的可用能力来推进重要的新项目吗?

(5) 具有正确的技能组合来满足项目需求吗?

(6) 在本月，这些项目所需的这组资源的成本是多少?

(7) 怎样降低正在进行中的工作的优先级，以便为新的工作腾出空间?

(8) 能在这个周期预留出这个关键资源吗? 这确实很重要。

组合资源管理应当是一个“整合的和持续的”过程。所谓“整合的”是指在任何时间，全部3个层级（战略、战术、运营）的资源管理一定要彼此保持一致。所谓“持续的”是指由于组织战略在变化，组合资源管理一定要贯穿组合的整个生命周期。

8.2.2 供应和需求分析

执行供应和需求分析是为了理解人力、财务、资产和知识资本的能力和技能资质，以便能够选择、拨款和执行组合组件。技能资质是一个具体的技能，能使组织执行组件和交付成果。能力和技能资质分析，促进资源分配决策标准的制定，包括场景分析、定量与定性分析和风险分析。

在供应与需求分析之后，组织可以根据组合的驱动因素，采取适当的行动。当需求是主要的驱动因素时，组织需要调整资源供给（通过临时的和永久的资源）。当资源供应相对确定时，组织需要依据有效资源和项目优先级，管理项目需求，排序项目工作。许多情况下，组织要调整资源供应和管理项目需求。

建立企业资源池是一项非常耗时的工作。然而，不必在启动组合生命周期管理过程之前就建立好一个完整和准确的资源池。提早启动这项工作是因为它有可能帮助识别资源池中的偏差和不一致性。通过使用组合管理工具，包括建立一个资源池，组合管理人员能够有效和高效地执行资源管理任务，管理好与资源相关并相互依赖的数据。要建立一个能够存储全部与组织资源信息相关的数据仓库，因为这样的数据仓库可以使决策者能够对组织资源的可用性有一个直观的了解。组合管理办公室确认用于识别资源的职能等级（组织分解结构），并与职能经理及组合管理团队配合，适当地将这些资源分配给所建议的项目工作。组织分解结构的使用引入了一个负责资源有效性和技能的通用组织方法。资源池包含作为储备未来能力的一般性资源，这一未来能力代表因雇佣更多的员工资源或获得满足未来需求的承包商而导致的已知员工人数的增加。多数情况下，资源池经理可以使用已命名的资源来替换一般性资源。

资源池通常由组合管理办公室通过与职能经理及组合管理团队的紧密合作来创建。基于下列理由，获得职能经理提供的信息是很有必要的：

（1）通常情况下，组织为非项目工作从“顶部”预留出一部分固定能力。这部分固定能力是由职能经理在为项目确认每一资源是否有效的过程中确定的（通过个别资源的确认来为项目获得有效资源是一个良好实践）。

（2）如果存在多个组合，职能经理可以同时为多个组合提供支持。

从职能经理获得的实践为组合管理团队提供了资源有效性的真实情况，有助于避免资源的过度分配。组合管理办公室成员一定要努力与全部职能经理建立信任和有效的工作关系。如果缺乏信任，职能经理由于害怕失去对资源分配的控制而保留与资源相关的信息，这可能会严重损害组合管理的过程。

组合管理办公室和组合管理团队一定要确保全部职能经理对“项目工作”和“非项目工作”有一个共同的理解，并且还要与组织的组合管理框架中定义这些术语的方式保持一致。组合管理办公室一定要通过比较资源池与组织分解结构，确保二者完全一致。特别是，下列问题一定要予以检查：

（1）资源池中是否存在不属于组织分解结构中的任何类别的资源。

（2）在组织分解结构中是否存在尚未获得任何资源的类别。

对资源池的创建提出如下建议：

（1）为了避免发生对资源过细的微观管理，不要将资源映射到组织分解结构中层级过低的类别上。

（2）在组合中排除非项目工作（一些组织可能因为某些原因将其纳入组合），并为非项目工作相应地从组合资源中减去一个固定部分。

组合管理办公室在组合管理团队的配合下，一定要同相应的干系人一起定期审查下列内容并进行相应的更新（如果有必要）：

（1）组织分解结构。因为组织结构，特别是动态业务环境可能发生变化，应对组织分解结构进行审查。由于组织分解结构与资源池相互紧密地交织在一起，组织分解结构的变化将会直接影响资源核算。

（2）非项目时间。既然组织业务环境的改变可能会导致非项目工作量改变，进而导致面向项目工作的有效资源改变，就应对面向项目工作的有效资源进行审查。

（3）组织资源约束条件。基于企业资源池及扩展资源池的组织能力，特别是“鼓”资源，应定义一个特定时间周期（通常为半年）的组织资源约束条件。这些资源约束条件是组织优化活动的关键输入。

组织约束条件，包括资源约束条件，可能会随时间发生变化，所以一定要定期得到组合治理委员会的审查。

供应分析的难题之一是如何定义供应。它是“身体”的数量，还是这些“身体”中的“心、手和大脑”？如果有100位项目经理，但只有其中80位具有管理工作所要求的技能，供应的是80位还是100位项目经理呢？实际上，两个答案都是对的。供应分析一定要同时考虑有效资源的数量和能力。一定要站在资源数量之上看问题，要通过人力资源部门开展的能力评估来评估有效资源掌握技能的程度（如作为组织技能和开发框架的一部分，每个角色的技能等级——1级、2级、3级等）。组合资源管理活动一定要在人力资源部门的紧密配合下进行，以便它们能够很好地与组织的人力资源方针和战略保持一致。

企业或组合资源池代表了组合资源供应，组合资源进度代表了组合资源需求。资源需求预测（类似于评估）通常会在以下两个层级上执行：

（1）在初始高层级。基于单个组件启动方案的轻量级商业论证。

（2）在一个细化层级。基于组件启动方案的计划可交付成果，当这些启动方案获得批准时。

不管是现有的组件启动方案，还是建议的组件启动方案，对资源需求一定要进行预测。准确和及时的资源预测是组合管理的关键组成部分。不准确的资源预测通常会导致供应在满足需求方面不能达到平衡。在组件启动方案层级的资源需求预测是否准确对合理进行资源分配很关键。

如果对单个组合组件启动方案的预测不能够做到准确和一致，资源预测将无法服务目标。因此，建议开展下列实践：

（1）为了在全部组合中进行统一的资源预测，组合管理办公室应开发和推行组织资源预测的标准和模板（记录在组合管理框架中）。

（2）预测标准包括解决各种预测偏见的方法（如过于乐观的偏见）。这有助于提高准确性。

（3）预测标准包括从单个项目的后实施审查中总结的经验教训。这有助于提高准确性。

（4）基于商业论证制订的组合资源初始资源进度计划，通过整合各种计划（特别是单个组合组件的资源进度计划），得到更新。

（5）提供关键的及预测的假设和支持数据。这有助于核实预测、识别已做出的错误假设，从而有助于提高准确性。

（6）为了确认预测的准确性，通过项目或项目集发起人对预测进行核实。这样做还可以确认他们对项目/项目集工作的承诺。

一旦预测数据得到项目或项目集发起人的确认，项目或项目集经理负责将这些数据输入项目管理资源池，以便总体资源需求能够与供应相协调。组合构成方案的改变及组合组件计划的偏差极有可能对组合资源需求产生影响。组合资源进度计划（汇总的预测）一定要定期进行审查和更新，这一审查和更新至少要在组合层级的审查或每个组件的阶段关口审查期间进行。这将有助于提高预测的准确性。

由于所需的各种资源信息的不确定性，在组合管理过程生命周期的初始执行期间，组合管理团队非常有可能需要从项目和项目集经理那里获取大量的、详细的、高层级的信息。组合管理团队一定要审查所需求的信息，并随时排除对组合决策没有价值的过于拘泥细节的内容。组合管理团队一定要向项目和项目集经理说明他们所提供的信息如何被用于有效的决策。这将有助于降低项目和项目集经理在提供所需数据时存在抵触情绪的概率。

要记住，在具体的组件启动方案尚未被选入最终的组合之前，资源并未分配给任何组件启动方案。在组合优化期间，在进行场景内分析的过程中，具体的组件启动方案被选入不同的组合选择方案中。此时，每一个组合选择方案的资源需求（基于被选入组件启动方案的资源需求）与每一个组合选择方案的资源供应相匹配，以便分析其中的偏差。这样来引导最终组合的选择。组合管理团队一定要求负责提交资源预测的项目和项目集经理此时不要对他们的团队成员做出任何承诺，这是因为可能会有一些项目或项目集因未提交预测而尚未被选入最终的组合中。这样可以避免因未满足期望而导致失望情况的发生。

通过使用组合管理工具将资源池和组合资源进度计划进行合并，并生成一个需求—供给偏差的初步报告，以供组合管理团队在组合管理办公室的支持下进行初步分析。在使用组合管理工具的过程中，企业资源池得以首次建立。当项目和项目集经理使用这些工具建立他们的初步进度计划时，这些工具应允许他们仅从企业资源池中分配资源。这使得组合管理办公室和组合管理团队很容易看到组合层级的资源过度分配或分配不足的问题，这些问题对于处于组件层级的项目或项目集经理来说是难以察觉的。组合管理办公室和组合管理团队共同负责数据采集、汇总和分析过程的持续改进。

当由于能力或技能资质的原因预测到供应不足时，称为需求—供应偏差。组合管理团队在组合管理办公室的支持下，向组合治理委员会提出解决这些偏差问题的建议；组合治理委员会根据分析对这些建议进行审查和批准。

下面是一些解决偏差问题的策略：

（1）供应方策略：

① 计划的招聘或收购。

② 与外部机构谈判基于合同的或租赁的全职或兼职资源。

③ 培训或交换技能。

④ 员工挽留（降低消耗率，特别是对受限的资源）。

⑤ 继任计划。

（2）需求方策略：

① 一个或多个组合组件的交付计划调整，以便将需求扁平化（包括资源平衡或资源平滑）。

② 缩小（减少）一个或多个组合组件的范围，以便减少绝对资源需求。

③ 延迟或终止一个或多个低优先级组合组件。

组合治理委员会不能有效地做出有关执行需求方策略的决策，除非每一个基于组合总体价值的决策的后果都已经得到充分了解。组合经理协同组合管理办公室通过敏感性分析或场景分析，对这些决策提供支持。当然，进行敏感性分析及场景分析的结果只能提供决策支持，而最终决策只能由决策者做出。一旦一个或多个偏差解决策略被组合治理委员会批准，组合构成及全部相关构件必须要进行相应的修订。

由组合管理团队建议的资源偏差解决策略应由组合治理委员会批准，并应在组合优化过程中得到考虑。经过组合治理委员会批准的资源偏差解决策略应得到落实。资源偏差解决策略应纳入“能力管理计划”，该计划是组合资源管理计划的一个关键部分。能力规划是一个持续评估组织资源和绩效的过程，以确定组织的生产工作能力。它贯穿于组合资源管理的整个生命周期。

8.2.3 供应与需求管理

组件排序列表、决策标准、能力和技能资质分析共同促进有效资源的分配，以便针对组合需求对供应进行平衡。所需的组合资源应按照每个组件启动方案的商业论证或计划，以及反映需求的汇总资源和技能资质清单进行识别。然后，这种需求应映射到当前的组织资源，包括资金、其他有形和无形资产，以及关键人力资源，如项目集和项目经理、主题专家等。一个资源分配的主进度计划对制订统一的组合资源需求计划是必要的。

在组合管理层级，供应与需求的概念与项目集和项目层级相比，有着更加广泛的含义。管理供应与需求的目标是确保组织能够针对资源需求和要求，基于组织的战略目标和相关的组合形成最优的资源分配能力。组织应分配资源以便最小化能力供应不足或供应过度（图 8－1）。为获得理想的产出成果，需要坚持不懈地反复进行资源管理和持续进行过程优化。

这些有着组合和组合综合价值输出的需求或资源的平衡通常称为能力平衡。在整个过程中，在组合层级预测供应和需求，以及制订短期和长期计划对平衡组合能力始终都是很关键的。

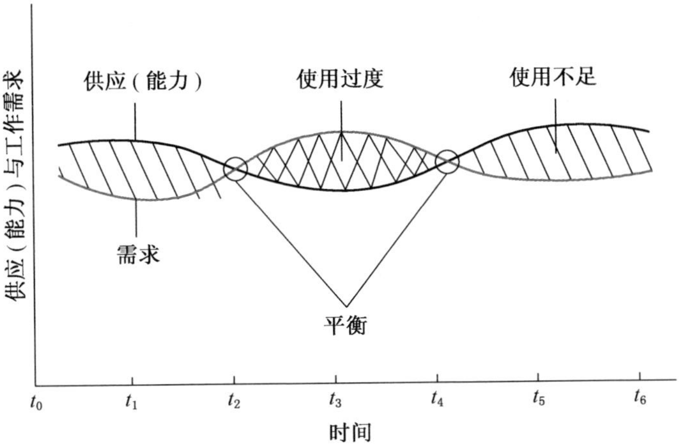

来源：Project Management Institute，Inc.，THE STANDARD FOR PORTFOLIO MANAGEMENT FOURTH EDITION，Published by Project Management Institute，Inc.，2017，P. 56.

图 8-1 供应（能力）与需求的关系

组合资源总是有限的，所以需要采用适当的方法持续地审查和平衡供应与需求。一些组织假设资源是无限的，并且资源能够通过各种渠道购买以满足任何需求。这些组织是典型的项目型组织。另一些组织假设资源是有限的，资源在一定可变范围内是有效的。这些组织大多是职能型或矩阵型组织。在职能型或矩阵型组织中，人力资源通常同时用于项目工作和运营工作。运营工作中的职能部门影响组合管理工作资源的有效性。这就是为什么除了项目集和项目以外，关键运营（或相关变更）也应包括在组合中的主要原因之一。

在资源供应的类型之间存在一些很复杂的关系。即使一些人力资源的培训、背景和经验是类似的，他们的技能资质和工作效率也可能极不相同。劳动效率会基于技能、经验、行业、组织结构和资源的物理位置而发生变化。劳动资源的使用可以通过聘用方式或合作方式获得。设备和物理资产的使用可以通过购买、租借、租赁等方式获得，可以采用本地方式或远程方式。

每个组织都有资源瓶颈，即存在许多项目都需要但又是短缺的技能。瓶颈资源通常是熟悉业务过程和技术或职能知识并有能力解释业务需求和评估变更影响的关键人力资源。由于他们及只有他们才具有的特殊组织知识的缺乏，很难聘请到掌握这些技能的人或与其签订合作协议。特殊的设备和设施同样可能成为瓶颈资源。这些资源的需求需要得到持续的管理以便避免因资源挑战导致的低下组合绩效。困难在于，在详细计划制订前生命周期的任何一点，如何准确地确定涵盖项目集、项目和运营的组合需求。当组合组件被选择并且计划被制订时，有关资源需求的新信息才刚刚被了解。

为了最大化使用资源，组织承诺基于活跃组件的预计结束日期将资源授权给组合组件（通常称为“软预定”）。意外的延迟或组合组件之间未识别到的依赖关系可能导致当需要时资源却不可用的情况发生。

当组合组件被批准获得资金并进行资源分配时，应考虑战略意图和组合组件的预测价值或收益。当组合组件被批准并获得资金时，有着较高预期收益和较强战略意图的组合组件应在资源分配中获得较高的优先级。

除了理解战略意图和从资源分配中获益，组织风险偏好同样需要考虑，以保证风险和机会能够得到适当平衡，以便优化组合价值。

在组合执行期间，资源瓶颈和约束条件应持续地进行识别和监控，并且对资源平衡和瓶颈的适当策略应能及时得到执行，以便最小化对组合绩效的负面影响。

在整体组合层级上，在供应和需求之间开展平衡优化的过程中，为了组合调整和航线修正，在组合执行期间，需要对以满足组合需求为目的而进行的资源分配持续地进行审查和分析，以便确定预期组合价值能够得到保障和最大化。对项目集和项目变更要求的批准应考虑对组合层级资源管理的影响（对组合的其他组件）。

管理供应与需求，可以对组合及其组件产生下列影响：

（1）作为供给与需求分析的结果，组合资源分配和进度计划可能会得到更新。基于资源的技能资质，可以向治理委员会提出针对组合组件构成方案进行变更的建议。

（2）组合管理计划包括制订资源管理计划的方法。在管理供应与需求中完成的分析，可能会导致在组合管理计划中更新资源管理策略建议。

（3）管理供应与需求所产生的资源利用和资源效率报告指出资源能力与资源需求是否实现最优匹配，并凸显需要调整的领域。该报告利用燃尽或燃耗图表、漏斗图、气泡图、柱状图和其他类型的图表显示组合对总体预算、战略计划和其他属性的执行情况。所产生的其他组合报告可以展示备选场景资源决策的效果。目标是将正确的资源在正确的时间分配给正确的组合组件。上述组合报告帮助治理委员会做出完善的资源决策，从而更好地实现组织指标。

为了管理供应与需求，下列因素需要考虑：

（1）组合。进行中的和计划好的组合组件代表了资源的要求和需求。应利用资源池或能力平衡这些需求，以决定如何最好地利用有限的资源满足组合的需要。按优先级对组件进行排序有助于指导资源分配。

（2）组合管理计划。组合管理计划定义如何执行、监控和控制组合以实现组织的战略和指标。该计划为报告风险、与组合管理团队沟通、争取干系人、建议组合组件变更（如由于资源或其他元素等约束条件导致的延迟）等提供高层级的指导方针。

（3）组合报告。组合报告用来分析和管理供应和需求，并包括资源使用报告、假期安排、与任何设备或软件交付和/或可用性相关的报告，以及显示资金更新的财务报告。

管理供应与需求需要使用的知识和技能包括，但不限于：

（1）情景分析。情景分析对于确定资源分配的各种可能性及其对组件进度计划的影响是必要的。该分析可以用来确定如果人力、财务和设备资金被增加或减少，或者受限资源无法按计划使用时会发生什么。这种类型的分析对确定组织是否准备好应对需求变更或资源供应变更很重要。组织需要定位自己，以对组织影响最小的方式来接受这些变更。

资源管理工具也适用于面向资源使用的备选情景建模，以便满足组合组件优先排序的需求。

（2）定量和定性分析。定量和定性分析包括研究资源需求的各种方法，以便确定在能力和约束条件下如何最好地分配资源。当识别出资源瓶颈或资源停用时间时，可以使用资源平衡或项目排序等技术。如果需要，可以使用资源平衡技术，通过管理瓶颈区域和沟通进度表延迟等方法，来平滑绩效层级。当资源平衡产生的结果不足以解决问题时，应同治理委员会就变更建议、更多资源需求和信息更新等进行沟通。

通过采用全职人力工时（FTEs），并通过确定每个组件需要分配多少小时，由定性分析、依赖关系分析、资源进度计划审查及为改进能力而开展变更所产生的结果能够得到量化。

通过使用历史数据开展趋势分析，从而确定是否存在资源需求一直被低估或高估的问题，是否存在资源一直高于或低于预期绩效的问题，是否需要对资源进行重新调整。

完成上述分析后，组织可以依据组合驱动因素采取适当的行动。当需求成为主要的驱动因素时，组织需要调整资源供应（通过临时的和永久性的资源）。当资源供应相对固定时，组织需要根据资源的可用性和项目的优先级来管理项目需求和项目排序工作。多数情况下，组织既会调整资源供给，也会管理项目需求。

（3）技能资质和能力分析。该分析研究资源的技能资质（如技能和认证），将这些技能资质与组合的指标和目标进行匹配，并将这些技能资质转化为有可能满足组合需求的能力。

8.3 案例：ABC 化工公司战略性资源部署①

ABC 化工公司是一家大型跨国化工企业，下设许多大型分公司。其中，L&P 分公司相当于一个独立的公司，有自己的研发实验室、营销部等。L&P 分公司的 4 个业务群分别负责各自的行业市场（分区 A、B、C 和 D）。

L&P 分公司的传统做法是，根据各业务群提出的项目，以及它们上一年获得资金的情况，将用于新产品开发的项目资源划分给 4 个业务群。这逐渐变成了一种政治性的流程，因为没有比这更简单清晰的决策程序了。L&P 分公司的经理们确信如果对资源分配做战略性评估，那么对项目资源的划分将会与现状大不相同。

ABC 化工公司按以下类别对产品开发项目进行划分：基础研究型、新产品型、产品改进型（包括为响应客户需求而进行的变更）、产品维持型及过程开发型项目。然而都没有通过战略举措对这 5 种类型的项目进行优化。此外，L&P 分公司管理层确信，产品改进和产品维持两种类型的项目消耗了 L&P 分公司太多的有限资源。

L&P 分公司的高级经理认识到，在进行组合资源分配之前，他们必须要有一个含有明确目标及其实现策略的经营战略。L&P 分公司的管理人员已经通过一项战略运作明确了新产品在经营战略中的作用，并制定了分公司的产品创新和技术战略。这一战略给出了分公司的新产品目标，明确了分公司新产品开发工作（市场、产品类型和技术）的具体战略重点领域，以及它们的相对优先级。

8.3.1 审查当前组合

在 L&P 分公司，该分公司及其 4 个业务群的高层管理人员举行了会议，开始组合组件启动方案的资源分配工作。他们首先审查图 8 - 2 中的饼状，发现的主要问题是对“当今”项目（改进型和维持型）的资源投入比例过大，约占总体资源的 35%，但用于扩大业务的资源却不足。虽然业务群 A 的业务规模最大，得到的开发支持最多，但是其也处于一个增长潜力有限、新机会不多的过于成熟的市场。

---

① 来源：R. G. Cooper，S. J. Edgett And E. J. Kleinschmidt，PORTFOLIO MANAGEMENT FOR NEW PRODUCTS SECOND EDITION，Published by Basic Books，A Member of the Perseus Books Group，2001，PP. 251 - 265.

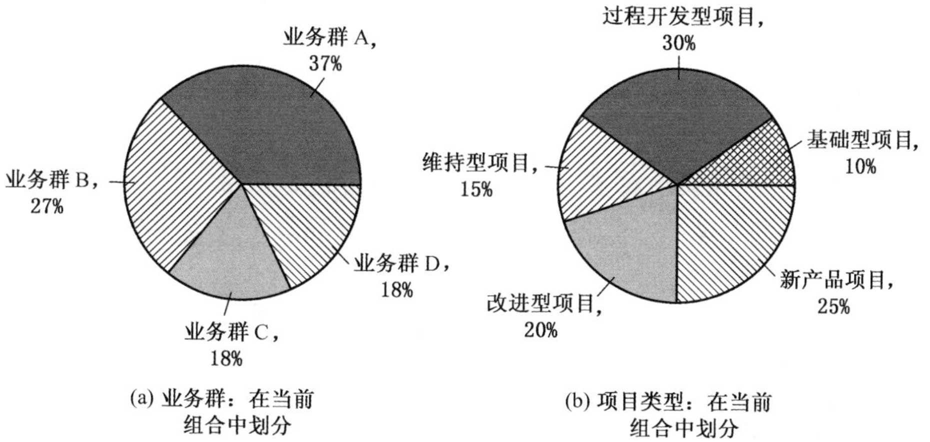

图 8－2 L&P 分公司现状

8.3.2 审查战略映射图

在战略映射图制作过程中，每个业务领域都是根据两个战略维度来分级的（图 8－3）：

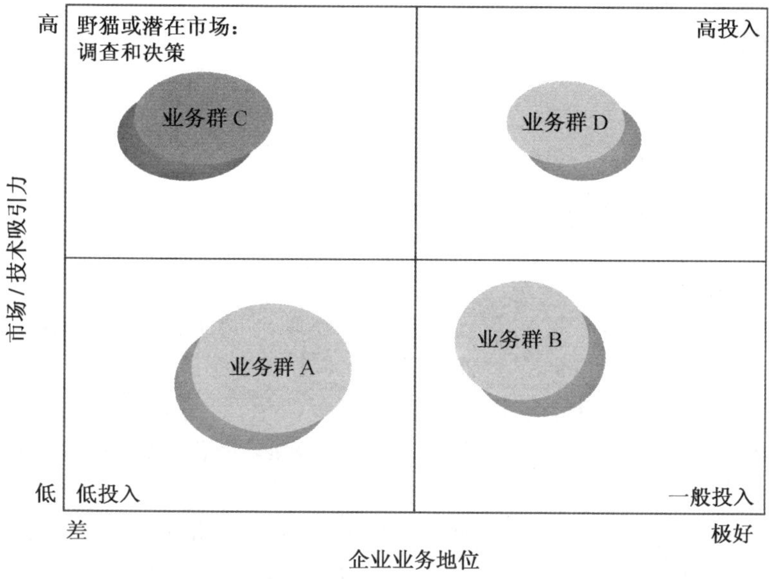

图 8－3 L&P 分公司的战略映射图

（1）市场/技术吸引力。

（2）业务实力。

这种两维度的战略映射图改编自通用电气——麦肯锡公司的战略图。

（1）市场/技术吸引力属于外部测量标准，有助于发现每个业务领域具有怎样的市场吸引力及市场中有哪些新产品或技术开发机会。

（2）业务实力属于内部测量标准，有助于发现每个业务群具有怎样的实力——它有能力抓住机会吗?

这两个维度是由一些子问题或战略测量标准来确定的。

1. 市场技术吸引力

（1）市场吸引力：

① 市场规模。

② 成长。

③ 利润和定价。

④ 集中的购买力。

⑤ 竞争强度。

（2）技术机会：

① 技术弹性（在该领域开发新产品的机会——性价比如何）。

② 在S技术曲线（成熟度与新颖性）中行业的位置。

③ 该市场领域内的技术活动。

2. 业务实力

（1）市场份额。

（2）产品质量和完整性。

（3）技术资源与技能。

（4）制造资源和技能。

（5）市场资源与客户关系。

L&P分公司4个业务群的管理人员将战略映射图制作作为战略开发的一部分，基于一些与上述测量标准类似的问题为4个事业群评分。这些问题能够抓住每个业务群的业务实力和市场相对吸引力。为了确保评分的一致性和可信度，还邀请了一些独立于每一个业务群的人员对各业务群进行评级。图8－3的战略映射图便是评估结果。

在高层管理人员组合资源分配会议中需要进一步明确的是：业务群A因其规模成为传统的研发资源消耗大户。从研发资源的消耗程度上看，业务群A的战略地位最差（参看图8－3中左下象限）。业务群D是最小的部门且研发资源消耗最少。但从战略上看，业务群D处于战略图中的右上象限，能够带来的机会最多。在一个理想的世界里，分公司管理人员更愿意加大对业务群体 D 的投资力度。业务群 B 像业务群 A 一样，规模也很大，但它消耗的研发资源没有业务群 A 大。因此，它可以带来适当的机遇，所以当前业务群 B 的研发资源消耗是适度的。

L&P 分公司的高层管理人员经过组合资源分配会议的激烈讨论后，得到的一致结论是业务群 D 应获得更多的资金投入。但是另一方面，业务群 D 的销售额相对较小。所以又按照销售额的百分比列出了每个业务群的支出等级（图表中没有列出）。最后，管理人员进行投票并将结果显示出来。经过几轮讨论后，最终的德尔菲结果如图 8－4 和图 8－5 所示。业务群 D 应获得的资金投入确实应该大幅增加——对业务群 D 的投入应提升 50% 以上，在饼状图中的占比从 18% 提升到 30% 。而对业务群 A 不会再进行那么多的投入，其占比应降低到总投入的 20% 。只有对业务群 B 的投入保持不变。而业务群 C 至少在首次资源分配中获得的投入略有提升。

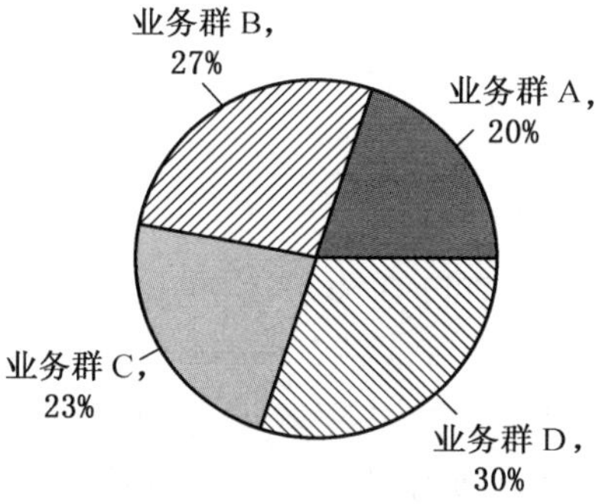

(a) 业务群：建议的组合划分

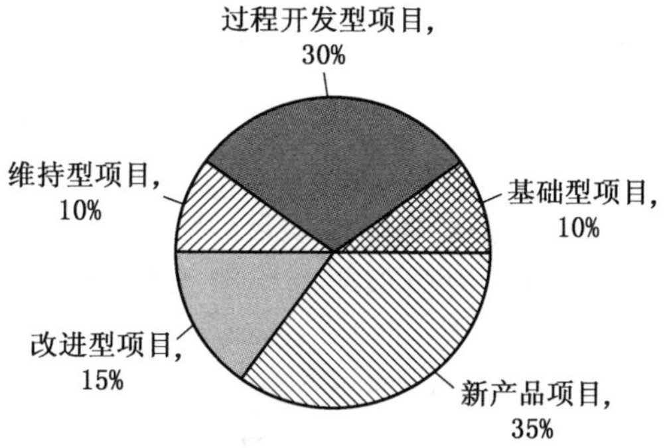

(b) 项目类型：建议的组合划分

图 8－4　首次资源分配

需要注意的是，L&P 分公司的管理人员认识到，使用德尔菲法进行首次资源分配忽略了两个事实：一个是一些大型项目已经在进行中，另一个是已经对这些大型项目做出了郑重承诺。他们还忽略了每个业务群所建议的各类项目的相对吸引力。从这一点看，这仅是一个高层的首次资源分配评估“从战略角度，看看这些钱该如何花”。

业务群	项目类型	基础型项目	新产品项目	改进型项目	维持型项目	过程开发型项目
		10%	35%	15%	10%	30%
业务群 A	20%					
业务群 B	27%					
业务群 C	23%					
业务群 D	30%					

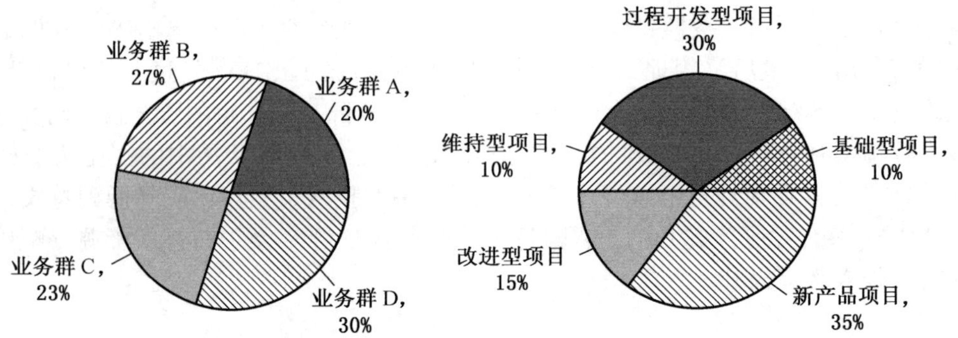

注：首次的决策结果是一个表示不同项目类型和业务领域的预期资源分配矩阵。注意只填写了一行一列的内容。

图 8－5　首次资源分配决策的结果

8.3.3　审查各业务领域项目

每个业务领域都要为组合会议准备一份预期项目列表。该列表可以分为两类：

（1）必须做的项目，是指被每个业务领域视为本业务领域组合中不可或缺的项目。其中包括关键战略性项目、正在进行中的项目（之前已经获得批准和资源承诺的项目）及其余的优质项目（如商业论证保持良好的项目）。

（2）应该做的项目，是指可以视情况而定（可以做也可以不做）但确实有吸引力的项目。如果有可用的资源，业务领域一定会愿意将这些项目纳入活跃组合中。

需要注意的是，从实际出发，不用将包含所有类型的全部项目清单（从基础研究型项目到维持型项目）都提交到组合高层会议上，这样会搞垮会议。另外，许多小型项目因其太小，根本不值得在这种层次的管理人员中进行讨论。因此，应该把较小型项目归类或打包后再提交到会议上。这样，这种高层组合会议上只需要审查每个业务领域中的主要组件启动方案，并对较小型项目进行集中评估。

8.3.4　审查预定项目清单

L&P 分公司的管理团队及其 4 个业务群再次召开会议，但是这次会议的主要目的是审查主要项目清单。每个业务群都提交预期项目清单，然后将这些清单合并为一份 L&P 分公司总清单（表 8－1）。需要注意的是，虽然分公司清单是一个经过排序的项目清单，但是被分解为 5 列——5 种项目类型。较小型项目被集中组合在一起，而不单独地显示每一个项目；已经证明这样做有助于将众多维持型项目和一些改进型项目合并为一个较小型项目集合。

表 8－1　按项目类型制定的 L&P 分公司项目排序清单

（汇总全部业务群——2500 万美元研发预算）　　万美元

基础型（250）	新产品（880）	改进型（370）	维持型（250）	过程改进型（750）
√项目－D129 40	√项目－C023 90	√项目－C201 30	√项目包－A 70	√项目－B403 110
√项目－B105 60	√项目－A011 60	√项目－C202 20	√项目包－B 20	√项目－A411 110
项目－D112 30	√项目－D009 100	√项目－D211 40	√项目包－C 80	√项目－B409 50
项目－A134 50	√项目－D034 30	√项目－D215 10	√项目包－D 70	项目－C413 70
项目－C143 50	√项目－B004 20	√项目－A219 20	项目－D331 10	项目－D408 60
项目－B116 20	项目－C013 60	√项目－C221 10	项目－D310 5	项目－D424 100
项目－B121 60	项目－D039 60	√项目－B209 50	**项目－C313 5**	项目－C417 30
项目－A119 160	项目－B022 70	项目－D214 100	项目－A350 2	项目－A420 60
项目－D115 90	项目－A027 100	项目－B244 80	项目－D321 20	项目－B405 130
项目－A106 150	项目－C036 120	**项目－A222 30**	项目－B334 50	项目－C407 20
项目－B109 200	项目－B007 90	项目－D245 40	项目－B335 10	**项目－D418 20**
	项目－D015 30	项目－A233 10	项目－C345 30	项目－B422 110
	项目－D028 50	项目－D246 150	项目－A341 10	项目－D427 90
	项目－D041 90	项目－D237 40		项目－A421 10
	项目－A003 40	项目－B236 60		项目－A430 40
	项目－B016 70	项目－C239 30		项目－A434 90
	项目－B030 110			项目－D431 150
	项目－B031 140			项目－B445 70
	项目－D040 40			
	项目－C010 20			
	项目－C025 50			
	项目－A024 70			
	项目－D042 90			
	项目－B043 10			

注：1. √代表必须要做的项目。

2. 用黑体并带有下划线的项目表示到此为止该项目类型的资源已经分配完毕。顶端括号中的数字代表此类项目的目标支出水平。例如，“基础型”项目的目标支出额为 250 万美元。

按照有关建议，管理人员对 5 种不同类型的项目没有使用相同标准进行排序。而是：

（1）对基础研究型项目（第一列），L&P 分公司使用 4 问题评分模型：战略一致性、战略影响力、技术可行性及对公司的影响。

（2）对新产品项目，管理人员使用 6 因素评分模型，几乎与表 6－5 中推荐使用的模型相同。

（3）对改进型和过程开发型项目，他们使用与生产率指数相似的测量标准，也就是净现值/研发指数。

（4）对维持型项目，他们也使用净现值/研发指数。

全部项目的数据及更新都已提前交给高层管理人员，每个项目的信息摘要都与排序标准保持一致。需要注意的是，L&P 分公司在召开 4 个业务群组合的总体资源分配会议之前，每个业务群都已预先对本群的项目进行了排序，可以选择在这个高层会议上作为一个团队来进行项目排序。

表 8－2 显示了一个业务群的最终清单，表 8－1 是 4 个业务群的总体清单。表 8－1 采用一种正式格式展示了基于上述标准排序的 4 个业务群的全部项目。

表 8－2　业务群 D 按项目类型制定的项目排序清单

（业务群 D——750 万美元暂定研发预算）　万美元

基础型（250）	新产品（880）	改进型（370）	维持型（250）	过程改进型（750）
√项目－D129 40	√项目－D009 100	√项目－D211 40	√项目包－D 70	项目－D408 60
项目－D112 30	√项目－D034 30	√项目－D215 10	**项目－D331 10**	项目－D424 100
项目－D115 90	项目－D039 60	**项目－D214 80**	项目－D310 5	**项目－D418 20**
	项目－D015 30	项目－D245 40	项目－D321 20	项目－D427 90
	项目－D028 50	项目－D246 150		项目－D431 150
	项目－D041 90	项目－D237 40		
	项目－D040 40			
	项目－D042 90			

注：1. √代表必须要做的项目。

2. 用黑体并带有下划线的项目表示到此为止该项目类型的资源已经分配完毕。顶端括号中的数字代表此类项目的目标支出水平。例如，“基础型”项目的目标支出额为 250 万美元。

“必须做”的项目首先被突显。这些项目通常是在正常进行中并得到可靠投资的项目。少数新的具有战略必要性的项目也被增加到“必须做”的项目清单中。需要注意的是，表8－2中每个单元格中的数字表示：如果要完成项目，所需的年度研发资源。很显然，“必须做”的项目没有消耗完分公司的全部研发资源。但如果要考虑全部项目，L&P分公司4种类型项目的资源需求超出了资源限制。

经过深入的讨论后，通过了项目的首次资源分配清单，也称为“预定项目清单”。需要注意的是，这仅是首次资源分配清单。

8.3.5 审查预定组合

图8－6、图8－7和图8－8分别是按照产品类型、业务群和资源矩阵编制的泡泡图、饼状图，根据表8－1中的决策信息制作。这些图表可以展示4个业务群的总体项目情况及每个业务群各自的项目情况。通过这些图表，管理人员可以看到L&P分公司的总体视图，同时每个业务群的管理团队也可以看到本群视图。

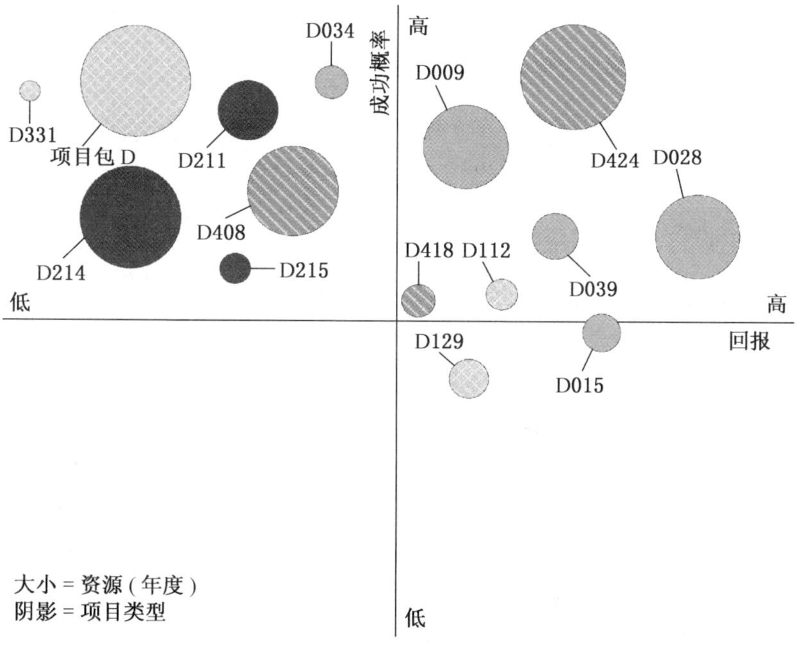

图8－6 业务群D的风险—回报泡泡图

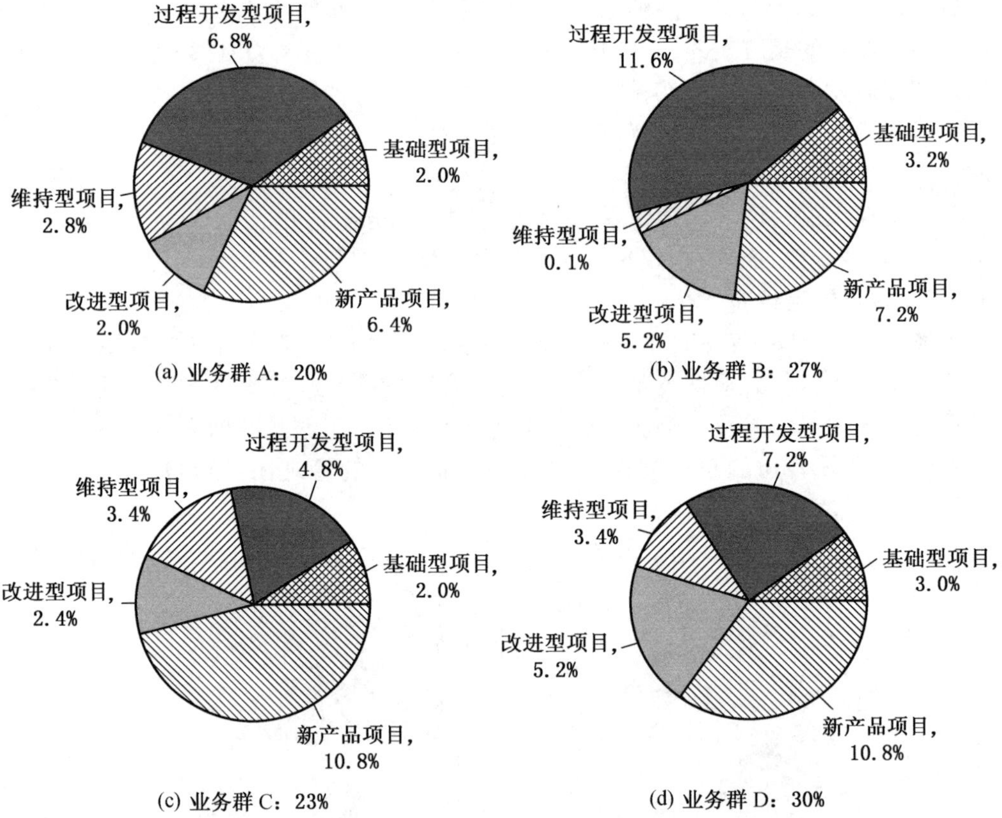

例如：业务群 A 分到研发总预算的 20%，其中 2% 用于业务群 A 中的基础型项目支出。

图 8－7　研发总预算按业务群划分

8.3.6　多次迭代直至最终结果

经过几轮迭代，对项目排序清单（表 8－1）及资源分配（图 8－5）做出调整，然后审查表 8－2、图 8－6 至图 8－8 中的各种结论，管理人员确定了最终的资源分配方案：

（1）对 4 个业务群进行资源分配。

（2）对 5 种类型的项目进行资源分配。

（3）对重大项目（及较小型项目集合）进行资源分配及其排序。

整个过程非常曲折，但它确实是一种非常周全和理性的资源分配、战略桶选择，以及确保组合能够反映业务的战略优先级。

	项目类型	基础型项目	新产品项目	改进型项目	维持型项目	过程开发型项目
业务群		10%	35%	15%	10%	30%
业务群 A	20%	2.0	6.4	2.0	2.8	6.8
业务群 B	27%	3.2	7.2	5.2	0.1	11.6
业务群 C	23%	2.0	10.8	2.4	3.4	4.8
业务群 D	30%	2.8	10.8	5.2	3.4	7.2

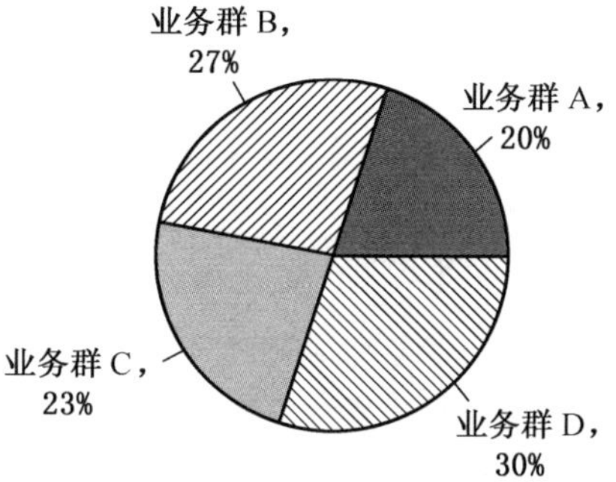

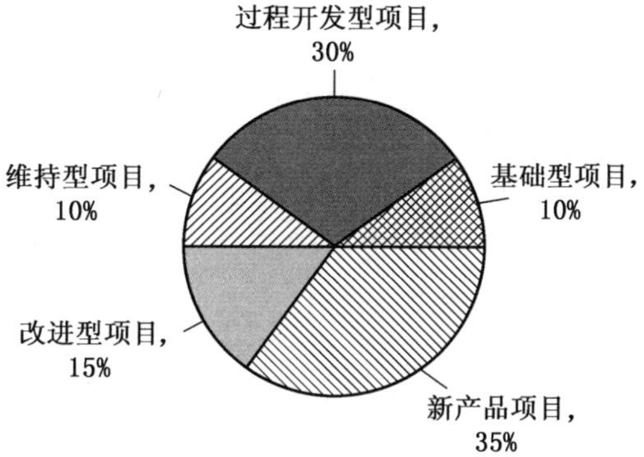

注：最终的决策结果是按照不同项目类型、业务领域和资源分配矩阵制定的饼状图。

图 8-8 分配决策过程的结果

8.4 管理技能资质

技能资质是组织为交付商品和服务，通过它的人员、过程和系统执行一个完整的组件启动方案组合的能力。技能资质形成了建立市场竞争优势、交付预期客户价值建议及实现组织目标和指标的能力。组织的技能资质通过聘用或通过内部流程或系统开展技能训练来解决能力问题，组织能力通过一条逐步进化的路线获得。遵循这条路线，组织会变得更加有组织、有系统，也更加成熟。随着时间的推移，并随着技能资质成熟度的不断提高，组织可以从依赖于个人的勇气和才能转变为依赖于文档化和标准化的过程和系统。

技能资质与能力不同，能力是指组织在当前情况下能够做多少，而技能资质是指可以或不可以开拓的组织潜力。此外，技能资质还可以指当能力在某一时间点短缺时，组织可以加强所需资源以便执行工作。当全部已实现的或实际使用的资源属性汇总成为组织能力时，技能资质全部特性的汇总体现了全部资源属性的汇总，并体现了组织的技能资质。协同作用也会进入这个公式——资源属性的汇总不是一个简单的数学公式。在复杂的系统中，属性的汇总可以少于或大于整体，并且这一复杂关系导致在组合中平衡能力和技能资质变得相当困难。

8.4.1 技能资质评估

技能资质评估是有关一个组织有或没有及能或不能的内部分析。换句话说，技能资质评估分析资源的优势或劣势，关乎组合的选择、拨款、执行和优化。优势是组织拥有并已开发的技能资质，可以通过开拓或开发形成可持续竞争优势和目标价值建议。不是全部优势都有转化成可持续竞争优势的潜力，但是这些优势仍然可以提供竞争均势。劣势是缺乏的或不足的技能资质，它会阻碍组织开发可持续竞争优势。组织需要解决阻碍组织开发持续可竞争优势的严重劣势问题。

向组织提供有价值信息的评估是为了：

（1）获得对组织当前状态的理解。

（2）识别当前的和期望的组织技能资质之间的偏差。

（3）收到潜在的阻碍组合管理成功的基于事实的早期报警。

（4）评估组织的敏捷能力。

（5）了解需要做什么及何时实现组织目标。

（6）为组织定位以便提前解决能力偏差问题，而不是当问题出现时才去处理。

（7）发现怎样、何时及在哪里为持久的成功使用关键资源。

（8）制订基于事实的建议方案和符合实际的计划，以便获得和维持组织的全部技能资质。

8.4.2 技能资质开发

组织应持续评估和评价自身环境，识别新的技能资质，以便开发和维持符合经营战略和市场条件的现有技能资质。

8.4.2.1 开发新的技能资质

开发组织和个人的技能资质依赖于维护、改善和开发必要的技能。技能是个人的自身特性，包括知识、技能、能力、自我形象、个性、心态、情绪和思考方式，它们作为适当的角色在被使用时能够获得预期的结果。个人绩效或基于一个技能集合的整体绩效对业务产出成果会产生一个正面影响。所需要的关键技能包括：

（1）管理人力资源的专业知识。

（2）关系管理。

（3）咨询技能。

（4）驾驭组织范围的领导力和能力。

（5）沟通技能。

（6）有效处理全球文化问题。

（7）道德规范。

（8）评估信息从而做出关键决策的能力。

（9）商业敏锐力。

任何组织都面临要抢在竞争对手之前获得技能资质的挑战，然而另外一些驱动因素促进组织获得新的技能资质或扩展它们现有的技能资质。这些驱动因素包括：

（1）组织文化。

（2）客户要求。

（3）长期多变的市场和趋势。

（4）对紧急外部或内部事件的响应。

在制订详细计划前，预测跨项目集、项目和运营的组合资源需求很困难。当组合经理和干系人选择组合组件并制订详细计划时，有关资源和技能资质的新需求信息常常会显现出来。

当考虑获得所需的技能资质以便支持组织和组合战略时，有几个组织应当牢记的技能资质要素列举如下：

（1）使命。技能资质的目的，它将怎样运作，它将从组织战略中衍生并交付什么。

（2）人才。技能、激励和建立最优人才库以便实现技能资质的工作计划。

（3）过程。用于获得预期产出成果的过程和活动的整合。

（4）技术。用于支持技能资质开发和维护的系统。

（5）整合。清晰的角色、决策权及影响组织结构的政策。

（6）洞察力。推动周密和及时决策的信息、分析和决策流程。

组织常常要面对战略挑战，做出怎样部署组织有限资源的决定，不仅要获得实现竞争优势的技能资质，还要保持优势的可持续性。关键是要能理解技能资质通常是相互依赖的。组织应将主要注意力放在技能资质的最优集合上；然而，通过关注相互关联的技能资质，这些有限的资源可以扩展从而获得持续的技能资质。例如，为了保证速度，组织可能需要将快速学习、快速创新、快速协作作为目标。当一种技能资质得到改善时，它可能会继续改善其他技能资质。经过改善的技能资质提升了领导素质，因此改善任一技能资质的努力都可以建立潜在的领导力。当领导的素质得到提升时，人才和协作的问题常常会显现出来，并且在解决这些问题的过程中，组织通常会加强它的责任和认知。

8.4.2.2　维持现有技能资质

为了增强技能资质可持续的竞争优势，经理应当在组织中通过不同关联和不同层次的工作以获得技能资质，换句话说，应当解决过程、技术和整合的技能资质要素。通过建立有规则的和有组织层次的正式系统，开展有关技能资质使用的审议决策，从而使组织能够增强技能资质的可持续性。

持续的技能资质还需要通过定期检查活动获得洞察力。这些检查活动包括组织技能资质审计，以便评估和最终改善组织技能资质的状态，以及测量与新的/增强的技能资质相关的收益实现。

8.5 管理组合沟通

在与组合干系人的沟通中，已达成共识的治理方式和干系人的沟通需求都要经常予以考虑。这意味着对组合的内容、治理或路线图的任何变更都要反馈给干系人，并且沟通测量标准也要相应地更新。

在组合管理计划执行期间，新的沟通或信息管理的需求和方法可能需要确定。这些更新被纳入组合管理计划或组合沟通管理子计划中。

管理组合沟通包括收集、分析、存储及按照干系人的要求及时向他们传递组合信息。在管理组合沟通中，需要通过多种沟通机制将组合信息传递给目标接收人。许多沟通信息还需要在组合数据仓库中存储一段时间以备未来访问。

当使用门户网站上的仪表盘沟通组合状态时，需要创建并管理相应的沟通过程，以便确保组合信息的更新是准确的和及时的。如果组织中的组合管理技能资质没有达到足够的成熟程度，可以使用电子表格而不是自动化工具，以便确保组合管理信息系统（PMIS）的准确性。

管理干系人所接收的信息对组织是否交付组合目标很关键。它还能够确保全部干系人与一个统一的组织打交道，并能够理解该组织的信息和意图。跨越组合全部层级的沟通一致性可以通过以下方式获得：

（1）保持组合层级的干系人争取战略和沟通管理计划与公司沟通策略的一致性。

（2）保持组合组件层级的干系人争取战略和沟通管理计划与组合层级相应战略和计划的一致性。

与干系人沟通的良好实践包括，但不限于：

（1）了解接收你的信息的目标受众及其背景。

（2）确保信息得到剪裁并面向相关受众。

（3）与相关人员确认你的信息的准确性。

（4）与可能会与你争取相同干系人的同事共享你的信息，以确保一致的沟通。

（5）以一种及时的方式交付清晰和简明的信息。

（6）使用简单明了的语言和最小化的行业术语。

（7）公开和坦诚地面对你的指标和计划活动。

（8）不要做出无法实现的承诺。

（9）面对关键问题采取直接面对的态度。

组合沟通必须要考虑可能出现的“不准确问题”，即是否会出现有意无意地将不正确的信息传递给一个或多个干系人的问题。无意中传递不准确的信息常常会引起不同的组合团队使用不同的数据来源来报告进展情况。这容易引起组合层级的汇总信息出现严重偏差。上述问题可以通过一种称为“一个真实版本”的技术来解决，即进度报告的每一个要素都只能从批准的权威信息来源中获得，并且全部跨组合的团队和干系人一律只能依据这一经过批准的信息来源进行监控、报告和决策。“一个真实版本”技术的使用还可以确保组合沟通的一致性。

管理组合沟通，可以对组合及其组件产生下列影响：

（1）在管理组合信息的过程中，可以确定新的沟通或信息管理需求及方法。这些更新将纳入组合管理计划或组合沟通管理子计划的内容中。

（2）与组合报告相关的沟通管理活动将基于不断变化的干系人需求、选择、存储方法及检索和交付机制而变化。组合报告基于重要决策信息的有效性、对趋势的识别及信息速度与质量的提升而改变。当组合发生重大变更时，沟通报告的类型包括干系人会议的公告、邮件沟通、博客、仪表盘、门户网站公告、组合经理会议和异常报告周期。

管理信息与沟通应该专注于在正确的时间以正确的方式积极并有针对性地为干系人制定和交付关键信息并争取干系人。为达成共识，有关组合战略变更建议的沟通通常跨越了组织和部门的边界。

（3）对组合过程评估的更新由各种信息管理政策、程序、指导方针和分配方法组成。这些更新包括组合风险与问题、关键干系人、会议纪要、状态报告等，其中沟通需求分析产生新的信息和变更需求。

为了管理组合沟通，下列因素需要考虑：

（1）组合。组合是组件的清单，为了与部分作为信息接收人的干系人进行沟通，有必要对组件清单进行更新。纳入组合的新组件可以引入新的干系人及新的干系人沟通需求。

（2）组合管理计划。组合管理计划提供管理组合、干系人期望与需求、沟通管理、绩效及风险的预期方法。这个计划用于管理沟通，确保所有的沟通行动计划与组合管理计划中定义的过程保持一致。例如，如果组合管理计划提到关于新投资的组合组件建议书将在治理委员会的会议中审查并批准，那么将需要围绕这一需求建立沟通。

（3）组合报告。组合报告包括变更相关内容，如取消、授权和新增组合组件的建议书、资源信息、治理决策、有关偏差或目标实现的绩效报告、风险与问题报告及状态报告。报告中的信息需要审查，以便确定什么能够满足干系人的需求，什么需要进行沟通。

（4）组合组件报告。组合经理定期接收组合组件报告，这些报告作为组件的状态报告由组合范围内的项目集和项目经理提交。需要对这些报告进行汇总整理，并需要评估其对组合整体绩效的影响，以便确定哪些干系人需要接收沟通信息。

（5）组合过程资产。组合过程资产与管理组合沟通有关，包括沟通指导方针与程序、信息发布方法、风险和绩效数据。这些资产可以包括组合沟通需求（如特定的有效沟通技术、允许的沟通媒介、数据保留策略及安全需求）。组合的唯一构成，以及从干系人分析中获得的结论，将有助于确定每项资产对全部组合沟通管理方法的相对重要性。

管理组合沟通需要使用的知识和技能包括，但不限于：

（1）引导技术。引导技术用来收集需要沟通的数据和信息。数据收集可能涉及组合组件审查会议，该会议的重点是验证和理解组件状态报告中所包含的数据。在组合环境中收集的干系人感兴趣的用于决策的信息，包括所收集的战略项目集和项目的数据与信息，以及与持续运营相关的数据与信息。

（2）组合管理信息系统。组合管理信息系统（PMIS）包括文件数据仓库、文件版本控制系统及沟通管理过程和工具，还包括其他用于支持组合管理的工具与过程。

组合管理信息系统提供了一个捕获和管理全部组合相关沟通需求的方法。一个高效率的组合管理信息系统能够定义、分析、设计、生成、构建和管理信息，从而确保沟通管理的成功。为了沟通和信息管理，组合管理信息系统应能够存储信息，为报告而汇总信息，以及为管理沟通渠道提供支持。在成熟度较低的组织中，组合管理信息系统可能是电子表格或其他组合文档的集合。

一些组合管理信息系统包括具有自动报警功能的仪表盘，一旦发生了满足触发条件的事件，便能够向决策者和组合经理发出风险或问题即将来临，以及市场动态的报警信息。

（3）沟通需求分析。管理组合沟通中的数据收集常常始于缺少完整上下文的原始数据或信息。这部分数据可能来自开展市场比较分析时所进行的外部调研。通过使用沟通需求分析技术，数据与信息能够得到分析，从而将对接收人有价值的信息分离出来。让数据变得更加有意义的一种方法是根据数据趋势进行预测。其他方法包括拉式选择，即通过时事通信或门户网站中的新闻板块传递有意义的数据。

该分析的目标是收集最有意义的和准确的信息，以确保采用有意义的格式进行交付，并使沟通方法与干系人需求文档中的记录相匹配。沟通信息能够有效地促进知识的共享和可靠性及周密的管理决策。

（4）沟通方法。组合沟通方法依赖于组合的背景和干系人需求。沟通方法包括来自仪表盘、资源直方图和沟通日历的数据与信息的视觉展现。

① 仪表盘。仪表盘是同步沟通有关组合状态及趋势的各方面信息的有效途径，如图 8－9 所示。

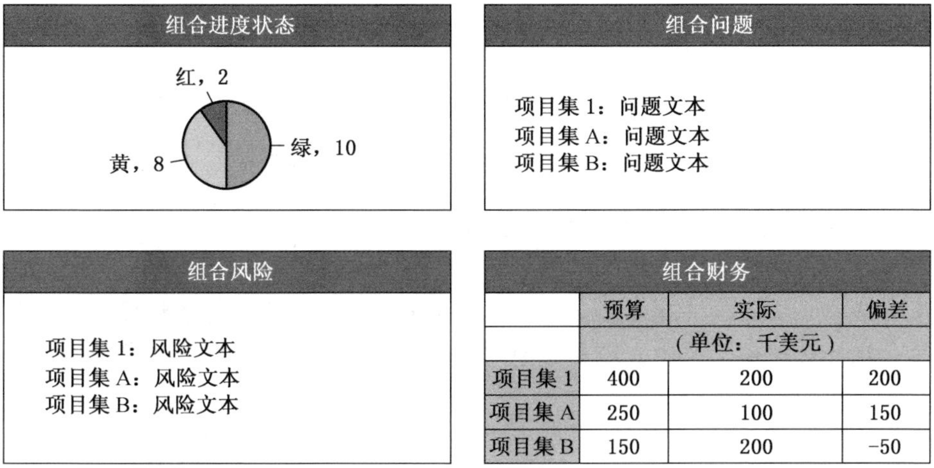

	预算	实际	偏差
	（单位：千美元）		
项目集 1	400	200	200
项目集 A	250	100	150
项目集 B	150	200	-50

来源：Project Management Institute，Inc.，THE STANDARD FOR PORTFOLIO MANAGEMENT THIRD EDITION，Published by Project Management Institute，Inc.，2013，P. 117.

图 8－9　组合仪表盘

② 资源直方图。改变组织优先级，会导致重新调整资源投入、改变劳动力投入、修改资源成本结构，这些都将影响组合绩效。组合经理需要确定最终影响是增加了价值，还是降低了组合绩效。资源直方图是这类信息的一种图形展示。这种展示将有助于识别在整个组合过程中可能发生的由资源分配过度或分配不足导致的风险。

③ 沟通日历。沟通日历是对一段时间内的全部组合沟通及其沟通频率的展现。它考虑与组合及其干系人的时间敏感性需求相关的现有全部沟通依赖关系。例如，如果每个月的财务报告会议都在每个月的第 5 天进行，就可以创建一个先期召开组合审查会议的机制，用于为财务组织准备输出，以便满足最后期限。

8.6　管理组合价值

组织的组合价值可以通过多种方式展现，包括提高收入、提高运营利润率、提高员工或客户满意度、增加对社会的贡献、增强或保护品牌和声誉、保护环境资源。组合价值被定义为组合组件交付的总体价值，目标是尽可能交付最大的与战略指标和可接受风险水平相一致的价值。

不同组织定义价值的方法可以不同。价值测量架构通常可以帮助组织创造价值、解决如何测量价值，以及识别可能的价值类型，包括有形的和无形的收益。该测量架构引导跨多个组件的预期价值的比较，支持周密的组合决策，以确保能够对组织具有最大预期净值的组件进行授权。净值是指预期总收益或价值减去所需的在时间和资源上的投入。

在优化过程中，组件建议书提供了对预期商业价值和对组织指标（通常是无形的）贡献的初步评估。组合组件反馈的预期价值是一个对授权进行加权和评分的重要属性。一旦授权，交付后续价值的责任也将得到分配，并且预期价值将在组件的整个生命周期中被持续地测量。

组合组件的预期价值可因组件的计划、制定和执行而发生变化。实际范围、进度、成本和绩效的变化可能会影响预期价值。外部因素如市场状况、竞争对手行为、法律和法规、风险实现和其他因素也会对产品交付、服务或资产创建或增加的预期价值产生影响。

当组件完成并且组织开始实现相应的收益和价值时，应再次进行测量以确保获得预期收益和实现预期价值。这个过程依据预期的组合价值，对已经实现的组合价值进行正式测量，从而确保组合能够继续将正确的工作纳入组合中，实现组织指标，并将对价值的正确评估写入组件建议书中。价值测量架构应通过总结执行中的经验教训而持续不断地改进。

管理组合价值的输出包含组合变更的建议，以及促进组织能够更加有效和高效地进行决策的信息。

管理组合价值，可以对组合及其组件产生下列影响：

（1）组合管理计划可能得到更新，以确定新的报告、新的措施或将被管理的用于组合或当前组合组件的其他过程。这包括收集和分析新的举措，创建和分发新的报告，或者管理组合的角色和责任的变更。

（2）组合报告提供了组合的绩效和预测信息。这些报告还包括偏差、偏差分析及需要提交给治理委员会考虑的建议。如果在组件中含有可以节省的预测，则这些报告可以用作调整下一年度预算的信息来源。

（3）通过收集和分析已获得的经验教训可以提供高效或有效的方法，从而使最佳实践描述、培训指南、教育文档、政策/过程/程序的标准及管理价值的工具等能够得到更新。

为了管理组合价值，下列因素需要考虑：

（1）组合路线图。组合路线图提供了一个高层级的预期组合组件交付进度表。一个或多个组合组件交付进度的延迟可能会通过组合产生连锁反应，影响资源利用率和其他组合组件的启动。组合组件成果交付的延迟同样可以影响来自组合的价值。

（2）组合管理计划。组合管理计划持续地识别和评估组合收益的价值和组织指标的影响，识别和监控各个组合组件交付的收益之间的相互依赖关系，分析组合组件变更对收益产出成果的潜在影响，分配具体实现组合组件收益的责任和职责。

（3）组合报告。组合报告包括组合组件的绩效（时间、成本和范围）、进展与计划、需要交付的预期价值的最新预测，以及偏差报告的汇总报告。

组合绩效偏差报告汇总了组合组件的数据，基于组合组件变更、各种内部和外部风险因素、竞争对手和市场数据及其他因素，将构建组合时的原始预期价值贡献与当前预期价值贡献进行比较。

绩效偏差/预警技术应提供内容支持并在所有组合组件中采用一种标准化的格式。与组合的预算或时间相比，显示组件交付的简单的燃尽或燃耗图只是进展情况的一个简单展示。一个常见的表达方式包括视觉指示器，如交通信号灯（红色、黄色、绿色，有时也使用蓝色，表示已完成的组合组件），这些信号灯表达了组合组件绩效的不同等级。

管理组合价值所采用的工具与技术提供了分析各种输入的方法，以便确定组合价值如何受到近期变更的影响。这些工具与技术还提供了根据多个因素识别所应采取的对组合价值产生积极影响的行动和方法。

管理组合价值是一个推动组合优化和授权的过程，因为它可以在精心选择并统一应用价值标准的基础上，确保能够很方便地对组合组件及其收益进行相互比较。收益标准包括战略联盟、客户满意度、财务回报、资产使用效率、强制性合规和组织过程改进。一旦贡献收益的组件得到完成，应使用这些标准对计划价值进行跟踪。收益可以分类，并且这些类别可以按优先级排序。组件之间的关系及它们带来的收益和产出成果可以通过进度表来管理，如图 8－10 所示。

管理组合价值需要使用的知识和技能包括，但不限于：

（1）引导技术。在管理组合价值过程中使用的引导技术包括同干系人共同对标准进行评估，并识别对不同的收益和产出成果应予以分配的权重。SWOT（优势、劣势、机会和威胁）分析也可以被用来引导信息，从而确保收益能够得到全面和整体的考虑。收益是从开拓优势或机会及主动解决劣势或威胁中获得的。

（2）价值评分和测量分析。有很多方法可以用于组织价值的评分和测量：

① 评分模型。评分模型可以用于统一地记录和评估财务上的无形组合收益

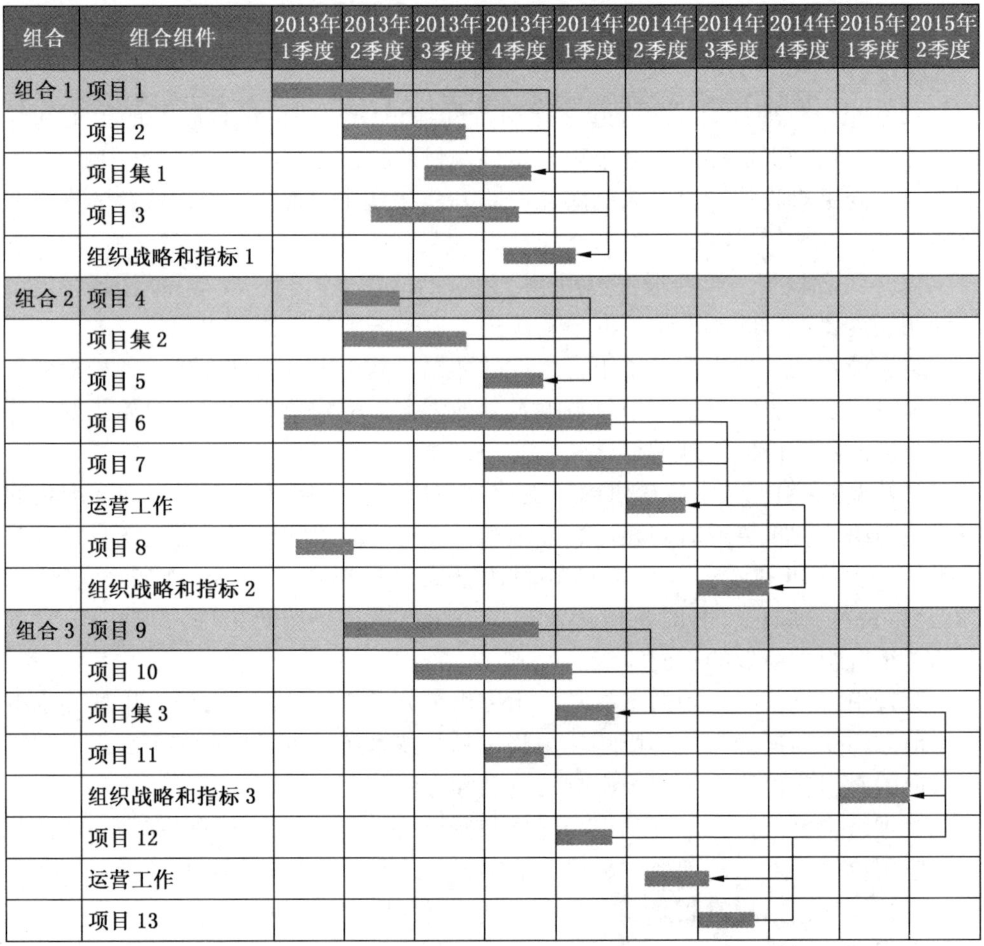

来源：Project Management Institute，Inc.，THE STANDARD FOR PORTFOLIO MANAGEMENT THIRD EDITION，Published by Project Management Institute，Inc.，2013，P. 100.

图8-10　组合收益实现计划

（这些收益无法通过使用财务投资回报方法来测量）。收益评分模型中的全部标准应该与组织优先级排序相关联。使用评分模型便于在什么是重要的这一问题上达成共识，要确保标准得到记录并被统一地应用到全部无形收益中。

② 成本—收益分析。该分析寻求明确组合将提供的收益，同时将其与组合成本进行比较。收益可以是财务收益，如增加利润，也可以是非财务收益，如增加市场份额或新的技能资质。由于组合组件的变化及财务或竞争环境的变化，对

成本—收益分析的跟踪和重新评估应根据需求贯穿于组合价值管理的始终。投资回报和净现值（流入的现值减去流出的现值）有助于确定预期的影响。

③ 比较优势分析。当对一个战略目标或组合组件建议书进行比较优势分析时，要考虑存在于组织内部或外部的竞争性工作。典型的组件建议书包括针对当前和未来备选方案不同层级的分析和比较。这项技术还包括假设分析，也就是考虑如何通过各种选项，包括资源能力和技能资质的搭配，实现组合组件及其预期收益。

④ 进度测量技术。该项用于组合层面的工具和技术与用于组合组件的工具和技术类似，如挣值。

⑤ 价值测量技术。绩效指标是基于经过评估的价值来定义的，用于测量和报告组合绩效。

⑥ 组合有效边界。有效边界（图 8－11）基于哈里·马克维茨的现代组合理论，为决策者提供了可以在给定的资源制约条件下优化组合的分析工具。如果对于组合的风险等级有最好的预期回报水平，那么这个组合称为“有效的”(通常用组合回报的标准偏差来表示)。差异化可以在降低风险的条件下允许相同的组合预期回报。应当注意到有效边界不是静态的，并且组织应持续不断地监控成本收益比。

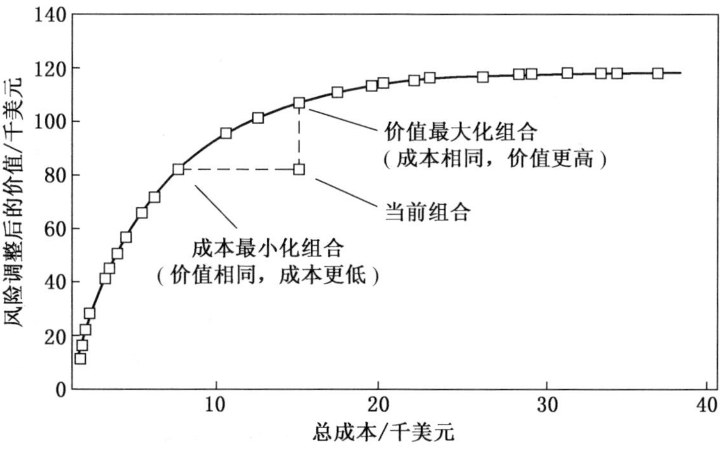

来源：Project Management Institute，Inc.，THE STANDARD FOR PORTFOLIO MANAGEMENT THIRD EDITION，Published by Project Management Institute，Inc.，2013，P. 102.

图 8－11　组合有效边界

（3）收益实现分析。组织收益和价值超越了经济价值（也称经济利润、经济增值、股东价值），包括其他形式的价值，如员工价值、客户价值、供应商价值、渠道合作伙伴价值、联盟合作伙伴价值、管理价值和社会价值。许多这些形式的价值不能直接用货币来测量。

一些工具可以帮助组织实现计划收益的提升：

① 结果链。结果链显示需要交付计划收益的组合组件之间的因果关系。这种关系显示实现计划产出成果和开发组织价值所需的一系列有序的收益。这个工具被用来识别每个组合组件对组合总体价值的具体贡献。它还显示了为了更加有效和高效地实现计划收益需要解决的偏差和重叠。

② 组合产出成果概率分析。组合经理依据成功标准评估潜在的组合产出成果，列出具有相关置信水平的相应绩效指标的可能价值。这个输出通常表示为一个累计分布（图7-4），项目经理可以用它来设定符合干系人风险承受能力的现实目标。

8.7 管理组合风险

全部层级的风险管理是一个涉及持续地计划、分析、响应和监控的活跃过程。响应策略的执行应是提前制定预案并通过事件触发的，该触发导致在风险发生时启动响应措施，以便机会（正面风险）可以得到增强，或威胁（负面风险）可以受到减弱。即使在持续的风险识别活动的过程中，项目集、项目和运营领域的风险管理传统上都是从规范的、基于过程的角度来处理的。然而，在复杂系统中，如组合，风险可以不再用传统的或简单的方式来管理。复杂性要求尽少采用传统方法。在许多案例中，组合层面风险响应策略的执行，会导致创建新的组合组件项目集或创建作为组合一部分的持续运营项目，以便能够处理特定的已经发生的或发生的概率已被增加（通过触发器识别）的机会或威胁（正面的或负面的风险）。组合风险管理与项目集或项目层级的风险管理之间存在一个重要的区别，就是在许多案例中，组合经理应将风险响应测量授权给组合中的项目集或项目。一个预期的来自于组合风险管理的产出成果是使用一个结构化的风险计划及响应措施，以便减少无效管理和决策延误。风险识别分析和响应计划，明确数据的限制，认可在组合层级缺乏诸多与管理因素相关的清晰、明确和可靠的信息。应研究各种可能的风险场景并且开发响应计划，以便限制与上述内容无关的数据和信息带来的影响。通过组合风险管理，高层领导人员和组合管理人员获得了行动路线和支持在面临信息不完整风险的情况下进行决策的管理选项。

管理组合风险由识别风险、分析风险、制定风险响应措施、监控组合风险4

个阶段组成。

管理组合风险，可以对组合及其组件产生下列影响：

（1）一旦接受风险响应计划，就可能需要更新组合管理计划及其子计划，如组合预算可能增加，以便涵盖预防措施或考虑应急储备、进度计划及资源计划。为确保已达成共识的措施作为正在进行中的组合管理的一部分能够得到执行和监控，当响应措施得到正式批准后，需要对组合管理计划进行更新。

（2）组合报告包括当全部风险分析已经完成并已做出调整后，在风险登记册中记录的高层组合风险。通过使用风险组件图，按照类别和组件对风险进行分组是有益的（图 8－12）。

风险编号	组件 1			组件 2			组件 3			其他		
	结构	组件	整体	结构	组件	整体	结构	组件	整体	结构	组件	整体
	结构风险											
R1	★			★			★					
	组件风险											
R2		★										
R3		★										
R4		★			★							
R5								★				
	整体风险											
R6			★			★						
R7			★						★			
其他												

注：结构风险 R1 影响三个组件（组件 1、组件 2 和组件 3）；组件风险 R4 出现在两个组件中（组件 1 和组件 2），可能存在共同的原因；整体风险 R6 是受组件 1 和组件 2 的综合影响而产生的。

来源：Project Management Institute，Inc.，THE STANDARD FOR PORTFOLIO MANAGEMENT THIRD EDITION，Published by Project Management Institute，Inc.，2013，P. 135.

图 8－12 风险组件图

组合报告包括当已经发生的风险分析完成后，应在问题登记册中记录组合问题及将要采取的响应措施。

治理建议也是组合报告的一部分，包括组合风险状态和响应。措施计划得到编制，然后将更新信息传达给组合治理委员会。这些建议包括新的风险、新的状态、新的响应策略或新的措施计划，或者基于风险的组合组件变更的建议。建议的组合组件变更的例子包括：增加资金的建议，为应对对组合有预期高影响的风险而需进行的人员分配变更，新的组合组件，需要终止的组合组件或需要变更的组合组件。

在管理风险的过程中，会编制各种组合报告，包括风险响应报告和分析报告。这些报告都会导致整体组合报告的更新。

(3) 管理风险将导致组合风险登记册、组合问题登记册及其他文档的更新。如果基于风险的组合组件变更的治理建议被接受，则组合组件清单也需要更新。

(4) 组合风险管理可能导致组织过程资产的更新，如组织的风险评估。

为了管理组合风险，下列因素需要考虑：

(1) 组合。组合包含已授权的组合组件。应该为每个已授权的组合组件及可能影响多个项目集或项目的风险事件识别组合风险。组合组件的依赖关系，如逻辑关系、逻辑学关系及收益实现依赖关系，也会映射到组合分析中。

作为组合的一部分，组合风险和组合问题通过以下方式管理：

① 组合风险登记册。组合风险记录在风险登记册中。风险登记册的开发在编制组合风险管理计划时开始。风险登记册最终会包含管理组合风险过程的产出成果。随后，风险登记册中的信息会在组合管理和组合风险管理过程中使用或更新。风险登记册包含以下信息：

a) 已识别风险清单。已识别的负面风险，包括它们的根本原因和假设条件被记录在该清单中。同时，它还包括已识别的、用于探索如何增加实现机会的可能性的正面风险。

b) 风险责任人。组合经理指派负责对某一风险进行有效管理的个人。其职责是一旦所负责的风险发生，负责对该风险进行分析，必要时分派相应的响应措施，并监控该风险的状态。

c) 潜在响应措施清单。在识别风险的过程中，可以识别出潜在的风险响应措施。

d) 概率影响评估。根据组合风险管理计划中的定义评估的风险概率和影响级别。

e) 风险触发因素。可能导致已识别风险发生的基本条件或事件。

f) 风险类别更新。识别风险的过程会导致新的风险类别的增加。如果风险分解结构（RBS）已被包含在组合管理计划中，则需要根据新增的风险类别，对组合管理计划进行完善或修订。

② 组合问题。相对于组合风险，问题是当前已对组合产生了影响的事件。

如果负面风险没有被识别或处理，它们将成为问题。如果正面风险没有被识别和处理，它们将成为失去的机会。使用问题登记册或问题清单跟踪和记录组合问题对管理组合风险很有用。

(2) 组合管理计划。识别组合风险需要了解组合路线图、资金及组合组件所涉及的一些技术知识。特别是，组合风险管理计划为执行组合风险识别提供了结构和指导，包括角色和责任、工具使用指南及分配给组合风险管理的时间和预算方面的细节。

(3) 组合报告。组合报告包括但不限于绩效报告、治理决策报告、状态报告、趋势报告、能力报告、资源利用（和能力）报告、资金/预算报告和战略一致性报告。组合报告包括一些组合组件状态和绩效方面的综合观点。一般情况下，组合报告尤其是组合绩效报告，是管理风险的重要指标。一个组合绩效可能带来新的风险，同时风险的减轻能导致更好的绩效。报告可以是传统的，也可以采用仪表盘报告的形式。

(4) 组合过程资产。组合过程资产包括任何或全部与组合过程相关的资产，这些资产来自参与组合工作的干系人和团队，并可用于影响组合成功和风险态度。组合过程资产还包括与组合相关的知识库，如可能有助于管理风险的经验教训和历史信息。

(5) 组织过程资产。组织过程资产，如组织的愿景和使命、战略和指标及价值观，可能会在管理组合风险中得到使用。

(6) 事业环境因素。公开发布的信息，包括商业数据库、学术研究、企业标杆或其他行业研究，可能会在风险识别中得到使用。

管理组合风险需要使用的知识和技能包括，但不限于：

(1) 加权排名和评分技术。治理委员会在召开例行治理会议期间，使用加权排名和评分技术，评估现有风险并识别是否发生了新风险。这些技术可用于专门审查风险的会议或者把关键风险再评估作为其中一项议程但不是其总体目的的会议，如执行治理会议、组织战略会议或投资会议等。

(2) 定量和定性分析。为了管理组合风险，组合经理可以使用一些定量和定性的工具来更好地理解相互依赖关系、重要性、时间安排和置信区间。这些工具可以用于敏感性和权衡分析、建模和模拟（如“假设情景”）及确定进度、预算、绩效和上市时间的偏差和趋势。通过使用组件绩效数据开展的偏差与趋势分析可以通过定期审查，确定可以表明威胁或机会潜在影响的基准偏差。趋势也可以用于评估早期风险响应措施的有效性。

一旦完成全部组合绩效、风险和治理信息的收集和审查，治理委员会就可以开始评估组合并考虑再平衡组合组件、资源需求和投资预算，以便重新调整组合风险。

① 定量分析。定量工具通常用来测量财务指标。财务指标包括，但不限于：

a）净现值（*NPV*）：测量一系列的现金流。

b）估计净现值（*ENPV*）：测量未来的净现值。

c）回收或回收期（*PBP*）：测量投资回收所需的时间。

d）投资回报率（*ROI*）：测量投资效率。

e）内部收益率（*IRR*）：在预算中使用的使净现值等于零的折现率。

② 敏感性分析。敏感性分析有助于确定哪些风险对组合的潜在影响最大。它检查当全部其他不确定因素都保持在其基准值时，每个因素的不确定性对各自指标的影响程度。敏感性分析的一个典型输出是龙卷风图，用于显示哪些因素会导致较大的可变性，哪些因素会导致较小的影响（图 8－13）。

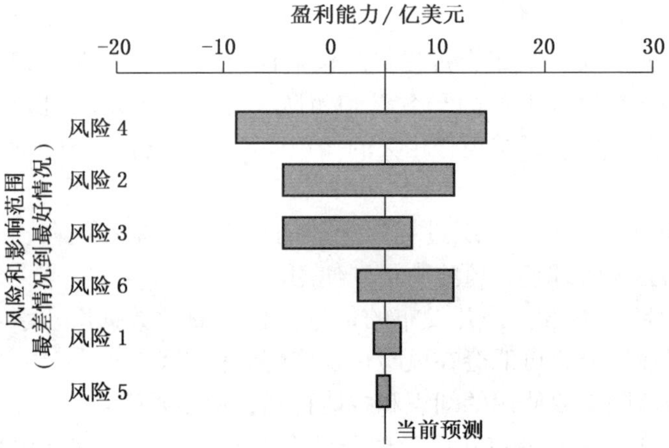

注：该龙卷风图显示每个已识别风险对一个战略指标（本案例为盈利能力）的价值贡献。

来源：Project Management Institute，Inc.，THE STANDARD FOR PORTFOLIO MANAGEMENT THIRD EDITION，Published by Project Management Institute，Inc.，2013，P. 133.

图 8－13　龙卷风图

③ 建模和模拟。模拟旨在使用一个模型，该模型将按组合的一个详细级别指定的不确定性转化为对组合指标的潜在总体影响。模拟通常使用蒙特卡洛技术。在模拟中，需要对模型进行多次（迭代）计算。在每次迭代中，应按照相应变量的概率分布随机抽取输入值（如项目元素成本或计划活动周期）。应对每次迭代的输出进行整合，从而为每个关键参数值（如总成本或完成日期）提供一个频率分布。

④ 定性分析。定性分析通常用于提供一个测量没有明确量化的组合风险区域的方法，如风险概率和影响评估、敏感性分析、建模与模拟、假设分析、影响图、风险－组合组件图、加权排名和评分技术、热图及组合风险的排名和评分。

⑤ 投资选择分析。投资选择与组合调整相关。该分析关注新的和变化中的战略指标/目标，并给出在一个整体组合投资方案中，哪些地方存在偏差。这种偏差可能会构成组合风险。

偏差分析过程将实际结果与计划结果进行比较。该分析的产出成果可以预测项目完成时相对于基准计划的潜在偏差。相对于基准计划的偏差可以给出威胁或机会的潜在影响。

绩效审查测量比较和分析进行量化测量的指标，该指标可以用于进行目标与实际结果的比较。这可以帮助预测成功实现组合范围的程度。

风险类型有两种，即外部的和内部的。对每个风险都可以有若干种风险响应策略供考虑。组合经理与风险责任人应为选择最适当的响应策略或策略组合做出决策，并制定实施该策略的具体措施。风险责任人可以选择主要的和备选的策略。风险责任人还可以制订应急计划并识别触发该计划实施的条件。通常情况下，要为时间和成本分配应急储备。最后，风险责任人还可以制订回退计划，该计划在所选策略不够充分有效时实施。上述策略包括响应策略选择、针对威胁和机会的策略及假设情景分析。

基于所选择的策略，一旦制定了措施，则应按照组合的成功标准对这些措施的潜在结果进行评估。这项分析可能需要重复执行组合风险识别和分析的过程。必要时，可能还需要修改现行计划，以确保响应措施成为组合计划的一部分。

8.8　识别组合风险

风险识别确定可能会影响组合的风险，并记录这些风险的特性。识别组合风险是管理组合风险的子过程之一。一个组合由下列不同类别的风险组成：

（1）结构性风险。这类风险与组合构成方案及组件之间潜在互动的方式相关。在该领域一种明显的威胁风险类别与资源可用性相关。组合结构的特征可能是一些风险的根本原因。

（2）组件风险。这类风险来自于一些个别组件，这些组件经理将组件的风险信息和措施升级到组合层级。组件风险通常与一个或多个与组件交付相关的3个约束参数相关，即时间、成本或范围。组合经理需要评估风险对组合成功标准的相应影响，因为组合成功标准通常都是面向战略层级的。当一种组合方式包含一个或多个项目集并且项目集可能还包含子项目集或项目时，组合经理可能需要考虑各个层级的组件风险。

（3）总体风险。在同等条件下，全部项目的总体风险要大于单个项目风险的总和，组合风险要大于组合组件风险的总和。组件风险之间的相互作用可能会导致一个或多个总体风险的出现。一组特定的工具可以用来评估相互关联的组件风险对战略指标的总体影响。

为了确保组合经理与组件项目集或项目经理之间责任的有效划分，组合经理应将他们的注意力集中在组合层级的风险上。组合经理不应处理属于组件经理责任范围的组件风险；然而，组件经理应识别、记录并升级给组合经理任何超越组件经理权限或可能会影响组合指标的风险。

组合经理需要在组合管理计划中定义上述各个方面。

风险识别活动的参与者可以包括下列人员：业务经理，任何受到关注的组合、项目集或项目管理办公室的经理，项目经理，组合团队成员，风险管理团队（如果已组建），来自内部或外部项目团队的主题专家、客户、最终用户、干系人及其他风险管理专家。虽然上述人员通常是风险识别的关键参与者，但是全部项目人员都应被鼓励参加风险识别活动。

由于在组合不断推进的过程中，新的风险可能会暴露出来，识别组合风险会是一个迭代的过程。迭代频度及明确每次循环中应由哪些人员参加将会依各次情况而异。组合团队应参与这个过程，以便能够开发和维护对风险及其风险响应措施的主人翁意识和责任感。

识别组合风险过程完成后通常会启动分析组合风险过程。某些情况下，由于风险得到了识别，有关风险响应的建议也会随之提出。这些响应建议应得到记录，以便进一步分析并在开发组合风险响应过程中得到贯彻。

对于每一个风险，都应识别其下列属性：

（1）风险来源的类别（组合内部或外部风险）。

（2）风险的根本原因（一个不确定的事实，识别多个风险的共同根本原因）。

（3）风险事件（具有不确定性）。

（4）风险的影响和后果（有关价值、平衡和一致性）。

（5）风险征兆（风险的报警信号）。

（6）风险影响时间框架（风险的临近性和紧急性）

识别组合风险，可以对组合及其组件产生下列影响：

（1）风险识别的主要输出完成了风险登记册的初始条目。风险登记册的开发起始于识别组合风险过程。风险登记册最终将包含其他风险管理过程的产出成果。最初它会包含下列信息：

① 已识别风险清单。已识别风险包括它们的根本原因和尚未确定的假设条件得到描述。例如，一个组件项目可能会延迟完成并导致无法释放预期分配给其他组件开展工作的资源，从而导致后面的组件无法执行。一个竞争者可能投放了一个影响组合一些战略目标的产品，从而导致一些活跃或未来项目的调整。

② 风险责任人。组合经理指定一个负责对相应风险进行有效管理的责任人。这个人的角色是负责分析，如果必要，还负责指定相关的响应措施，并在风险发生时监控风险情况。

③ 潜在响应措施清单。在风险识别过程中，风险的潜在响应措施可能也得到识别。这些响应措施如果得到识别，可能将被用作制定组合风险响应过程的输入。

④ 风险的根本原因。这些原因是导致已识别风险发生的基本条件或时间。

⑤ 更新的风险类别。识别风险的过程可能导致增加新的风险类别。基于识别组合风险过程的产出成果，组合管理计划中的风险分解结构可能需要扩展或修改。

（2）风险登记册中的信息将被其他组合管理人员或组合风险管理过程使用或更新。

为了识别组合风险，下列因素需要考虑：

（1）事业环境因素。公开发布的信息，包括商业数据库、学术研究、学习标杆或其他行业研究，也可以用于风险识别。

（2）组织过程资产。来自于历史文件的以往项目信息可以用于风险识别，包括实际数据和经验教训。

（3）经过分类、评估和选择的组件清单。每个组件类别已评估和选择的组件清单得到生成和批准。组件可以在同一组件类别中进行比较，也可以在整个组合范围内进行比较。

（4）组合管理计划。识别组合风险还需要对组合管理计划中的进度、风险、成本和质量管理计划进行理解。风险识别过程的关键输入是角色和责任的分配，用于规定预算、进度计划中的风险管理活动、风险分类。风险分类有时通过风险分解结构（RBS）来展现。其他知识领域过程的输出（如组合治理）应当被审查，以便识别跨整体组合的可能风险。

（5）升级的组件风险。组合组件包含两种类型的风险：

① 可能会严重影响组合的风险。组件经理需要将这类风险升级给组合经理来考虑并制定潜在措施。

② 明确了范围和授权的组件层级风险。组件经理处理该类风险不会影响组合，也不需要来自组合管理人员的支持。

组合经理需要在相应的许可文档中说明组件经理的授权级别（如项目所允许的最大进度偏差），以便明确组件层级的信息和措施升级所依据的阈值。

识别组合风险需要使用的知识和技能包括，但不限于：

（1）文档审查。可以对组件文档执行一个结构化的审查，这些文档包括来自之前的项目计划、假设条件和文件等。风险不仅可以通过审查个别文档的内容来识别，还可以通过审查计划、组合需求和假设条件的一致性来识别。

（2）信息收集技术。用于识别风险的信息收集技术的例子包括：

① 头脑风暴。头脑风暴的目标是获得广泛的风险清单。组合团队常常在一组多学科专家中（而不是在一个团队中）开展头脑风暴。在一个引导者的组织下，这组专家就组合及其组件的风险提出各种想法。在风险分解结构（RBS）（图8－14）中对风险的详细分类可以作为一个框架来使用。然后，这组专家分配风险类别，并改进已识别风险的定义。

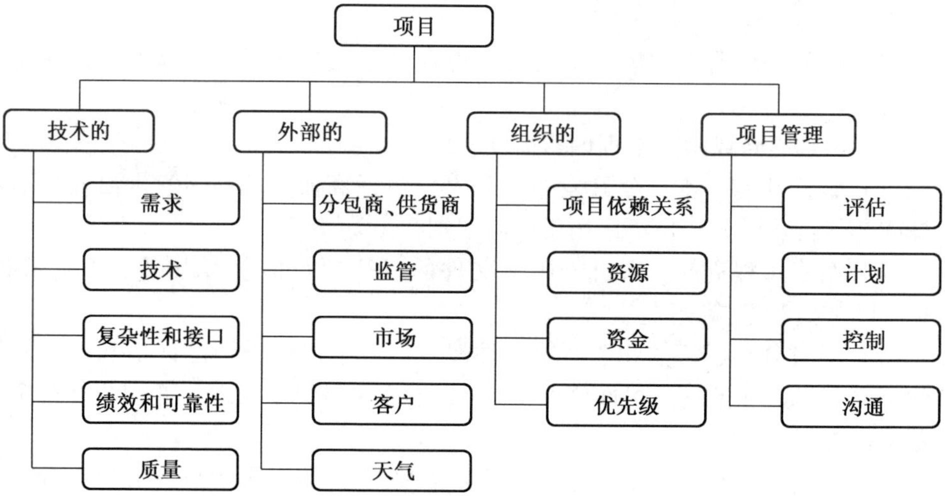

注：风险分解结构（RBS）列出了常见项目可能发生的风险类别和子类别。不同类型的项目和不同类型的项目类别使用不同的RBS。这种方法的优点之一是为风险识别实践的参与者提示导致项目风险发生的诸多来源。

来源：Project Management Institute，Inc.，THE STANDARD FOR PORTFOLIO MANAGEMENT SECOND EDITION，Published by Project Management Institute，Inc.，2011.

图8－14　风险分解结构举例

② 德尔菲技术。德尔菲技术是使一组专家达成一致的方法。在这一方法中，风险专家以一种匿名的方式参与。一位引导者使用一个调查问卷收集对重要组合风险的意见。引导者汇总专家的意见，然后将这些汇总意见再次发送给专家以获得进一步的反馈。该过程重复几轮后，即有可能达成一致意见。德尔菲技术能够帮助减少对数据的偏见，并确保每一个参与者的输入都经过了客观思考。

③ 面谈。与组件参与者、干系人和主题专家的面谈有助于识别风险。面谈是风险识别数据收集的主要来源之一。

④ 根本原因识别。这项技术探究一个风险或一组风险的基本原因。它能够帮助进一步明确风险，并基于不同原因对风险进行分组。如果风险的根本原因被探清，有效的风险响应措施将能够得到制定。

⑤ 优势、劣势、机会和威胁（SWOT）分析。这项技术确保能够从 SWOT 的每一个视角检查组合，从而更加全面地考虑风险。

⑥ 检查表分析。可以基于从先前的项目和其他信息来源积累的历史信息和知识制定风险识别检查表。最低级的 RBS 也可以用作风险检查表。虽然检查表可以是快速的和简洁的，但重要的是建立一个更加详尽的检查表。应仔细研究在检查表中不能明确展示的项。应在组件结束时对检查表进行审查，从而能够对检查表进行改进以适用于组合中的其他项目。

⑦ 假设分析。组合管理团队基于一组猜想、情景或假设来构想和开发每个组合。假设分析是探索用于组合及其组件假设条件的有效性工具。它识别假设条件的不准确、不一致或不完整所带来的风险。在一种类似的方式中，组合团队通过考虑放宽一个或多个组合约束条件的可能性来识别附加风险。

⑧ 图解技术。风险图解技术可以包括：

a）因果图。这类图又称为石川图或鱼骨图，可以用于识别风险的原因（图 8－15）。

b）系统或过程流程图。这类图用于描述一个系统或过程的各种元素的顺序和关系。

c）影响图。这类图是因果影响、事件的时间顺序及其他变量和产出成果的情景展示（图 8－16）。

d）风险组件图。按组件或按类别划分的风险分组可以从图形输出中获益（图 8－12）。

e）其他。组合团队还可以使用附加工具，如系统动态图、因果关系图及力场分析图等。

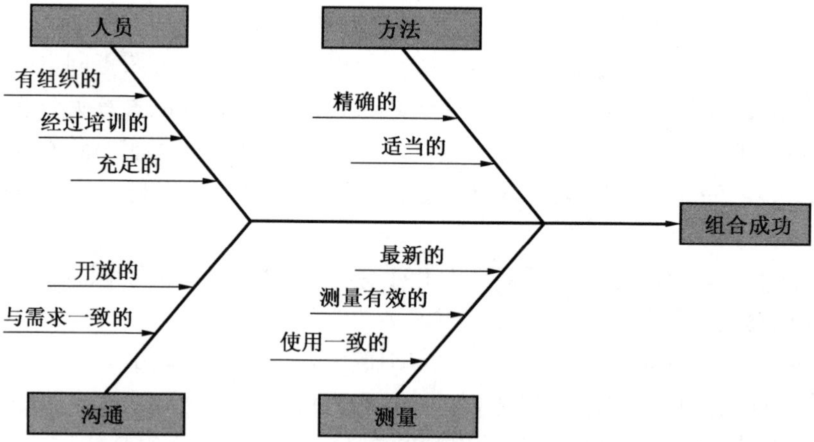

来源：Project Management Institute，Inc.，THE STANDARD FOR PORTFOLIO MANAGEMENT SECOND EDITION，Published by Project Management Institute，Inc.，2011.

图 8－15　分析对组合成功做出潜在贡献的因果图

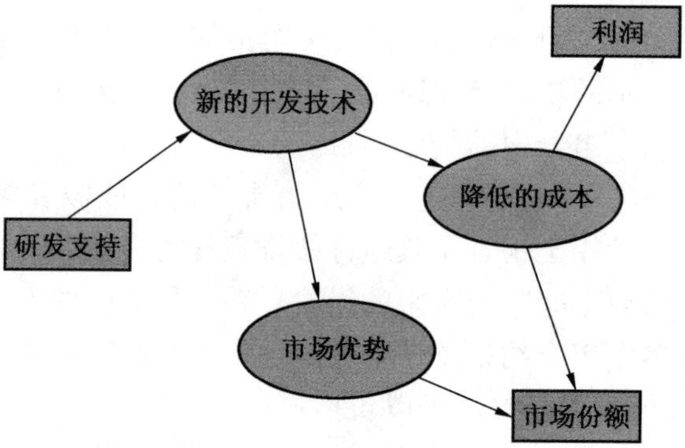

来源：Project Management Institute，Inc.，THE STANDARD FOR PORTFOLIO MANAGEMENT SECOND EDITION，Published by Project Management Institute，Inc.，2011.

图 8－16　影响图用于一个投资类别的选择

8.9　分析组合风险

组合风险分析包括对已识别风险进行优先排序的方法。组织可以通过关注高优先级风险来最有效地改进组合绩效。通过使用已识别风险的当前概率及其对组合指标的相应影响，分析组合风险过程能够确定已识别风险的优先级，如业务提升、投资回报及其他因素。该分析还考虑了组织和个别干系人的风险承受能力。

分析组合风险是管理组合风险的子过程之一。

对概率和影响等级的定义及与专家的面谈可以帮助纠正在使用数据中存在的偏见。当风险响应行动临近风险发生时，对风险的感受程度可能会被不适当地放大。对组件风险有效信息的质量评估还有助于理解有关风险对组合重要性的评估。

组合经理应确保在组合生命周期期间，组合风险分析能够周期性地开展，以便能够掌握组合风险变化的最新状态。

组合风险的概念与项目或项目集风险的概念有很大不同。组合风险管理并不是对统一的组合组件风险及其响应计划清单的例行审查。如果这样做，那就是在重复项目/项目集层级已经做过的工作。

组合风险分析应主要专注于下列5个领域：

（1）组合平衡。这是通过将组织排序的组件启动方案组合成“多样化”的组合组件构成方案（当需要执行时）所形成的组合状态，能够与组织战略计划保持一致并对其提供最佳支持。

（2）风险的投资和价值。这是对基于风险的全部组合组件整体货币投资和组合交付价值的测量，通常通过饼图的形式来展示。

（3）共同风险。这展现了两个或多个组合组件的共同风险，特别是高优先级的组合组件。

（4）多米诺风险。这类风险专注于组合组件之间的依赖关系。这是由于与一个组合组件相关的风险可能会对组合的一个重要部分产生连锁反应。

（5）风险相互作用。这是指多个风险之间的相互作用，这种相互作用导致这些风险的作用相互放大，从而产生比这些风险的总和更大的风险。

敏感性分析和场景分析非常相似，并都可以用于项目、项目集及组合管理环境。这两种分析都使用“假设分析”来分析风险。影响组合总体价值的变量具有不确定性。这些影响变量（输入值）的任何变化都将会影响组合总体价值。当审查与组合投资相关的风险时，组合治理委员会可能会问的重要问题是：

（1）可能会影响组合总体价值的最关键变量是什么？

（2）这些变更对组合总体价值及组合成功产生哪些影响？

（3）当哪些关键输入变量发生变化时，组合总体价值可能会发生何种程度的改变？

敏感性分析及场景分析可以被用于回答上述问题。

敏感性分析是一个技术，用于在一组给定的假设条件下，确定一个独立变量（影响变量）的不同值将会怎样影响一个特定的依赖变量。使用“假设分析”确定哪种变量对组合总体价值的影响最大是非常有用的。敏感性分析的结果通常通过龙卷风图或敏感图来展示。这两种图采用不同的方式来展示敏感性分析的结果。敏感性分析的主要弱点是：当多个变量同时发生变化时，无法给出对组合总体价值的影响，但是在只有一个变量发生变化的情况下能够显示组合总体价值的敏感度。它无法识别各个变量之间的关系。下列情况下，通过敏感性分析对获取关键影响变量的相关信息是有帮助的：

（1）在组合计划期间，管理人员能够专注于改善有关组合总体价值的关键变量及组合成功预测的准确方法。

（2）在组合执行期间，管理人员能够非常紧密地监控并尝试控制这些关键影响变量的行为方式，以便管理与其相关的风险。

场景分析将敏感性分析作为其中的一个步骤，并考虑在同一时间同时执行多个敏感性分析。在敏感性分析中，在一个时间改变一个影响变量，其他变量保持不变，从而查看该变量对组合总体价值会产生什么影响。然而，场景分析测量的是，多个输入变量同时发生变化，对组合总体价值会产生哪些影响，所反映的是在一个可能的分布范围内一定范围的产出成果。虽然存在大量的、不同的假设条件和已有条件，但是场景分析通常会包括3种场景：最优（不同于最好情况）、最有可能及最悲观（不同于最坏情况）。最坏情况与最好情况强调极端价值，基本情况所反映的是组合总体价值（通过全部输入变量的最可能状况导出）。在这些特定条件下，场景分析通过使用依据最低边界导出的最坏场景和依据最高边界导出的最好场景给出了一定范围的潜在组合总体价值。蒙特卡洛分析是假设分析的一种流行形式。

分析组合风险，可以对组合及其组件产生下列影响：

（1）组合经理更新包含在组合管理计划中的风险登记册。分析组合风险过程对风险登记册进行的更新包括：

① 组合风险的相关等级和排序清单。可以使用概率和影响矩阵并依据它们各自的意义对风险进行分类。然后，组合经理可以借助排序清单关注对组合意义重大的风险项。这种排名可以针对每个组合成功标准分别执行，以便能够考虑组织可能已经设定了各种指标的不同风险的重要性。组合经理应依据对组合的重要性，制定一个已设定的风险概率和影响的基础性描述。

② 按类别分组的风险。风险分类可以揭示风险的常见根本原因或需要特别注意的组合领域。风险的集中发现可以改善风险响应计划的有效性。

③ 需要在近期响应的风险清单。组合经理可以将需要紧急响应的风险和在后期才能处理的风险划分为不同的组。

④ 低优先级风险的观察清单。组合经理可以将已评估为不那么重要的但需要持续监控的风险放入观察清单。

⑤ 风险分析结果的趋势。由于风险分析是重复进行的，每个具体风险的发展趋势可能会变得明显。这类信息可以用于评估早期响应的有效性，并用于决定

是否需要修改任何风险响应或其他风险管理措施的紧急程度。

（2）组合风险承担图提供了下列信息：

① 组合产出成果可能性分析。组合经理使用各种列出了具有相关置信等级和相应绩效指标的成功标准，评估潜在的组合产出成果。这类输出通常表达了项目经理可能会使用一个累计分布图，用于设置与干系人风险承受能力一致的战略目标。

② 组合指标实现可能性分析。组合经理可以评估在使用上述建模技术的当前计划下实现特定指标的可能性。

为了分析组合风险，下列因素需要考虑：

（1）组合风险登记册。该登记册提供了已识别风险的清单及从之前的风险管理过程迭代执行中获得的附加信息。

（2）组合管理计划。组合管理计划一个重要的组成部分是风险管理计划。该计划定义了组织风险管理、风险管理预算和进度、风险分类、概率和影响的定义、概率和影响矩阵、修订的干系人风险承受能力的角色和责任。作为该分析过程的一部分，如果这类信息中的任何部分不再有效，则负责组合风险管理的团队需要对其进行处理。

分析组合风险需要使用的知识和技能包括，但不限于：

（1）风险概率和影响评估。风险概率评估确定每个当前具体风险发生的可能性。风险影响评估基于一个或多个组合指标，研究风险的潜在作用，包括被视为威胁的负面作用和被视为机会的正面作用。

对每个已识别的风险都应进行概率和影响分析。可以通过面谈或会议对风险进行评估，与会者应是熟悉与议题相关风险类别的人员。组合团队成员和来自外部的知识渊博的个人应得到邀请。既然从组织的以往组合、项目集和项目数据库中只能获得少量风险信息，那么利用专家判断是必要的。由于参与者可能只有少量的风险评估经验，可能需要一位有经验的引导者来引导大家讨论。

在面谈或会议期间，基于每个指标的每个风险概率的等级和影响都会得到评估。详细的解释，包括证明等级分配的假设条件，应予以记录。应按照风险管理计划中给出的定义，对各种风险的概率和影响进行定级。有时，对一些概率或影响等级明显偏低的风险不必采取额外措施，但应将其纳入仅需监控的一般风险类别（观察清单）。

典型的工具包括：

① 面谈技术。

② 概率分布（图 8 – 17）。

③ 概率和影响矩阵（图 7 – 3）。

④ 财务分析工具（预期货币值、附加经济价值等）(图 8 – 18)。

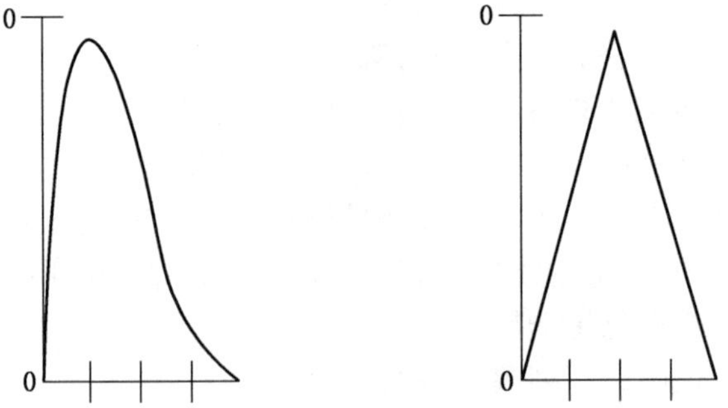

(a) 贝塔分布　　(b) 三角分布

注：贝塔分布和三角分布经常被用于定量风险分析。这里所显示的数据展现了一个通过两种“形状参数”确定分布的家族的例子。其他常用的分布包括均匀分布、正态分布和对数正态分布。在这些图中，横轴（X）代表时间或事件的可能价值，纵轴（Y）代表相对可能性。

来源：Project Management Institute，Inc.，THE STANDARD FOR PORTFOLIO MANAGEMENT SECOND EDITION，Published by Project Management Institute，Inc.，2011.

图8－17　概率分布

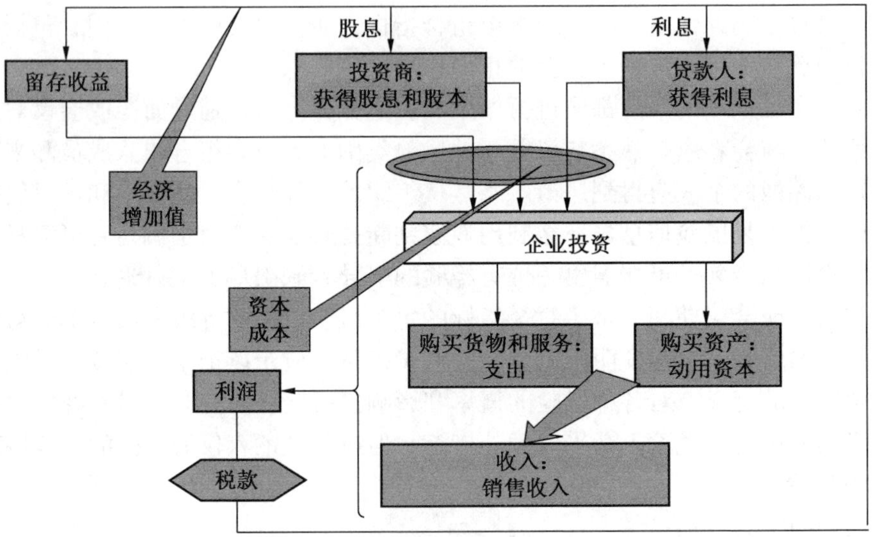

来源：Project Management Institute，Inc.，THE STANDARD FOR PORTFOLIO MANAGEMENT SECOND EDITION，Published by Project Management Institute，Inc.，2011.

图8－18　财务测量标准举例

（2）风险组合和建模技术。正如8.8节（识别组合风险）中所描述的，组合风险是由组件及组合的结构和构成导致的风险结果。这些风险的相互作用和组合作用还需进行评估，以便理解组合层级的总体风险。典型工具如下：

① 敏感性分析。敏感性分析有助于确定哪些风险对组合的潜在影响最大。它检查当全部其他不确定因素都保持在其基准值时，每个因素的不确定性对各自指标的影响程度。敏感性分析的一个典型输出是龙卷风图，用于显示哪些因素会导致较大的可变性，哪些因素会导致较小的影响。

② 建模和模拟。模拟旨在使用一个模型，该模型将按组合的一个详细级别指定的不确定性转化为对组合指标的潜在总体影响。模拟通常使用蒙特卡洛技术。在模拟中，需要对模型进行多次（迭代）计算。在每次迭代中，应按照相应变量的概率分布随机抽取输入值（如项目元素成本或计划活动周期）。应对每次迭代的输出进行整合，从而为每个关键参数值（如总成本或完成日期）提供一个频率分布。

8.10 制定组合风险响应措施

制定组合风险响应措施是依据组合指标制定备选方案并确定响应措施以提升机会并减少威胁的过程。该过程需要考虑在分析组合风险过程中重点评估的全部风险。制定组合风险响应措施通过风险排序并将相应的资源和措施纳入预算、进度和组合管理计划来应对风险。当备选方案开始生效时，风险责任人负责从中选出最佳风险响应措施。组合经理在与风险责任人达成一致的基础上，将为每个已确定的风险响应措施分配责任人（“风险响应责任人”）。制定组合风险响应措施是管理组合风险的子过程之一。

已纳入计划的响应措施一定要与风险的重要性及成本能够满足组合背景下的挑战、进度和现实的有效性相适应，经过全部参与方认可，并指定一名责任人负责。

组合风险储备包括应急储备和管理储备。针对单一组合组件的应急储备适用于“已知的未知”风险，被纳入相应组合组件的预算中，并由组件经理来管理。面向作为一个整体的全部组合组件的管理储备适用于“未知的未知”风险，在组合层级（不是组件层级）进行维护，并由组合经理来管理。当需要时，管理储备被组合经理分别预留给一个或多个组合组件。

制定组合风险响应措施，可以对组合及其组件产生下列影响：

（1）组合经理在识别组合风险的过程中创建了风险登记册，并在分析组合风险的过程中对登记册进行更新。在制定组合风险响应措施的过程中，适当的响应措施被选择、协商达成共识纳入风险登记册并整合进入组合管理计划。风险登记册编写的详细程度应与相应的优先级排名和计划好的响应措施相适应。通常高级别或中等级别的风险会考虑得更加详尽。被判断为低优先级的风险会纳入观察清单中，以便于周期性监控。在制定组合响应措施的过程中，风险登记册中包括下列内容：

① 已识别的风险、它们的描述、它们的原因、受影响的组合（组件等）领域，以及它们可能会怎样影响组合指标。

② 风险责任人及其承担的责任。

③ 分析组合风险过程的输出，包括经过排序的组合风险清单及概率分析。

④ 协商达成一致的响应策略。

⑤ 执行所选择的响应策略的具体措施，同时识别需指定的风险响应责任人。

⑥ 风险发生的征兆及报警信号。

⑦ 为要求执行已选定响应措施的组件制定预算和进度计划。

⑧ 基于干系人的风险承受能力，计划提供的时间和成本的应急储备。

⑨ 应急计划及其执行触发因素。

⑩ 当风险发生时，其主要响应措施被证明是不适当的，需要执行回退计划。

⑪ 因风险响应措施执行的直接产出成果导致的次生风险，以及为这些次生风险所选择的响应策略和计划。

⑫ 计划的响应措施执行后预期留存的及有意接受的残余风险。

（2）风险响应计划，一旦协商一致，一定要反馈给其他知识领域的适当流程，如对包含了预防措施的组合预算的更新或对应急储备使用、进度和资源分配的更新。为了确保协商一致的措施作为正在执行的组合管理的一部分能够得到执行和监控，当响应措施得到正式批准时，组合管理计划应予以相应地更新。

（3）为了与所选择的响应措施保持一致，组合组件的构成会受到组件的修改、增加或移除的影响。为了与这些变更相适应，组合可能需要重新平衡。

为了制定组合风险响应措施，下列因素需要考虑：

（1）组合管理计划。在组合管理计划中，风险管理计划的重要组成部分包括风险阈值（分为低级、中级和高级风险）、角色和责任、工具使用指南、分配给组合风险管理的时间和预算的细节等。

（2）组合风险登记册。组合风险登记册在识别组合风险的过程中创建，并在分析组合风险的过程中得到更新。

（3）在每个含有支持文档的战略类别中经过排序的组件清单。这一清单是用于平衡组合并含有适当文档的经过排序的组件清单。

制定组合风险响应措施需要考虑的重要因素包括组合风险的相关排名和排序清单、要求在近期响应的风险清单、要求追加分析和响应的风险清单、风险分析结果所呈现的趋势、根本原因、按类别分组的风险、潜在响应措施清单、风险责任人、风险征兆、报警信号及低优先级风险观察清单。

对每个风险都可以考虑一些风险响应策略。组合经理应同风险责任人选择有效概率最大的策略或策略组成。风险责任人一定要做出选择最适当的响应策略或策略组成的决策，然后制定执行决策的具体措施。风险责任人可以选择主要的和替代的策略。风险责任人可以制订应急计划，并识别触发应急计划执行的条件。通常会分配一个时间或成本的应急储备。最后，风险责任人可以制订一个回退计划，以备在所选择策略的执行结果被证明不够有效时执行。

制定组合风险响应措施需要使用的知识和技能包括，但不限于：

（1）响应策略选择。策略选择包括检验每个潜在的响应策略，然后选择最适当的方法。这种选择需要针对威胁或机会来实施，并且最终措施的集合需要被整合和分析。

① 针对威胁的策略。当对组合指标有负面影响的风险发生时，通常有 3 种策略处理这种风险。这些策略分别是风险的规避、转移或减轻：

a）规避。规避包括变更风险管理计划以终止负面风险带来的威胁、隔离风险对组合指标的影响、放宽或放弃有危险的指标。

b）转移。转移将潜在威胁所导致负面影响的响应责任转移给第三方。为了风险管理，转移风险简单地将响应责任移交给另一方，而不是排除这种责任。在处理财务风险承担的过程中，风险的债务转移最有效。风险移交几乎总是与将风险溢价支付的风险承担转移给另一方相关。有许多移交工具包括，但不限于保险、履约保证金、保单、担保等的使用。组合经理可以使用债务转移合同将特定风险转移给第三方。

c）减轻。减轻是将一个负面风险事件的概率或影响减小到一个可接受的阈值内。提前采取措施减小一个风险发生的概率和影响常常比等风险发生后再去弥补损失更加有效。

② 针对机会的策略。推荐 3 种对组合指标有潜在正面影响的风险处理响应策略。这些策略分别是风险的开拓、分享或提高。

a）开拓。选择开拓策略是为了响应有正面影响的风险，组织希望这类机会能够实现。该策略通过明确地促进机会发生来寻求排除与一个特定上升风险相关的不确定性。这类响应策略的例子有：为组件分配更多的人才资源以减少完成组件所需时间，或扩展一个可交付成果的范围以应对更广阔的市场。

b）分享。分享一个正面的风险涉及将部分或全部责任分配给更有可能开拓机会的第三方，同时包括与参与方进行相关收益的交换。分享措施的例子包括：组成以管理机会为明确目标的风险分享伙伴关系、团队、特定目标公司或合资公司等。

c）提高。提高策略通过提高概率和/或正面影响，并通过识别和最大化这些正面影响风险的关键驱动因素，来修改一个机会的“规模”。要寻求促进或加强机会的动力并主动地触发和加强它可以提高概率的触发条件，也可以通过寻求提高组件对机会的感受度来触发影响驱动因素。

③ 针对威胁和机会的策略。

a）接受。不是全部风险都能够制定响应措施，一些风险不得不让其保持存在并选择接受。接受意味着组合团队决定不再为处理该风险而修改组合管理计划，或无法识别任何其他适当的响应策略。该响应策略可以用于威胁，也可以用于机会。接受可以是被动的，也可以是主动的。被动地接受不需要组合团队在威胁或机会发生时对其采取任何措施。最常见的主动接受策略是建立一个风险储备（含应急储备和管理储备），包括一定数量的时间、资金或资源，以便处理已知的或有时是潜在未知的威胁和机会。

b）应急响应策略。组合经理应制定一些仅用于特定事件发生的响应措施。对某些风险，组合经理应制定仅在某些特定的预期条件下（如确信已经收到足够需要执行响应计划的报警信息）执行的响应计划。组合经理应定义和跟踪触发应急响应的事件和条件，如错过中间里程碑或供应商获得更高优先级。

（2）情景分析。一旦基于所选策略的一组措施得到明确，一定要基于各项组合成功标准对这些措施的潜在执行结果进行评估。这可能需要重复执行识别和分析组合风险的过程，还需要修改必要的现有计划，以确保响应措施能够成为组合计划的一个组成部分。

9　组合优化阶段

组合优化是一个将可用条件、约束条件和资源最大化，并使一个组合变得更加高效的过程。一般情况下，组合优化的主要目标是确保可用的人力、物质和财务资源最好地应用于组合优化后保留下来的组件中。虽然一些组织会定期召开优化会议，但当增加或关闭组件时，这类活动也会开展。这一阶段，组合经理会引导干系人讨论，以便确保组织能够实现保留组件的预期收益。

当每个已关闭组件的经验教训还没有成为这个流程的一部分时，则应研究这些经验教训能否增加新的价值。类似的，来自组件的并可能被移交给组织的运营工作的收益实现能力还可以为优化提供可靠证据。

9.1　优化组合

优化组合是持续进行的收益、风险和资源的平衡和优化的实践活动。它是任何有效的组织计划过程的组成部分，从而确保供应（如人力、财务、资产和知识）和需求（如项目、维护、法规改变）之间的协调一致。鉴于在任一时间，都会有多个项目正在进行中或位于管道中，优先级平衡、资源一致、分配和全带宽管理都应得到有效管理，以避免时间和金钱的重复浪费及人力和技术资源的过度使用。

组合优化是最优或接近最优组合的迭代过程，其目的是在受约束的组合资源条件下获得最大化回报。组合优化过程首先识别组件启动方案全部可能的组合方案，然后从全部可能的组合方案集合中确定满足特定约束条件的一个最优或接近最优的组合方案。每一个组件启动方案的组合方案就是一个组合（也称为解决方案），可以由不同组件启动方案的组合方案构成。全部组件启动方案有 2^N 种可能的排序组合方式，其中 N 为全部参与排序的组件启动方案数。正如排序过程需要依据组件启动方案的总体价值，来对每个组件启动方案进行排序那样，优化过程也会依据组合（组件启动方案的组合方案）的总体价值，来对每个组合进行排序。

上面提到，全部可能的组件启动方案的组合方案数量为 2^N，其中 N 为全部参与排序的组件启动方案数。这意味着，当参与排序的组件启动方案（优化过程的输入）的数量上升时，全部可能的组合方案数量会按指数级上升。通过手工方式识别大量可能的组件启动方案的组合方案是不现实的。因此，缺少优化工具将难以实现一个最佳优化。承担优化的过程将是进行密集计算的过程。

既然优化过程需要使用经过排序的组件启动方案作为输入，那么优化结果的好坏会受到所使用的排序系统的影响。组件启动方案的排序在整个组合过程生命周期中可能是最重要的活动，这是因为许多组合相关的决策会直接以排序结果为依据。优化结果仅对决策起到引导作用，如选择最终组合的决策，但是它们不可以也一定不能取代高层管理人员的决定权。组合经理（在组合管理办公室的支持下）的责任就是要避免在没有经过进一步讨论的情况下，机械式地选定排名最高的组合方案。基于排序结果选择最终组合的决策必须是在组合经理的引导下，在适当高层干系人之间经过充分讨论的结果。

通常会选用以下两种方式来开展组合优化：

（1）针对多个约束条件优化组合总体价值，即选择满足约束条件的具有最优“总体价值”的组合。这种优化不适用有效边界的方法。

（2）针对多个约束条件优化一个单一属性（如资源成本），即所需优化的属性达到单位价值最优（或接近最优）时，则认为该组合的“总体价值”是最优的。在这种方式下，优化引擎仅考虑所指定的单一属性最有效的使用，如成本、资源或其他属性。这种方式所依据的是对组合输出（如“组合总体价值”）和输入（如成本或资源）之比的排名，而不是简单地依据组合总体价值的排名。这种方式的优化需要使用有效边界的方法。

优化器是作为许多商业化组合管理工具组成部分的优化引擎。优化器可能不需要从一组经过排序的组件启动方案中，找到能够满足全部指定约束条件的唯一组合。优化器可能会使用相同的“组合总体价值”评分结果，找到多个最优组合。如果优化器不能找到满足全部指定约束条件的优化组合，它会识别出“接近最优的组合”，该组合与最优组合的偏差保持在某一百分数之内。

正如蒙特卡洛分析能够被整合进入排序过程以解决不确定性问题那样，该分析还可以被整合进入优化过程。这种情况下，它称为“模拟优化”。在模拟优化中，优化器通常会为每个组件启动方案汇总个别平均值或“最可能”值，以便计算“组合总体价值”。这个“组合总体价值”代表了在每一组件启动方案都能交付它的“最可能”价值的假设条件下，将会收获的产出成果。在模拟优化中，一旦一个优化的组合被找到，审查它的可能价值产出成果，与仅使用单点价值相比，可以给决策者带来在不确定背景下更加现实地展现它的价值。模拟优化允许决策者查看和比较与不同组合相关的最好或最差的价值及“最可能的”价值（作为分布的平均值），以便决策者能够得到“组合总体价值”更加现实和准确的展现。

组合经理可以为优化定义各种现实的场景，然后在每一个场景的背景下执行优化。每一个优化场景通常会定义：

(1) 不同约束条件的集合。

(2) 每一个约束条件的不同值。

在每一个优化场景下，通常会生成一个有着不同构成（因而会有一个不同的“组合总体价值”）的最优组合。组合场景分析允许决策者对不同场景的优化结果进行彼此之间的比较，从而获得场景变化对“组合总体价值”如何产生影响的理解。当执行场景优化分析时，“最可能”场景的优化可以定义为“基准优化”。有了“基准优化”，其他场景优化结果便可以进行比较，从而能够做出明智的组合选择决策。

场景定义的步骤如下：

(1) 识别关键风险因素。将 3 个组合管理指标记在心中，然后识别可能会影响一个或多个组合管理指标的关键变量（如风险因素）。为这些风险因素定义的值代表了每一场景的业务假设。

(2) 识别可能的业务场景。识别可能会影响一个或多个组合管理指标的业务场景（如新的竞争者进入市场）。每个业务场景有一个或多个与风险因素相关的预计具有重要意义的假设条件。

(3) 为每个业务场景识别假设条件。考虑不同类型的场景，如每一个场景最可能的、最乐观的、最优的假设，然后为每种类型的场景定义每一个对应风险因素的值。

全部风险因素可能对任何一个业务场景都不适用。

使用有效边界的方法能够帮助回答以下 3 个重要问题：

(1) 在对可用预算和/或其他资源有特定约束条件的情况下，最佳项目选择是什么？最佳项目选择是包含在组合中的项目，这些项目位于有效边界上对应于 X 轴的成本值，该值等于，或略低于组合总体预算。

(2) 如果因为政治或其他原因，选择了一个特定的、非最优的组合（没有位于有效边界上的组合），将失掉多少过度的耗费，以及失掉多少潜在的实现价值？选择非最优组合所导致的损失是所选择的组合与有效边界的水平的（过度耗费了多少）和垂直（失掉多少潜在的实现价值）的距离。

(3) 根据通过整体资金投入实现的总体价值，在项目的支出上存在支出过度或支出不足吗？（这种情况下，现有项目位于有效边界上）。如果所选择的组合位于曲线斜率小于 1 的位置，如位于曲线的平坦或接近平坦的位置，则组织可能存在对项目的过度支出。

下列触发条件能够保证组合得到重新优化：

（1）组织战略的变更（如一个或多个战略指标）。组织高层管理人员对业务战略进行变更，从而能够持续地保持业务战略与变化的业务环境保持一致。

（2）组织约束条件的变更。一些约束条件可能被增加或取消，或可能存在约束条件价值的变化，如早期的组合预算可能减少或增加。

（3）组合组件交付状态。随着时间的推移，一些组合组件的绩效可能会降低，从而触发一个组合层级的收益实现受到严重影响的风险。该触发条件可以确保及时发现能够最大化组合总体价值的组件，以便替换绩效降低的组件。

（4）经验教训。捕获的经验教训，作为各种审查的组成部分，被反馈给组合定义过程。例如，组合层级的审查可能会凸显实施更多某种组件启动方案的需求，从而提高组合成功的可能性。这意味着通过吸取更多的经验而使组合构成方案发生改变。

（5）新出现的机会。当识别到新出现的机会时，组合构成方案可能需要修改，从而能够开拓或最大化这些机会。

如果组织的外部和/或内部业务环境发生了变化，则组织的战略将需要修订。如果因某些原因导致组织的战略被修订，则决策模型（如排序模型）需要修改，这是因为决策模型一定要与组织战略保持一致。如果因某些原因导致排序模型被修改，则组件启动方案需要重新排序。如果因某些原因导致组件启动方案被重新排序，则组合的优化和平衡过程需要被再次执行，这是因为优化与排序存在依赖关系。

一旦最优的组合构成方案被重新选定，在没有执行组合再优化的情况下，不应在组合中简单地进行组件的增加或移除。这是因为：

（1）在一个完成优化的组合中，组件启动方案的选择必须充分考虑这些组件启动方案之间相互依赖的关系。

（2）如果简单地在组合中进行组件启动方案的增加或移除，优化将不复存在，这是因为：

① 约束条件发生了变化。

② 组合总体价值可能不再是最优的。

（3）这相当于只需手工再做一次。

为了理解怎样优化组合和管理预期、优化风险承担并计划应对挑战，应使用和整合组合优化实践，并将其纳入组织的年度计划过程。这一实践跨越了组合的全部组件，澄清了跨组合的依赖关系和约束条件，识别了定义协作和杠杆点最有效的项目边界。

通常组织可能会遇到的与组合优化相关的例子包括：

（1）组合和资源与指标和战略不一致。

（2）缺乏透明度或难以获得良好、准确的数据。

（3）作为时间被耗费在许多低价值项目的结果，资源被耗尽。

（4）难以做到为响应市场变化对组合进行快速调整。

（5）评估组件变更对其他组件的影响，如果有（如组件之间资源的移交对进度的影响）。

（6）重新排序或优化的周期性影响。

有关优化组合的一些因素包括：

（1）选择和排序正确的组件。不是每个组件都有相同的紧急度。要基于组织的目标识别组件完成的顺序，并能够首先推进高优先级组件，然后再考虑清单中较低优先级的组件。为了处理无法量化的选项，管理人员应在这一过程中利用他们的洞察力。

（2）预测交付组合的成本。由于盈利能力和有效成本对成功的组织很关键，在全部层级跟踪组合的成本和对其进行相应的监控就变得很重要。跟踪项目集/项目并确定是否应当在成本超过所完成的收益时终止项目集/项目应具有可视性。

（3）为高层经理提供实时状态报告。高层经理通常是做商业决策的人，并且他们需要获得实时可见的组件状态信息，以便为组织做出最佳决策。组合组件状态报告能够避免许多与因缺乏沟通导致的与项目相关的风险。因为公正和无偏见的信息对最佳决策的制定很关键，要通过标准的项目和项目集管理实践确保组合组件报告的一致性。例如，如果没有适当的标准过程，高层管理人员可能会收到来自组合组件的带有偏见的信息。

（4）为过程一致性启动项目治理。通过在全部组织内确保项目报告和状态的一致性，确保有个人或组织为错过的截止期限和不正当的项目执行承担责任，从而能够更加容易地跟踪项目的产出成果，并使治理职能（监督、控制、整合和决策）的全面应用更加有效。

（5）获得全部组合组件的完整视图。当组织要了解项目状态时，它能够获得一个唯一并真实的版本。这可以避免许多问题并帮助个人能够排序和支持需要关注的项目。

优化组合的目的是为了绩效和价值的交付而优化和平衡组合。组合优化需要根据组织选择标准、组合组件排名及构建能够最大限度地发挥潜力以支持组织战略的组合组件构成方案来评估组合。组合优化包括基于组织战略与指标来计划和分配资源，并在组织预定义的风险预测和承受能力的约束下最大化组合回报。要针对组织的多个目标来平衡组合，如财务、组织开发和运营绩效等方面的目标。

组合优化对如何进行组合指标的权衡进行评估，如管理风险与回报，平衡短期与长期目标，平衡与组织的战略和指标保持一致的项目类型。跨整个组合的有限资源也需要得到平衡以便能够体现出战略优先级。交付收益较少的组合组件被从组合中移除，从而使组织能够将资源集中分配给能够交付更多价值的高优先级组合组件。优化还包括组合组件的分组，从而确保组合组件包含所有的组件依赖关系，并包括全组的成本和收益依赖关系。

平衡活动涉及评估已选的和已排序的组合组件。通过使用之前定义的组合管理标准、组织预期风险预测、组合绩效测量标准和能力约束条件来平衡组合，从而支持组织的战略和指标。组合优化完成后要做出维持组合“现状”还是对组合进行调整的选择。

通常情况下，组合组件可以在同一类别中相互平衡（分类也是一种平衡组合组件以解决所有不同的关注点和组织战略的尝试），即使用多种定性和定量方法及工具来支持决策流程和分配资源。

优化组合的关键活动包括：

（1）为组合组件排名而分配或再分配、评分或权衡标准。

（2）基于组织风险预测对组合组件进行风险分析。

（3）评估和确定组合组件的绩效及预期价值和收益（财务的和非财务的）。

（4）确定组合组件的资源（人力、资产和技术）技能资质、有效资源能力和约束条件。

（5）确定在组合中哪些组合组件需要得到最高优先级。

（6）基于平衡和再平衡措施，识别需要暂停、重新排序或终止的组合组件。

优化组合，可以对组合及其组件产生下列影响：

（1）组合优化是一个重复执行的过程。作为组合优化的结果，组合得到更新，包括组合组件关系、排名标准、优先级、依赖关系、目标和其他需要更新的组合组件信息。将一个组合组件从组合中移除或将一个组合组件纳入组合的基本理由将会补充到组合组件信息中。

组合组件预算和资源的批准或否决应在组合清单中更新。这是一个需要考虑会导致组合组件的成本、风险或价值改变的内部或外部因素的迭代过程。

（2）当组合得到优化时，组合路线图随之更新。组织领域、组合组件和高层级进度表可能因组合优化而发生变更。

（3）作为优化组合的结果，优化方法、标准及有关维持一个平衡组合的其他信息可能需要在组合管理计划中更新。

（4）作为优化组合的结果，各种组合报告可能需要更新，如资源、风险/问题、绩效和财务报告等。在优化组合的过程中，由于对现有组合组件或新选择的组合组件进行了评估，风险评级和响应类型需要在风险报告中建立或变更。关于资源的报告，如技能资质和能力报告，也可能因组合优化而被更新。

（5）在组合得到优化之后，组合过程资产可能也需要更新。组合过程资产包括正式的和非正式的计划、政策、程序和指导方针。优化组合程序和指导方针信息可能需要更新和存档。

为了优化组合，下列因素需要考虑：

（1）组合。评估组合当前活跃的和静止的组合组件，从而确保资源分配给能够为组织交付最大价值的组织的战略和指标。

（2）组合路线图。组合路线图为组合提供组织战略的未来愿景，引导组合优化，包括组合组件的依赖关系、进度和顺序。

（3）组合管理计划。组合管理计划为优化组合提供了定义、优化和授权组合组件的方法。该计划记录了为实现组织战略而预期采用的管理组合、子组合和组合组件的方法。

（4）组合报告。为优化组合，需要审查和分析各种组合报告。组合风险报告用来了解与现有组合组件相关的主要风险和任何在组合实施过程中可能发生的潜在问题。通过审查资源池报告数据，理解资源的分配、可用性与能力。为满足资源要求和需求，组合技能资质和能力报告发掘了组织具有的最大技能资质。其他支持组合优化的组合报告还包括绩效、财务和价值或收益报告。

（5）组合过程资产。组合过程资产包括有关组合和指导组合优化的相关数据、工具、模板和信息。

组织可以使用工具与技术来建立一个用于如何进行优先排序的组合组件清单。它可能包括使用评分模型的结果来终止一些组合组件，这些组合组件不能满足与一个或多个预先定义标准和指标相关的验收阈值。虽然优化组合专注于单独的组合组件价值，但是能力分析也可以对组合组件加以限制以满足组织能力的约束条件。

为了支持组合经理和治理委员会对组合组件进行优先级排序，需要设计用于优化组合的工具和技术。所使用的标准可以与用于评估和选择组合组件的评分模型中所采用的标准一致。为了进行优先级排序，应以一致的优先级排序方法将组合组件与单独的或合并的实体对象进行比较，以确保与组织战略的最佳一致性。工具与技术还可以帮助组织有效地选择和执行能够与组织战略最好地保持总体一致的组合。

优化组合需要使用的知识和技能包括，但不限于：

（1）技能资质和能力分析。超越可用资源能力的尝试会危及组合实现其目标和收益的能力。通过确保资源可用于实现组合指标，对资源能力的保护可以直接地支持组合组件的执行。能力管理是组合优化的关键组成部分，因为它能使组织在当前资源的约束条件下获得最大的组合收益。组织能力分析由以下3种分析构成：

① 人力资源技能资质和能力分析。执行人力资源技能资质和能力分析是为了理解组织的技能资质与能力，从而获取和执行所选择的组合组件，并确定由技能资质引入的约束条件，如某些技能集的限制。需要对内部人力资源的能力进行测量，对外部人力资源的可用性进行确认，以保证掌握全貌。人力资源技能资质和能力是组织能够执行的组合组件数量的限制因素。

② 财务技能资质和能力分析。执行财务技能资质和能力分析是为了理解组织为所选定的组合组件提供资金的技能资质和能力。需要对内部财务的能力进行测量，对外部资金资源的可用性进行确认，以保证掌握全貌。财务资源技能资质和能力是组织能够执行的组合组件的数量和规模的约束条件。

③ 资产能力和技能资质分析。执行资产能力和技能资质分析是为了通过确定组织资产类型（设备、建筑、系统等），理解组织用来支持所选定的组合组件的物理需求，并为了理解由于某些资产限制带来的约束条件。资产能力是组织能够执行的组合组件的数量和规模的限制因素。

（2）加权排名和评分技术。这是一种基于对各个组件类别的价值分配，在组件类别内对组合组件进行加权排名和评分的技术。组合组件按照预先设定的标准进行排名，如单一标准优先排名模型、多重标准加权排名和多重标准评分模型。

（3）定量与定性分析。定量与定性分析包含各种能够帮助优化组合的分析方法。这些分析方法包括：

① 成本—收益分析。这种分析可以通过组织首选的任何财务分析方法来执行。这些方法包括净现值、净现金流、内部收益率、成本收益比率、投资回报率和期权分析。

② 定量分析。定量分析包括使用电子表格或其他考察利益因素的工具，如随时间推移的资源加载需求，或者现金流。

③ 情景分析。这种分析方法允许决策者通过采用不同的组合组件（包括潜在的组合组件与现有的组合组件）构成方案建立多种组合情景，并基于各种假设条件评估其产出成果。这种分析可以通过多种基准的结合得到进一步加强。

④ 概率分析。这些分析方法包括决策树、流程图和蒙特卡洛模拟。通过使用成功与失败概率及可能发生的对预估成本、进度、预期收入、风险及其他标准

的影响范围，对组合组件进行评估。

⑤ SWOT 分析。SWOT（优势、劣势、机会、威胁）分析可以用于确保市场与竞争者信息得到全面、整体的考虑。

⑥ 市场与竞争分析。市场与竞争分析包括确定组合组件的市场价值，以及组合组件怎样影响竞争者或被竞争者影响。

⑦ 商业价值分析。另外一种技术是预先确定价值，以便改善市场价值或改善组织，然后将这些价值应用到组合组件中。在这样的背景下，数据可以是定性的或定量的，只要发起人同意按指令执行，这些价值就可以视为是正确的。

（4）图形分析方法。图形分析方法包括风险与收益图、直方图、饼状图及其他图形化组合的方法。图 9 -1 和图 9 -2 是组织常用的两种图形表达方式，用以平衡和监控其组合。

图 9 -1 是一个典型的气泡图，该气泡图根据预先定义的组合组件平衡标准，对组合组件的比较和平衡提供支持。每个气泡是一个组合组件，气泡大小代表一个补充变量，如成本或净现值。气泡颜色代表另一个标准或类别。

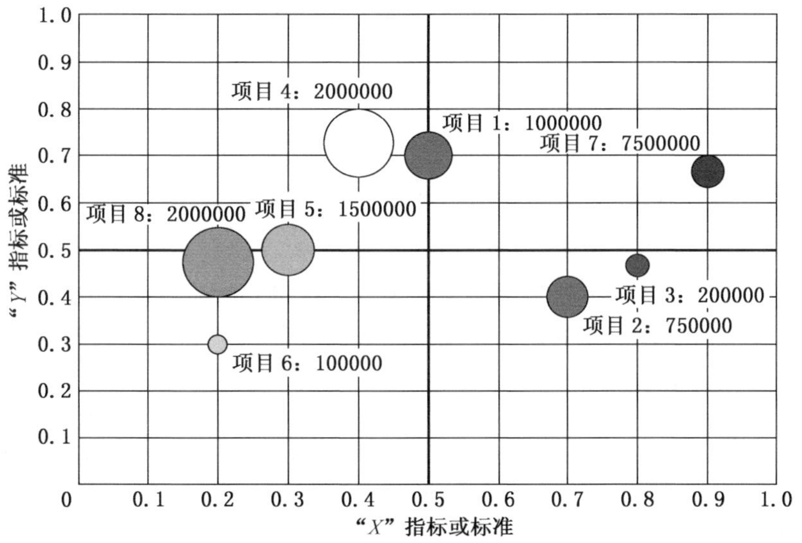

来源：Project Management Institute，Inc.，THE STANDARD FOR PORTFOLIO MANAGEMENT THIRD EDITION，Published by Project Management Institute，Inc.，2013，P. 76.

图 9 -1　利用指标和标准平衡组合

图9－2展示了气泡图的另一种变体，该气泡图根据所属类别及被组合组件影响/定位的组织单元而显示组合组件。气泡图还使用来自评分模型的指标或与组合平衡相关的新指标，即每个气泡是一个组合组件，而气泡大小代表补充变量，如成本或净现值。气泡颜色代表特定的用来测量平衡的定性标准。

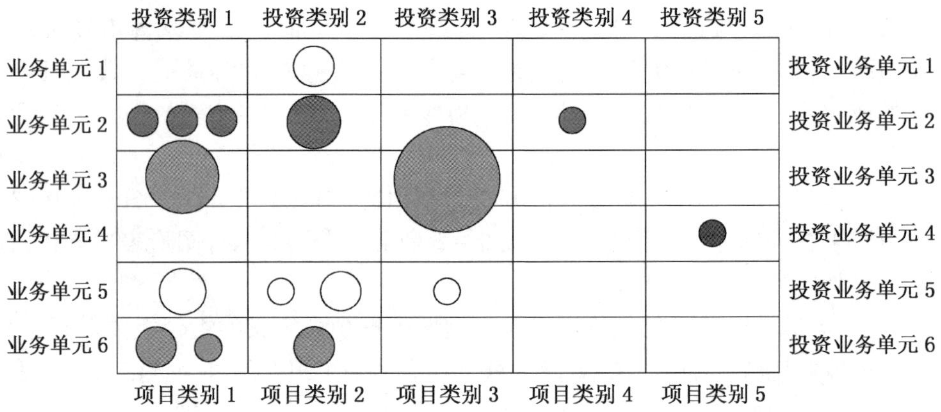

来源：Project Management Institute，Inc.，THE STANDARD FOR PORTFOLIO MANAGEMENT THIRD EDITION，Published by Project Management Institute，Inc.，2013，P. 76.

图9－2　利用策略分类和目标业务单元平衡组合

9.2　平衡组合

平衡组合寻求具有最大潜力的组件构成方案，以便能够共同支持组织的战略组件启动方案，并实现战略指标。平衡组合支持按照战略方向规划和分配资源的能力，以及在组织预定义的预期风险预测条件下最大化组合回报的能力。平衡组合是优化组合的子过程之一。

平衡组合还包括对指标进行权衡的评估和管理，如风险与回报的管理、短期目标与长期目标的平衡及与战略经营指标一致的技术和项目类型的平衡。为了体现战略优先级，跨整个组合有限资源的投入也应得到平衡。只能交付低层级收益的组件应从组合中移出，从而使组织能够将资源集中分配给高优先级的组件。

平衡还包括按照依赖关系划分的组件分组，从而确保高优先级组件包含全部依赖信息，并且平衡还包括各分组的总体成本和收益。设立组合基准是为了监控后续阶段的成本和收益，并按照需求进行再平衡。对活动进行平衡涉及对已选择的和已排序的组合组件的审查。平衡组合是为了通过使用预定义的组合管理标准、组织的预期风险预测、组合绩效测量标准及能力约束条件对已建立的战略指标提供支持。当完成平衡活动后，应给出维持组合当前状态或对组合进行调整的建议。

一旦组合优化得到执行，并且优化工具（基于场景分析）给出了满足给定约束条件的最优组合选择方案的建议，接下来就要进行组合平衡。在组合平衡期间，每一个优化的组合方案按照早期进行组合设计定义活动时确定的平衡因素和平衡点，接受基于平衡的审查。如果组合的平衡状态没有处于早期定义的可接受的平衡点限制范围内，这些最优组合的构成方案可能需要被修改（组合调整），以便改善组合平衡。然而，如果组合构成方案被调整，“组合总体价值”可能也会发生变化，所以一定要执行再优化（组合敏感性分析），以便评估所建议的变更对“组合总体价值”的影响。

如果再优化的结论是所建议的变更会降低“组合总体价值”，但是只是轻微地，则变更可能会获得批准。反之，平衡组合可能需要再次执行，以便开展进一步的调整。这一迭代过程持续进行，直到组合治理委员会成员就“组合总体价值”及组合平衡点在可接受的限制范围内的最优组合达成共识。这一组合便成为终选组合（通常在下一次组合审查之前）。所以，优化—平衡生命周期通常是整个组合管理生命周期中迭代次数最多的部分，并且还是开发组合构成方案最关键的部分。组合经理的责任就是特别要在优化—平衡生命周期期间，有效地争取全部与组合相关的决策者（通常是治理委员会成员），这是因为对组合战略很关键的组合构成方案的决策是在这些活动中完成的。

平衡组合是将经过排序的组件启动方案组织成“多样化的”组合组件构成方案的迭代过程，实施时，该方案能够最好地与组织战略计划保持一致，并能够最好地支持该计划。然而，它并不意味着价值最大化。当对组合进行投资时，应考虑平衡问题。平衡组合的主要指标是管理好组合的总体风险。平衡组合通常贯穿于整个组合过程生命周期中，然而只有对组件启动方案进行排序后，才能够做出详细的平衡决策。可以依据一个或多个因素对组合进行平衡。这些因素代表不同的平衡类别。当对组合进行平衡时，对组织很重要的组件启动方案类别，应当已经得到确定。这些组件启动方案的分类有助于平衡组合。

平衡组合可以分为3个层级：

（1）一级平衡：投资平衡。投资平衡通常面向战略业务部门，由高层管理人员在战略桶模型（战略计划）中定义。

（2）二级平衡：组合类别平衡。跨全部组件启动方案类别的投资平衡，由组合治理委员会按照对不同组件启动方案类别（战略桶模型－组合设计定义）

的投资百分比来定义。

（3）三级平衡：组合三重约束平衡。在适当的组织约束条件下最大化组合总体价值（约束条件1），保持与组合战略的一致性（约束条件2）及组合平衡（约束条件3）（通过迭代的优化—平衡过程来实现）。

为了能够开展组合平衡，确定“平衡点”（也称为“平衡模型”）是很必要的。“平衡点”简单地代表了组合中竞争的和平衡的类别之间所分配资金或资源的百分比。平衡点反映了组织的文化、价值和战略，通常每年都会修订。确定平衡点是一项高层决策，必须通过相关高层干系人之间的积极协作来确定，以便获得他们的最大认可。在“组合设计规格定义”中主动地设定平衡点，而不是在开展平衡活动期间基于工作或基于组件启动方案来被动地设定。当平衡点发生变化时，意味着组织的优先级或战略已经发生了变化。平衡点每年都可能发生变化，或依赖于组织所运行业务环境的变化而变化。

平衡点提供了指导组合平衡的框架，但它们不能被看作是一成不变的标准。依据要平衡的组合组件类型的不同，可能无法精确地实现组合平衡点，这不是问题，只要在做决策时能够全面了解决策对一个组合会产生什么后果就可以了。发生这种情况部分是由相关计算方法导致的。需要被排序和选择的组件启动方案的特性决定了通常可以偏离平衡点多少个百分点。

从总体上看，平衡组合包括下列活动：

（1）增补新的已被授权选择和排序的组件。

（2）基于审查过程，识别尚未授权的组件。

（3）基于审查过程，终止需要暂停、重新排序或结束的组件。

一个高层级的决策矩阵可以构造这种平衡的组合。例如，用于与基础设施相关的下列类型组件的决策矩阵可能包括：

（1）满足高质量商业交付服务重要部分的系统。

（2）提高组件价值或业务流程化的应用。

（3）自然衰退或不可替代技能的应用。

（4）因组件的技术弱点导致价值降低的应用。

为了能够在已构建的组合管理标准下获得预期回报，选择组件构成方案应考虑存在于组件之间的相似性和协同性。这包括现存组合组件之间的依赖关系。加强这些相互关联有助于全面发挥组合的各个方面，从而实现使用最少投资获得最大回报的目的。

平衡组合，可以对组合及其组件产生下列影响：

（1）获得批准的组合组件列表形成完整的组件清单，经过商业论证以确认清单的可行性后，该清单将按执行计划得到批准。

（2）最新的主清单是含有各个组件最新状态信息的全部批准的、搁置的或终止的组件汇总清单。从组合中移除一个组件或拒绝将一个组件纳入组合的基本决策理由一定要写入主清单中，并且这些评估应定期进行。

（3）组件预算及资源的批准或否决应当在主清单中更新。这是一个考虑了改变组合组件的成本、风险或价值的内部或外部因素的迭代过程。

为了优化组合，下列因素需要考虑：

（1）每个战略类别中的组合组件排序清单。组件排序清单是开展组合平衡所要求的。

（2）组合管理标准。在定义和管理组合的过程中，组合经理需要使用的具体指标、约束条件和指导方针应得到识别。一些例子包括被不断演变的业务发展方向、基于市场条件变化的风险承受能力及财务回报所支配的多种投资指标。

（3）组合管理绩效测量标准。由组织创建的用于评估组合绩效并确定组合是否正在按计划执行、是否需要调整的测量标准和绩效目标是平衡组合所需要的。一些测量标准的例子包括组合回报、风险和多样化等。

（4）能力约束条件。能力约束条件包括组织财务、物理资产及人力资源等不同类别的约束条件。

（5）通过报告和审查衍生的组合再平衡建议。审查过程的一项周期性输出是提出终止现有组合组件或对现有组合组件进行再调整的建议。然后，报告和审查过程将会请求组合平衡过程，以确保组合的任何变更能够增强对组合的支持，并提高实现战略目标和指标的可能性。

（6）组合风险登记册。在识别组合风险的过程中首先要开发风险登记册，并在分析组合风险的过程中对风险登记册进行更新。

开发组合风险响应计划的重要输入包括组合风险的相关等级和优先级列表、近期需要响应的风险清单、需要补充分析和响应的风险清单、风险分析结果所展现的趋势、根本原因、风险类别分组、潜在响应方案清单、风险责任人、风险预警标志及低优先级风险观察清单。

平衡组合的工具和技术可以帮助组织有效地选择和执行与战略计划保持总体一致性最好的组合。

通常在相同的类别（类别是平衡组件以便解决组织全部不同的关注和指标的一种尝试）中，通过使用各种定性和定量的方法，以及支持决策过程和分配预算的软件工具，组合组件可以与另一个组件保持平衡。

通过平衡组织的各种不同目标来平衡组合，如财务组织开发和运营绩效目标。

优化组合需要使用的知识和技能包括，但不限于：

（1）成本—收益分析。成本—收益分析是组织首选的一种财务分析方法。该分析方法包括净现值（*NPV*）、净现金流（*DCF*）、内部收益率（*IRR*）、成本收益率、投资回报率和期权分析。

（2）定量分析。定量分析包括使用电子表格或其他考察利益因素的工具，如随时间推移的资源加载需求，或者现金流。

（3）情景分析。这种分析方法允许决策者通过采用不同的组合组件（包括潜在的组合组件与现有的组合组件）构成方案建立多种组合情景。这种分析可以通过多种基准的结合得到进一步加强。

（4）概率分析。这些分析方法包括决策树、流程图和蒙特卡洛模拟。通过使用预估成本、预期收入、风险及其他标准的成功与失败概率，对组件进行评估。

（5）图形分析方法。图形分析方法包括风险与收益图、直方图、饼状图及其他图形化组合的方法。图 9－1 和图 9－2 是组织常用的两种图形表达方式，用以平衡和监控其组合。

图 9－1 是一个典型的气泡图，该气泡图根据预先定义的组合组件平衡标准，对组合组件的比较和平衡提供支持。每个气泡是一个组合组件，气泡大小代表一个补充变量，如成本或净现值。气泡颜色代表另一个标准或类别。

图 9－2 展示了气泡图的另一种变体，该气泡图根据所属类别及被组合组件影响/定位的组织单元而显示组合组件。气泡图还使用来自评分模型的指标或与组合平衡相关的新指标，即每个气泡是一个组合组件，而气泡大小代表补充变量，如成本或净现值。气泡颜色代表特定的用来测量平衡的定性标准。

（6）专家判断。组合管理团队常常利用专家判断评估所需的用于确定怎样平衡组合的输入。在平衡组合的过程中，这些专家的判断和建议被用于技术和管理的细节。

9.3 案例：几家公司使用的泡泡图

泡泡图是广为流行的技术。但需要注意的是，几乎没有组织将泡泡图作为他们主要的项目选择方法。泡泡图更多地被用于展示当前组合分解的讨论工具，即“是什么”。

典型的泡泡图通过二维 *X*、*Y* 坐标来展示项目，*X* 轴和 *Y* 轴可用于表达任何坐标。经常用到坐标图的是风险与回报，如图 9－3 所示。圆圈和气泡代表单个项目（或项目集合），气泡大小体现第 3 个重要的测量指标，如项目的资源需求。一些组织甚至用气泡的形状、颜色及阴影来表达项目的关键特征。

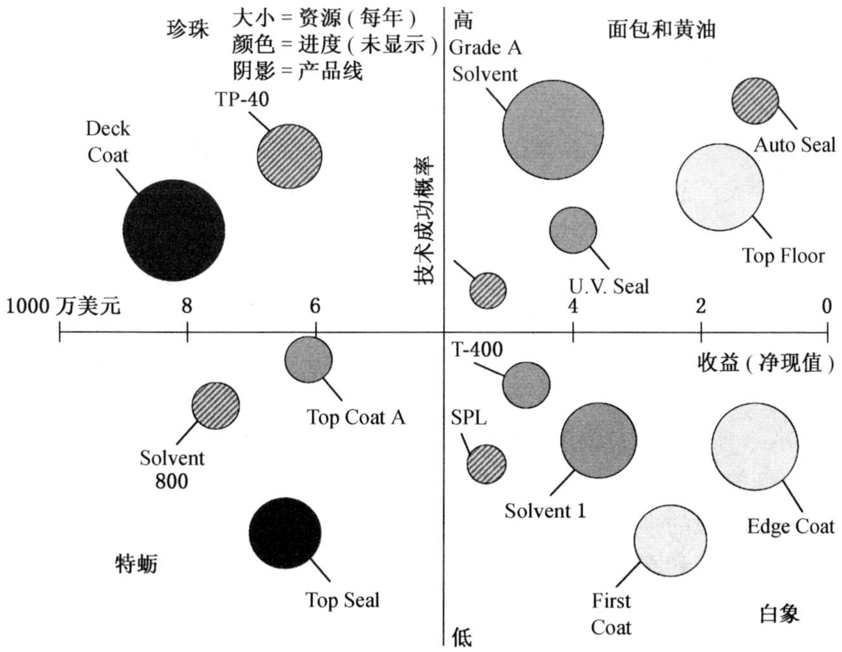

说明：图中英文表示各个项目的名称。

图9-3 T公司的风险—回报泡泡图（化工企业）

9.3.1 T公司风险—回报泡泡图①

图9-3是一家大型化工企业分公司制作的泡泡图，称其为T公司。需要注意的是，经过商业风险性调整的净现值位于横轴线（反方向，从右至左），而纵轴线代表技术成功概率。气泡大小表示对应项目的年度资源支出（在T公司的案例中，年度资源支出既可以按美元计算，也可以按分配给项目的全日制人员或工作人月计算）。

泡泡图模型的4个象限分别说明如下：

（1）珍珠（左上象限）：指有潜力的明星项目，项目的成功概率很高，预期回报也非常高。大多数公司都希望这样的项目越多越好。T公司有两个这样的珍珠项目，并且已为其中一个分配了可观的资源（用圆圈大小表示资源分配的多少）。

（2）牡蛎（左下象限）：指长期的或投机性很强的项目，项目的预期收益很高，但技术的成功概率很低。这些项目需要通过技术突破来获得可靠的回报。T

① 来源：R. G. Cooper, S. J. Edgett And E. J. Kleinschmidt, PORTFOLIO MANAGEMENT FOR NEW PRODUCTS SECOND EDITION, Published by Basic Books, A Member of the Perseus Books Group, 2001, PP. 76-78.

公司有 3 个这样的项目，但这 3 个项目所获得的资源都不多。

(3) 面包和黄油（右上象限）：指小型、简单的项目，项目的成功概率高，但回报低。这类项目包括扩展、调整和更新类项目。大多数公司都有很多这样的项目。在该区域，T 公司是典型的项目过剩企业（需要注意的是，这里的大圆圈实际上表示相关产品更新项目的集合）。T 公司超过 50% 的支出都用在了面包和黄油项目上。

(4) 白象（右下象限）：指成功率低且回报低的项目。每项业务都会存在少数难以淘汰的白象项目。这类项目在生命周期初期表现很好，但经过一段时间，其吸引力会变得很低。T 公司存在太多这样的项目。公司 1/3 的项目约 25% 的支出都用在了白象区。

如图 9－3 所示，泡泡图模型的一个具有吸引力的特点是，它可以推动管理人员处理资源问题。圆圈大小表示每个项目的资源分配。圆圈区域大小代表了对应项目所分配资源的多少，因此鉴于资源有限（如人力和资金供给的限制），圆圈所代表领域的总和必须是恒定的，也就是说，如果在图中加入一个项目，那么就必须减去另一个项目，或者缩减几个圆圈的大小。简要地讲，该模型可以强迫管理人员去考虑，如果将一个或多个项目增加到项目清单，将会对资源配置产生哪些影响，即其他项目必须为之付出代价。

在泡泡图中，同时也展示了与每个项目相关联的产品线（通过阴影或交叉影线）。进度是 T 公司要做的最后一项分解，用不同的颜色来区分（未能将其展现在黑白图中）。深红色代表“即将上市”，蓝色是搁置的并代表项目早期阶段。因此，这张看似简单的风险—回报图展示了比简单的风险和收益率数据更丰富的内容。它还展示了资源分配、进度及跨产品线的分配。

泡泡图模型应如何使用？与价值最大化模型不同，泡泡图不会生成项目的优先排序清单。泡泡图更多地展示信息而不展示决策模型自身。尽管如此，某些象限会比其他象限拥有更多的首选项目；3 个条件更优的象限之间的平衡也很关键。由图 9－3 可以看出，管理人员应仔细考量当前组合的适当性并采取必要措施。

为了解决白象类项目过剩的问题，T 公司对这 5 个项目立即启动关口审查，梳理项目清单并将资源重新分配给更有价值的项目。有很多相当不错的项目因等待资源而处于搁置状态（这些项目未在泡泡图中显示出来，但是有些公司会生成暂停项目泡泡图）。

管理人员认为，3 个牡蛎项目正合适，他们决定提高对这些项目的资源分配，以促其加快进度，特别是其中两个项目正苦于资源短缺。

对右上象限的项目（面包和黄油项目，占支出总额的 50% 以上）进行仔细审查。高层管理人员对这部分项目的高支出普遍感到不安（这部分业务被认定为“成长型业务”)。同时他们担心这部分项目有可能成为“忙碌的傻瓜”——围绕许多琐碎项目做大量工作。作为审查结果，有几个项目可能被取消或推迟。

几个被打入“冷宫”的项目（即由于缺乏资源或从事该项目工作的人员而导致暂停的项目）立即得到激活。通过削减白象项目及面包和黄油项目的开支，人力资源变得可用。

泡泡图被发现可用于两种场合。第一种场合是最明显的场合，用于组合审查会议，与T公司描述的情况类似。如上所述，全部项目的组合被定期审查（如按半年或按季度）并采取适当措施。第二种场合（本节的所有视图）是关卡和项目审查会议。方法如下：

（1）正在考虑的项目在泡泡图中用虚线圆圈表示（有待批准的项目）。

（2）在同一泡泡图中展示其他正在进行的项目，即活跃项目及其当前资源分配情况。

（3）用另一个泡泡图（可选的）表示暂停的或等待资源的项目。

通过这种方式，将正在考虑的项目与排队的项目及活跃的项目进行比较。另外，通过在活跃泡泡图中展示新项目，能够看到新项目对整个组合的影响（如对平衡性有什么影响，或者如何将其纳入组合）。

9.3.2 利洁时公司风险—回报泡泡图①

一个比较简化的风险—回报图的说明是由利洁时公司提供的，这是该公司组合模型的诸多可视图之一。

利洁时公司是一家家庭日用消费品和制药产品的跨国生产商。公司总部位于英国伦敦。该公司使用各种不同的品牌将它的产品分销到大多数国家。在北美，家喻户晓的品牌包括 Easy - Off 烤箱清洁剂、Airwick 空气清新剂、Lysol 消毒剂及 Woolite 织物洗涤剂。

该公司使用比图 9 -3 相对简单的组合映射图来描述组合。根据总体成功概率对净现值进行标绘，如图 9 -4 所示。图 9 -4 中绘出了各种类型的项目：新业务（新类别中的新产品）、新产品和产品改进。这样，在单一图表中显示了两种平衡的要素：风险—回报和项目类型。

总体成功概率（横轴）是技术成功概率和商业成功概率简单相乘的结果。净现值只考虑增量销售额（扣除了销售额的等同部分）。

按照利洁时公司管理人员的看法，该公司最实用的一个组合图是他们的简易

① 来源：R. G. Cooper，S. J. Edgett And E. J. Kleinschmidt，PORTFOLIO MANAGEMENT FOR NEW PRODUCTS SECOND EDITION，Published by Basic Books，A Member of the Perseus Books Group，2001，PP. 82 -83，85 -90.

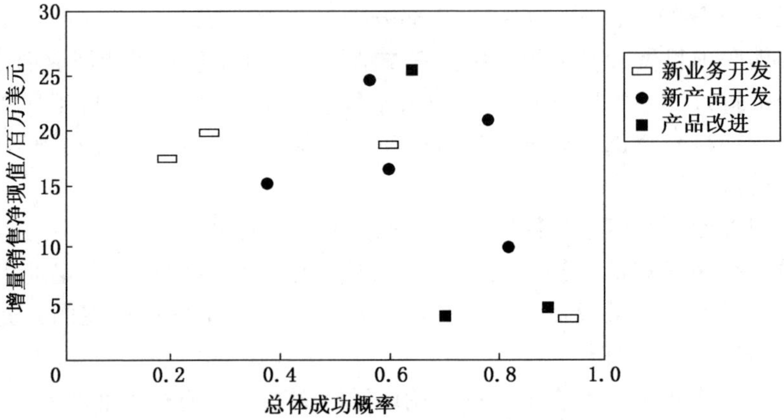

图9-4 利洁时公司成功概率与净现值

性—吸引力图。与后文介绍的特种矿物公司的方法类似，这个泡泡图不但避免了对精确财务数据的严重依赖，而且还纳入了利洁时公司管理层认为的对项目选择和组合平衡很关键的因素。

这里，横纵坐标轴分别代表实施简易性和市场/概念吸引力（图9-5）。两条坐标轴基于评分模型构建：即命名多个刻度为1~5的小项，并以加权方式将它们相加。

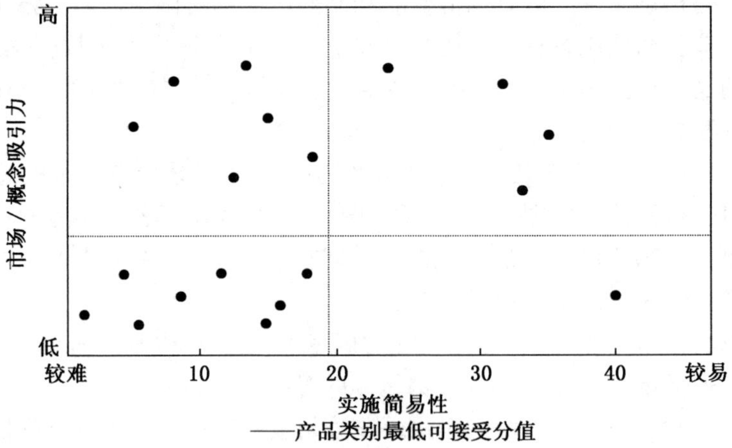

说明：两条坐标轴都基于多个小项的加权值的汇总结果（与评分模型类似），见表9-1。每个黑色圆圈代表一个新产品项目。

图9-5 利洁时公司市场/概念吸引力与实施简易性

概念吸引力的测量由6个小项评分组成，其中4个小项分别为采购意图、产品优势、优势可持续性及国际范围。类似的，实施简易性也由评分小项构成，如企业技术优势及开发、注册、包装、生产、分销等过程中未考虑到的问题（表9－1）。这样，利洁时公司虽然使用了评分模型，但此处是为了构建二维组合泡泡图的坐标轴。

表9－1 利洁时公司市场/概念吸引力和实施简易性的构成因素定义

因　素	权重	测量登记（1～5）
市场/概念吸引力评分因素（纵轴）		
采购意图	5	1. 明显低于平均水平 2. 略低于平均水平 3. 处于平均水平 4. 略高于平均水平 5. 明显高于平均水平
在现有项目中的优势	5	1. 明显低于平均水平 2. 略低于平均水平 3. 处于平均水平 4. 略高于平均水平 5. 明显高于平均水平
应用绩效	5	1. 绩效前景优势渺茫 2. 绩效前景优势不确定 3. 部分绩效前景略占优势 4. 部分绩效前景具有重要优势 5. 良好的绩效前景具有重要优势
竞争地位的提升	2.5	1. 有助于塑造品牌，但不能长期保持品牌优势 2. 有助于制定品牌战略规划并有助于保持品牌优势 3. 有助于制定品牌战略规划并能够保持品牌优势 4. 塑造品牌并长期保持品牌优势 5. 强有力地塑造品牌并长期保持品牌优势
竞争优势的持续能力	2.5	1. <6个月 2. 6～12个月 3. 1～2年 4. 2～5年 5. >5年
地理范围①	2.5	1. 本地项目——成熟的市场 2. 本地项目——发展中的市场 3. 区域项目——成熟的市场 4. 区域项目——发展中的市场 5. 多区域项目

表9-1（续）

因　　素	权重	测量登记（1~5）
实施简易性评分因素（横轴）		
技术优势	5	1. 弱 2. 还可以 3. 令人满意 4. 强 5. 占支配地位
技术成熟度	5	1. 萌芽期 2. 成长期 3. 成熟期 4. 衰退期
注册/临床试验	5	1. 预计在大多数市场存在重要问题 2. 预计在一些市场存在重要问题 3. 预计存在小问题 4. 预计不存在问题 5. 无须注册或临床试验
包装组件	2.5	1. 包装技术需要基本性改进 2. 需要开发一些新的组件 3. 需要开发一个新的组件 4. 需要对现有组件进行改进 5. 使用现有组件
制造	2.5	1. 制造技术需要基本性改进 2. 需要新的制造设备（>100000） 3. 需要进行重要改进（<100000）或使用共用设备 4. 需要进行微小改进 5. 使用现有制造设备
销售和分销	2.5	1. 在新的分销渠道中需要新的销售/采购技能 2. 在新的分销渠道中使用现有销售技能 3. 销售/采购人员需要新技能 4. 需要一些新技能 5. 无须改变现有销售方式

注：①利洁时公司的全球分布区域如下：欧洲、北美、中/南美、太平洋地区等。区域项目覆盖多个国家，如欧洲各国。本地项目只覆盖一个国家。

项目的市场吸引力由以上各因素评分值总和经过加权平均后得出。

项目实施简易性由以上各因素评分值总和经过加权平均后得出。

另一个平行的泡泡图绘出了市场/概念吸引力（表9-1）与财务吸引力（图9-6）。后者的坐标基于净现值的计算。

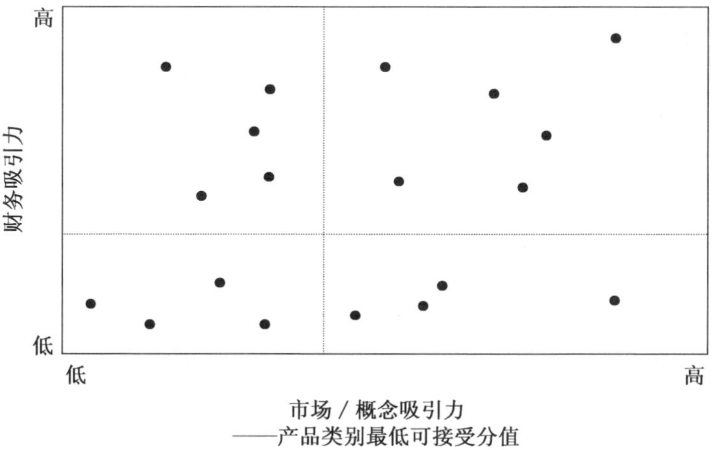

图9－6 利洁时公司财务吸引力与市场/概念吸引力

利洁时公司组合图的使用与T公司泡泡图的使用方式非常类似。经理们在最喜好的象限中寻找项目（图9－5的右上区域），在“无吸引力—难做到”的象限中仔细审查项目，同时寻求简易性与吸引力之间的平衡。例如，在图9－5中：

（1）简单易行的项目异常短缺。这与几年前公司普遍关注的“唾手可得”项目过剩的状况形成鲜明对比。或许是因为物极必反，现在需要在简易性和挑战性强的项目中寻求一个更好的平衡。所以，管理人员需要寻求增加简易项目数量的途径。

（2）很显然，期望中的位于右上象限的项目太少。分析结果使大家认识到，需要增强对创意/概念生成的关注程度，并需要将更多的概念进一步融入项目的早期筛选阶段中。另外，虽然资源分配没有在图表中显示，但是对4个潜在明星项目的资源承诺显然是个问题。

在19个项目中，有8个位于左下象限（难度较大且吸引力较小），管理人员必须提出一些非常尖锐的问题：为什么这个区域有那么多项目？其中哪一个项目应取消？每个项目存在的理由是什么？（或许有战略、竞争或防御等几个方面的考虑。）此象限区域项目今年的支出是多少？（或许管理人员可以延迟一些项目以减少该象限的资源分配。）可以通过改变定义、范围、资源分配或行动计划使项目更具吸引力或更加易行吗？

有6个项目位于既具有吸引力又难以推进的左上象限。并且，针对这6个项目所提出的关键问题必须集中在如何降低项目实施难度上。例如，通过加强资源分配能够克服技术、生产和包装方面的困难吗?

9.3.3 特种矿物公司风险—回报泡泡图①

特种矿物公司使用了评分模型与泡泡图相结合的方法。这种方法值得关注的原因是，它能够解决泡泡图遇到的几个问题。特种矿物公司的管理人员非常清楚，对财务标准的过度使用是有问题的（如在图9-3中使用净现值作为泡泡图的一个轴线)。他们认为，当在项目生命周期的某一关键节点，需要做出优先排序决策时，可靠的财务数据却难以获得。类似的，完成对成功概率的定量评估也被证明是非常困难的。最终，管理人员寻求将组合模型与关卡决策联系起来。值得注意的是，特种矿物公司采用了门径管理流程，并在关卡节点引入评分模型。

他们使用的解决方案是，将关卡评分模型与组合泡泡图结合起来。特种矿物公司的关卡评分模型引入了7个因素:

(1) 管理人员的兴趣。

(2) 客户的兴趣。

(3) 竞争优势的可持续性。

(4) 技术可行性。

(5) 商业论证优势。

(6) 核心技能的适应性。

(7) 利润率和影响。

在关卡节点，按1~5的分值对这些因素进行评分，从而对个别项目进行通过/淘汰的决策。7个因素中的5个因素用于构建泡泡图，成功概率和回报作为2条坐标轴（图9-7)。2条坐标轴根据以下7个因素的评分导出。

(1) 纵轴：成功概率，由下列因素乘以加权值（括号中）后相加而成。

① 客户兴趣（0.25)。

② 技术可行性（0.50)。

③ 核心技能的适应性（0.25)。

(2) 横轴：对公司的价值，由下列因素乘以加权值（括号中）后相加构成。

① 利润率（0.66)。

② 竞争优势（0.34)。

该公司的7个因素评分模型具有双重功能。作为关卡审查中通过/淘汰决策的基础，该模型还提供了构建组合泡泡图2个坐标的5个部分（数据)。这样，

① 来源: R. G. Cooper, S. J. Edgett And E. J. Kleinschmidt, PORTFOLIO MANAGEMENT FOR NEW PRODUCTS SECOND EDITION, Published by Basic Books, A Member of the Perseus Books Group, 2001, PP. 84-85.

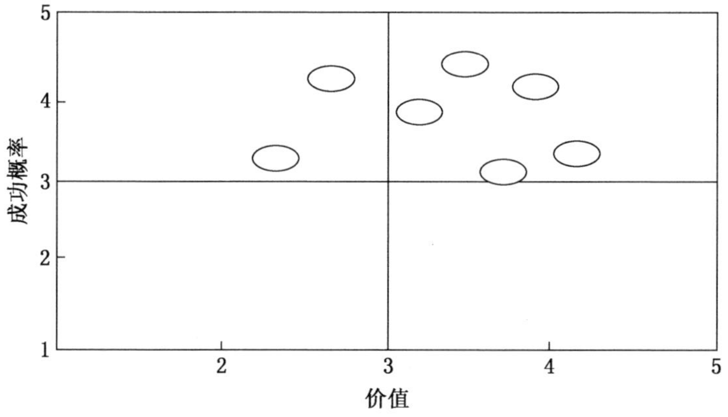

注：基于关卡3评分结果。

价值 =0.66(利润率) +0.34(竞争优势)

成功概率 =0.25(客户兴趣) +0.5(技术可行性) +0.25(核心技能的适应性)。

图9－7 特种矿物公司使用评分坐标后的风险—回报泡泡图

关卡决策便与组合审查紧密地联系起来。同时，采用这种混合方法及从关卡审查中得到的评分为泡泡图提供了输入。特种矿物公司通过使用一种方法实现了组合管理的2个目标：组合价值的最大化（关卡评分模型）及风险与回报之间的适当平衡（图9－7）。

9.3.4 加拿大皇家银行简易性—重要性泡泡图①

加拿大皇家银行使用的泡泡图是利洁时公司简易性—吸引力泡泡图的一种变体。的确，在过去的几年，随着加拿大皇家银行组合管理经验的不断积累，该银行使用的组合管理方法也取得了令人瞩目的发展。

最初，该银行使用的是通过净现值和成功概率绘制的基于财务标准的泡泡图（与图9－3非常相似）。开展净现值计算所必需的数据由项目团队提供；业务成功概率数据则通过为财务研究所设计的NewProd模型的剪裁版本处理后得出，其原始数据也由项目组提供。遗憾的是，这种方法导致数据输入均来自项目团队自身。他们很快发现，所输入的数据都是倾向于对项目启动有利的数据。

当前的泡泡图具有2个维度或因素，由6个评分值构成（表6－3）。除了圆

① 来源：R. G. Cooper, S. J. Edgett And E. J. Kleinschmidt, PORTFOLIO MANAGEMENT FOR NEW PRODUCTS SECOND EDITION, Published by Basic Books, A Member of the Perseus Books Group, 2001, PP. 88－90.

圈大小代表每个项目的当年投资外（图9－8），其最终泡泡图与利洁时公司的泡泡图（图9－5）非常相似。

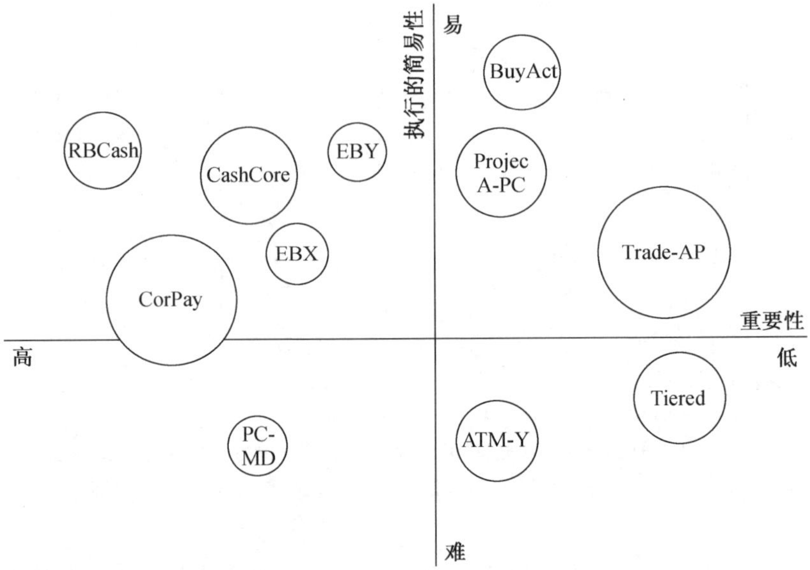

注：简易性和重要性是评分坐标轴。圆圈大小表示每个项目的当前年度投资额。图中英文表示各个项目的名称。

图9－8　加拿大皇家银行的项目简易性—重要性组合图

9.3.5　拜耳公司市场－技术新颖性泡泡图①

这些年，项目新颖性的各个维度已经成为确定新产品项目特征的热门方法。最初的新颖性或熟悉度矩阵由艾德·罗伯特（Ed. Roberts）提出，现已经出现了很多变体，并且这种思想已经逐步融入泡泡图的设计中。于是，出现了一个相当流行的泡泡图版本，即通过 X 和 Y 坐标轴标出新颖度的各种度量。

拜耳公司是一家大型制药和化工企业。其美国分公司走在了组合管理实践的前列。在各种图表中，它的新颖性泡泡图被认为是确定项目特征非常有用的图形。这里使用了新颖性的 2 个维度。

1. 市场新颖性（3 类）

（1）基础市场：公司已经进入的市场。

① 来源：R. G. Cooper, S. J. Edgett And E. J. Kleinschmidt, PORTFOLIO MANAGEMENT FOR NEW PRODUCTS SECOND EDITION, Published by Basic Books, A Member of the Perseus Books Group, 2001, PP. 92－94.

（2）新颖但熟悉的市场：市场对公司来说是新颖的，但与公司熟悉的现有市场非常接近。

（3）新颖且不熟悉的市场：市场对公司来说是新颖的，并且是不熟悉的。

2. 技术新颖性（3类）

（1）基本技术：在公司已经就位的或正在实践的技术。

（2）新颖但熟悉的技术：对公司来说是新技术，但与公司所熟悉的基本技术非常接近。

（3）新颖且不熟悉的技术：对公司来说是新技术，同时公司对其也非常不熟悉，可能对全世界来说也是全新技术。

开发项目基于2个维度，每个维度又划分为3个类别，然后绘制成新颖性泡泡图（图9-9）。泡泡大小代表项目的资源需求。这种新颖性泡泡图能够使管理人员一目了然地看清组合的风险预测（新颖性代表风险坐标），并且能够看出各象限区域的资源分配情况。

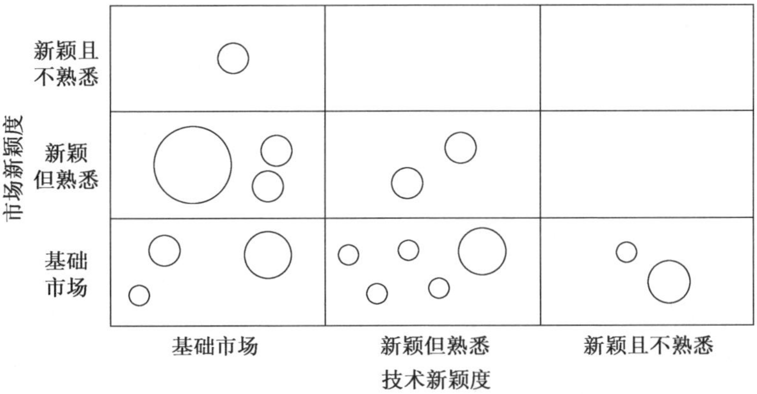

注：圆圈大小代表资源需求，圆圈位置和数据为假设值。

图9-9 拜耳公司市场与技术新颖度矩阵举例

9.4 沟通组合调整

应与组合干系人进行组合变更的沟通，以便能够设定变更预期并深入理解变更对组织的组合绩效目标和商业战略的影响。沟通组合调整的目的包括满足干系人需求、解决问题并确保组合保持在实现其目标的轨道上。

干系人有能力影响决策。为了实现组合目标，要理解干系人的需求并满足他们的信息需求。这包括彼此有着相互冲突目标的干系人及竞争有限资源的干系人。

该过程应与组合治理的其他过程保持高度一致，并在需要进行变更时提供与干系人的沟通服务。

该过程的关键活动包括：

（1）与干系人沟通组合决策，包括已经纳入组合的组件及尚未纳入组合的组件。

（2）提供与沟通计划相关的预期（如审查周期、进度绩效测量标准、要求的可交付成果）。

（3）比较预期沟通与实际沟通结果，识别偏差和纠正措施。

沟通组合调整，可以对组合及其组件产生下列影响：

（1）组合管理角色和责任文档识别干系人并定义参加组合管理过程的全部人员的角色和责任。该文档可能会依据沟通组合调整的结果得到修改。

（2）组合管理计划定义了全部沟通需求，明确了沟通要求，给出了沟通频率，并识别了组合管理过程相关信息的接收人。该文档可能会依据沟通组合调整的结果得到修改。

（3）报告是成功开展组合管理的重要任务。它为干系人提供了实现组织战略愿景和目标的进展视图。它还为组织领导提供组合是否正在“做正确的事情”的信息。信息被分发给干系人，以便提供组合绩效的状态并确保干系人的期望得到满足。

为了沟通组合调整，下列因素需要考虑：

（1）新标准。当组织的内部或外部的环境发生变化时，用于确定组合的构成和方向的标准也会发生变化。新的领导人要按照不同的目标调整商业战略。市场成熟度或部门关注点的改变可能要求不同的财务收益阈值。当对新标准的需求变得明朗时，组合管理团队需要检查当前战略计划中的标准，并通过关注其首要类别，对其进行适当变更。如果战略变更没有发生，则应将工作重点放到组合平衡上。

（2）战略计划更新。战略计划被组织用于调整它的组织和预算的结构，使其与组织的优先级、使命和指标保持一致。

（3）组合报告和审查的输出。这些输出包括有关组件的指令、组合再平衡建议、对业务的建议、改善的选择标准、更新的关键指标、战略目标实现报告等。

（4）组织过程资产。当问题发生时，应利用组织过程资产并与相应的干系人协作处理和解决这些问题。这包括组合管理（包括战略一致性）中发生的相关变更、组织过程资产的监控和再分配。例如，包括以下内容：

① 路线图。路线图是按照组织战略愿景构成组合的大纲。这个大纲识别干系人，并包括每个干系人需要的沟通类型及何时需要沟通组合变更。

② 组合预算。有关预算变更的沟通可以帮助组织领导在组合调整中能够满足组织愿景和战略对组合投资回报的要求。

③ 资源。为与组织资源投入保持一致的组织优先级的变更，可以改变劳动力，并且/或者能够修改资源的成本结构，从而会对组织绩效产生影响。组合管理团队需要确定由此产生的影响是增加了还是降低了组合的价值。

（5）干系人的期望和要求。一个组合的干系人来自广泛的领域和组织中各种不同的部门，被认为包括任何受到组合产出成果影响或影响组合产出成果的人，无论是正面或负面的影响。重要的是一个组织不仅要知道明显的干系人（如高级领导或财务决策者），还要考虑根据组合的目标和风险管理战略具体识别出来的干系人。组合干系人包括：

① 高层经理。

② 组合审查委员会。

③ 组合经理。

④ 发起人。

⑤ 项目集经理。

⑥ 项目经理。

⑦ 项目集/项目管理办公室。

⑧ 项目团队。

其他组合干系人可以存在于组织内部或外部。干系人还包括不受项目集成果直接影响但可以维护组件启动方案利益的干系人。

沟通组合调整需要使用的知识和技能包括，但不限于：

组合需求分析。组合需求分析可以形成全部干系人的汇总需求，信息的类型和格式可以基于干系人的需求及干系人的分组与信息的价值结合起来。

沟通规划和执行应专注于关键信息的主动和定向的开发和交付，以及干系人在正确时间以正确方式的参与。对组合战略变更的沟通一定是跨组织和部门边界的，从而能够通过达成共识获得真正的成功。此时，时间、资金和范围等传统的项目边界一定要符合组合的项目集和项目的战略视角。

干系人管理将明确需要沟通的信息类型。全部干系人，包括内部的和外部的，都应在沟通管理计划中予以考虑。

（1）识别组合审查点。例如：

① 季度的或半年的组合审查。

② 组织方针或战略的变更。

③ 项目报告所揭示的低效组合活动。

（2）识别外部干系人。例如：

① 为支持项目所需要的产品供货商（如服务器、文件设备等）。

② 外部资源供应商。

（3）按照对组合成功的影响等级对干系人排名。例如：

① 组织领导。从一开始就应预见和规划的沟通。

② 内部资源经理。基于季度或半年的组合层级审查的信息沟通。

③ 外部供货商。当组合需要进行变更并且该变更将会改变组合对一个供应商的需求时，该干系人应得到沟通。

④ 财务干系人。与该组干系人的沟通时机依赖于干系人的类型（如预算可能是按季度的，而采购可能是按月的）。

⑤ 项目经理。这通常是组合经理与干系人沟通最常见的类型，常常出现在每周的员工会议上。

9.5 优化供应与需求

在组合执行期间，供应和需求的优化涉及持续进行的用于航向修正和调整的资源测量和监控。

对供应和需求关系进行持续不断的监控对组合的成功很关键。组合经理分析有关资源使用的信息，针对有效资源，改变更活跃的组合组件的资源需求及已经得到计划和批准的组合组件的需求。然后，组合经理在这样的方式（在正确的时间使用正确的资源做正确的项目）下分配资源，即在正确的时间，识别正确的资源并将其分配给正确的项目。当资源受到限制时，组织可能无法完成计划的组件，并可能需要对组合组件进行重新排序。

在组件执行中，组合经理要维护风险偏好与资源能力和技能资质之间更加紧密的一致性和平衡性，从而确保在一个可容忍的风险承担等级内，能够获得有效管理组合所需的足够的能力和技能资质。

在整个组合执行期间，清楚地识别和管理资源、组合进度和相关风险之间的关系很重要。减轻战略和优化测量应提前准备就绪，以便保护组合的预期价值和收益。

应获得作为测量与监控过程一部分的测量标准、关键的趋势和模式及经验教训。这能促使组织建立一个知识数据仓库——一个可能在能力和技能资质计划的未来使用中极有价值的组织资产。

为了在这种挑战中获得成功，组织应采用一个精简的结构和强有力的变更管理过程，以便在响应措施及其相关决策上能够做到敏捷、有效和及时。有效的端到端的变更管理，包括识别、影响评估、沟通、配置和执行，对于确保组合价值和相关收益的实现很关键。

对于组合组件的变更，如范围的蔓延或改变、组件的终止或进度调整，能够促进资源的优化和平衡。组合管理团队需要识别组合组件变更对资源的影响。组合经理需要与组合干系人沟通，并在后续的进度变更中获得组合干系人的治理支持，从而确保最优的组合绩效。如果组合决策者能够掌握包括组合的当前状态、计划偏差和实现战略指标、目标实施路线的监控系统，上述变更将更加易于实现。

在识别和评估与资源相关的潜在风险和问题中，对干系人主动和持续的争取及对能力和技能资质的关注是非常重要的和有益的。一旦风险或问题得到识别和评估，经过计划的风险响应方法能够被创建和执行，从而避免了代价昂贵的停工或中断。反之，过剩的资源能力也可能导致一些组合组件超前。

9.6 平衡能力与技能资质

为了有效地执行和优化组合、获得战略目标和指标及向组织交付价值，需要对能力和技能资质进行平衡。为了满足组织需求，组织变更管理对于管理能力和技能资质的最优平衡很关键。

寻求弥补与一些产品、服务或组织技能资质相关的技能资质偏差的需求成为驱动项目和项目集的动力。通过交付最优解决方案的项目过程，需求得到平衡。类似的，在组合层级，通过能力和技能资质的平衡，技能资质的偏差被缩小。在组合层级的平衡活动不涉及需求间的权衡。然而，它涉及资源的交易，如平衡组织潜力、它在当前运营状态下能力资质的使用及它的能力。

平衡并不是将能力最大化以实现组织的理论技能资质的必要手段。目标不是为了最小化技能资质的偏差而对其他因素不管不顾。平衡能力和技能资质不是一个简单的任务，它是一个复杂系统的组成部分。在复杂系统中，组织需要考虑许多相互关系。平衡能力和技能资质涉及组织战略计划、组织过程资产、组合过程资产和事业环境因素的整合。动态的技能资质和能力对创新很关键。

平衡动态的能力和技能资质特别困难，因为它主要应对的是人或软技能。作为这个平衡过程的一部分，能力和技能资质偏差在全部领域都能够得到补偿，但不是必须要达到最小化。

9.7 平衡组合风险

当管理组合风险时，关键组合干系人的风险偏好，从平衡机会和威胁的角度来看，是一个需要被考虑的因素。风险平衡是一个挑战，这是因为组合自身的复杂特性和固有的与风险相关的不确定的特点。并且，面对风险，组合经理应采取主动的方式，通过考虑追求机会能够带来的预期收益，确保威胁带来的潜在负面影响保持在可接受的程度。在威胁方面，组织应通过风险减轻措施预防损失，而在机会方面，通过增加产出成果的措施来最大化一个或多个收益，如提高投资回报或获利能力等。由于组合是复杂的，经常没有单一的最优解决方案。

威胁与机会、短期影响与长期影响及环境考虑（包括市场和有效技术）之间的权衡对组合组件选择和终止会有一个基础影响。这些因素的相互关系导致组合风险管理的复杂性。平衡组合组件之间的依赖关系和优先级排序经常导致风险主观认知的冲突和强化。另外，由于对有限作用效果响应战略的不确定性，确定环境的缺乏使决策过程变得更加困难。

大多数情况下，组合经理面对几个子优化解决方案，其中各种解决方案都有不同的优势和劣势，但是没有一个路线清晰的优化管理方法。为了简化，假设一个组合的风险承担是其组成部分的总和，同时忽略组合组件部分之间的相互关系和在组合层级的管理上普遍存在的外部影响。

由于与组合层级风险管理相关的复杂关系，沟通和干系人争取是组合管理计划首先要关心的。与高层管理人员的上级链、与项目集和项目管理人员的下级链，以及与组合管理和运营人员（如果包含在组合中）的沟通努力能够将共同的愿景转变为共享的目标。这为组合风险管理工作与组合元素中的下级风险管理工作的关联提供了一个架构。

10　组合监控阶段

监控是监控组合绩效和为组合构成方案、组合组件绩效符合组织标准提出变更建议的关键支持活动。监控的目的是了解何时需要对组合或组合管理流程开展变更。该流程包括决策和最终实施活动的执行、归档和沟通。

10.1　监控组合

监控组合的目的是通过监控组合确保组合和组织的战略与指标相一致，并针对以下内容做出治理决策：

（1）组合绩效。

（2）组合组件建议书及其变更建议书。

（3）资源（人力、技术与其他资产）能力与资质的有效性。

（4）资金分配与未来投资需求。

（5）风险与问题。

监控组合的关键活动包括：

（1）评估组合资源、风险、绩效和财务方面的信息。

（2）为审查与决策召开多次的和单次的治理会议。

（3）确保符合组织标准。

（4）报告组合在资源、风险、绩效和财务上的变更与信息沟通治理决策。

监控组合，可以对组合及其组件产生下列影响：

（1）作为组合治理委员会在其正式或非正式的组合治理会议上决策的结果，组合可能会更新。例如，当治理委员会做出需要新增、终止或变更一个组合组件的决定时，组合会更新。一旦治理委员会做出对当前组合某些方面进行变更的决策，该决策就需要与干系人、其他治理委员会及组合组件经理进行沟通。用来记录和沟通治理决策的方法可以是电子表格、文本文件或成为组合管理信息的组成部分。

（2）作为治理委员会就有关组合监控方法、决策跟踪或其他类型状态报告做出决策的结果，组合管理计划及其各个子计划可能需要重新修订。

（3）为了完成组合变更或实现组合交付给组织的收益最大化，可能需要依据已确定的风险/问题、措施和决策，在监控组合的过程中对组合报告进行更新，如组合绩效报告、资源技能资质和能力报告、风险/问题报告及财务信息等。

(4) 在监控组合的过程中，有可能确定需要更新的组合过程资产，如组合政策、过程与程序步骤及组合知识库。这些需要更新的资产也可能包括治理决策与未解决问题。

为了监控组合，下列因素需要考虑：

(1) 组合。为了考虑组合组件建议书、变更和资金分配，组合提供了监控组合所需的有关组合组件的关键信息。关注组合监控，是为了确保组合中的当前组件及计划的或未来的组件启动方案能够反映组织的战略和指标。

(2) 组合路线图。按照时间先后顺序组织的组合路线图，提供了需要在组合中进行监控的高层级战略方向和依赖关系。组合路线图提供了组合战略的整体视角，也是开展组合沟通的实用工具。组合路线图还显示了可能会随时间的推移而发生变化的组合组件进度表。

(3) 组合管理计划。组合管理计划提供了用于监控组合的组合管理方法，并确定了如何定义、组织、优化和控制组合。为了满足组织战略，组合管理计划记录了管理组合及其组件的预期方法。

(4) 组合报告。可以通过组合监控对组合报告进行审查，如组合绩效报告、资源技能资质和能力报告、风险/问题报告及财务信息等，以便评估组合及其各个组件，从而决定采用什么措施来最小化风险并最大化组合交付给组织的收益。

组合报告为确定组合执行是否符合预期、评估组合收益是否与组织战略保持一致提供了支持。

(5) 组合过程资产。组合监控在审查、优化、授权和控制组合时，可能需要使用组合过程资产。组合过程资产包括组合政策、过程和程序及组合知识库。这些过程资产包括历史绩效信息、治理决策和未解决问题。

监控组合需要使用的知识和技能包括，但不限于：

(1) 组合审查会议。组合审查会议由组合治理委员会主持，以审查组合的当前状态，并决定是否需要对组合及其组件做出某些决策。这些会议通常都是重复进行的正式会议，围绕重要的组合里程碑召开，或者由外部事件触发，如财务驱动因素、法规变更及重要的组合组件或可交付成果的完成。

(2) 引导技术。有多种引导技术可以用于监控组合及收集潜在问题和风险。引导技术的例子包括汇编状态报告、引导会议及开展问卷调查。

10.2 案例：文图拉公司的组合审查①

文图拉公司②（Ventura Inc.）是一家中等规模的电子仪器制造商，其产品在多个工业领域中得到广泛应用。该公司属于高科技公司（包括硬件和软件），并且面对的是一个变化不定的市场。文图拉公司有效地使用门径管理流程已经有几年的时间了（与图10－1的5阶段流程类似），并已经开始使用组合审查主导型的方法实施组合管理流程。公司的任何组合都要经过关卡2的审查。

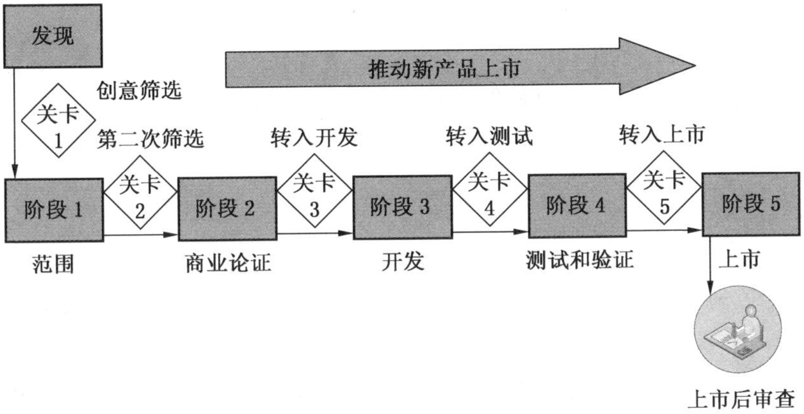

图10－1 一个典型门径管理流程概况

公司的高层管理人员（公司CEO和营销/销售部门、研发部门、运营部门、采购部门及财务部门的负责人）每年召开4次会议对组合进行审查（组合审查会议和关卡2会议被整合在一起）。会议通常持续2天，每天进行12 h。这个会议被认为是每季度最关键的高级管理会议之一。

公司有3种类型的项目：平台开发类项目、新产品类项目及改进类项目（包括修复型项目、更新型项目、成本降低型项目及调整型项目）。管理人员已经通过战略桶决策实践做出了资源划分的决定，即为新产品类项目分配50%，为平台开发类项目分配20%，为改进类项目分配30%。

① 来源：R. G. Cooper，S. J. Edgett And E. J. Kleinschmidt，PORTFOLIO MANAGEMENT FOR NEW PRODUCTS SECOND EDITION，Published by Basic Books，A Member of the Perseus Books Group，2001，PP. 293－298.

② 文图拉公司是一个虚拟的公司，但相关阐述的依据是一些使用组合审查主导型方法的类似公司的实施经验。

公司在1月2日召开了组合审查/关卡2会议。作为一个例子，这次会议仅考虑新产品类项目（与此类似的方法也同样用于其他类型的项目，除了所使用的用于分级和排序的标准彼此不同以外）。

（1）已经在进行中并处于阶段2、3、4或5的新产品项目数量为20个。

（2）另外5个新产品项目被搁置。它们是优秀项目，但是缺少足够的资源，导致在上一次组合审查会议上没有得到批准。

（3）最后，还有5个全新的新产品项目——正在完成阶段1并很快就要首次进入关卡2。这些项目的信息还没有完全得到充实，但现在已经可以为项目和组合的审查提供足够的信息。

对全部30个新产品项目，项目团队被要求提供一页内容的更新或摘要信息。文图拉公司在进行新产品项目评级和排序时使用的4个标准是：

（1）战略匹配和重要性。

（2）竞争和产品优势。

（3）技术可行性。

（4）潜在回报（财务盈利能力）。

项目团队被要求针对这4项标准分别提供更新信息。对于现有项目，他们必须重点标注出，自上个关卡和组合审查之后，这些项目所发生的主要变化。对于其他类型的项目（平台开发型和改进型），也要提供类似的更新信息，但格式要与那些类型项目排序时所使用的标准相关联。

组合审查从对30个项目的讨论开始。对一些项目的功绩仅作简要评论，而对于另一些项目，尤其是预期发生重大变化或遇到了麻烦的项目，要求项目团队安排专人向管理人员报告更新信息。初次到达关卡2的新项目的项目团队也要进行简短陈述。

在会议第2天，将新产品项目卡片贴到会议室四周墙壁上。首先要识别必须实施的项目。这些项目要么对业务很关键，要么在阶段3、4或5中进展良好并保持其可行性。在文图拉公司，领导团队的每位成员都配有大号不干胶绿色圆片，他们可以将这些绿色圆片贴在他们认为必须实施的项目卡片上。然后对项目进行讨论并按照4项标准对项目进行评级。在文图拉公司的组合审查/关卡2的会议上，在20个现有项目中选出10个必须实施的项目。将这些项目从待选项目中移出，并预留这些项目所需的季度资源（也就是将资源池中的总资源量减去必须实施的项目在下3个月中所需的资源量）。新项目或搁置项目都不会作为必须实施的项目来考虑。

接下来，文图拉公司的管理人员要识别出不打算继续实施的项目——必须要考虑对其做出淘汰决策的低质项目。这次管理人员将红色圆片贴在会议室墙上可能被淘汰的项目卡片上。对这些项目进行讨论并且按照4项标准对这些项目进行评级，这很像常规的关卡会议。项目团队成员也被邀请到会议中为管理人员提供项目更新信息并回答关键性问题。结果有4个项目彻底被淘汰：2个现有项目和2个新项目。其中2个现有项目当前占用的资源可以用于其他待选项目。

文图拉公司剩下的16个项目很难对其进行决策。一些项目已经被搁置但其发展潜力极好；还有少数项目是全新的并且前景不错，这类项目通常是新产品项目；另一些项目是正在进行中的项目，但是可以酌情选定（如不是必要的项目，也不是高优先级的项目，但仍是有价值的项目）。另外两类项目也采取同样的流程，即平台开发类项目和改进类项目，但实施流程的时间远没有这么长，只有少数几个平台开发类项目需要考虑。虽然还存在许多较小的改进型项目（更新型项目、修复型项目及降低成本型项目），但是其中许多项目被分组在一起形成一个项目集合。改进型项目的评级和排序依靠财务指数而不依靠评分模型，作为结果，这类项目的评级和排序要快很多（因为项目团队已经更新并输入了所用的财务数据和指数）。

文图拉公司的管理人员尝试在组合审查会议中对新产品项目使用关卡评分模型，根据需要更新关卡得分。在关卡会议中，评分模型将得分与一些淘汰标准相比较，这种方法在通常情况下使用效果良好；但在组合审查会议中，当对所有项目进行总体考虑时，项目得分倾向聚集在中间区域，无法充分展现项目之间的差异。作为结果，管理人员在组合审查/关卡2会议中改为强制性排序，但其使用的标准与关卡会议中使用的4项测量标准（表10-1）相同。

表10-1 文图拉公司各项标准的强制排名

项目	战略匹配和重要性	竞争和产品优势	技术可行性	潜在回报	最终项目排名分数
AB-Togg	1	3	5	2	2.75
Wolf	2	1	3	1	1.75
Sunshine	3	2	4	5	3.50
Sol	4	5	2	4	3.75
PET-2	5	4	1	3	3.25
Fox1	6	8	7	16	9.25
Rapid	7	6	11	14	9.50
Roto	8	9	8	6	7.75
Semi-One	9	7	10	13	9.75
Genie	10	16	6	8	10.00

表 10-1（续）

项目	战略匹配和重要性	竞争和产品优势	技术可行性	潜在回报	最终项目排名分数
Gemini	11	15	13	12	12.75
Gate	12	11	14	7	11.00
Fox2	13	12	6	11	10.50
Endeavor	14	13	9	10	11.50
Wonder	15	10	15	9	12.25
Elec B	16	14	12	15	14.25

文图拉公司使用了一种直观的和物理的分类技术（这也是所推荐的）。将列出了16个剩余项目的卡片（处于中间区域的项目）摆放在会议室桌面上。1号桌（第一类）是“战略匹配和重要性”，高层管理团队将16个剩余项目从“最佳”到“最差”在桌面上依次排列。需要注意的是，这是排序过程，并不是评级过程，如在战略一致性和重要性方面只有1号项目和16号项目。当对项目卡片进行分类并在桌面上移动时，需要进行大量的讨论和辩论。这是一个所有高层管理人员都参与的直观的和活跃的过程，同时将1号桌上的排序结果记录下来。

然后，管理人员转入下一个标准——竞争和产品优势（2号桌），使用同样的分类技术并将排序结果记录下来。然后继续对其余的两项标准（技术可行性和潜在回报）重复执行上述过程，并在每次分类后将排序结果记录下来。

最后，制作所有项目的汇总电子报表供全体人员查看。基于前述4个类别的排序情况（图10-2），将16个项目以清单的格式（从数字1到16）展现出来。最后一轮排序所要考虑的，包括完成整个项目所需的开发资源及下一个季度所需的资源。对项目不断地进行排序，直到下一个季度的资源耗尽（需要注意的是，每一个季度对新产品项目都有资源限制——之前确定的战略桶）。一条线被划定，在该线上面的项目被设定为继续进行的项目；在该线下面的项目被搁置下来。至此，所得到的结果是项目的暂定组合或项目的首次资源分配清单。

文图拉公司的管理人员会问：“如果我们继续沿上述尝试性组合走下去，那么组合会是什么样呢?”流程经理迅速将已选出来的项目、没有纳入清单的项目（暂定的搁置项目）及每个项目各自的资源需求信息输入计算机，然后使用组合软件在会议上展示各种组合图表，让管理人员能够直观地感受到他们选出来的组合。

管理人员注意到存在一些不平衡性。尽管他们努力恪守原则，但还是批准了太多的改进型项目，并且分配给产品线 X 的资源过少。接下来继续讨论并对组合进行一些调整。一些改进型项目被从实施项目清单中移出，同时一个作为产品

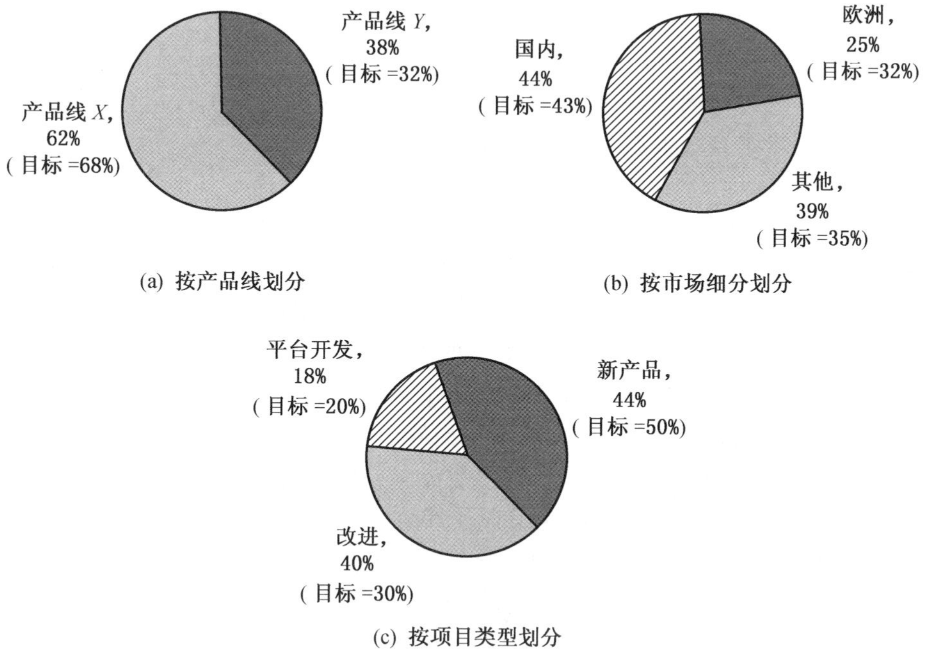

图 10－2 文图拉公司组合概况（首轮方案）

线 X 的新产品项目被从搁置项目清单中挑选出来。图 10－2 得到了相应的修改，并且管理人员非常欢迎第二轮的结果（其图表没有展示）。组合中包含了一组高价值项目，这些项目是根据评分模型和财务指数进行排序后选出的。在这些项目中包含了战略一致性项目，同时依据项目类别、市场划分和产品线对这些项目进行了适当的平衡。总之，支出构成反映了业务的战略优先级。为期两天的组合审查/关卡 2 会议结束了。项目组合被确定下来。

10.3 审查和报告组合绩效

审查和报告组合绩效的目的是收集绩效指标，按绩效指标编制报告，并按一个合理的预定义的频度审查组合，从而确保二者与组织的战略和有效资源使用保持一致。审查的目的是确保组合只包含支持战略目标实现的组件。为了实现这一目的，组件的增加、重新排序及从组合中移出一定要以它们的绩效为依据，并持续地与已明确的战略保持一致，从而确保组合的有效管理。

绩效报告和分析涉及识别、捕获和分发支持组合决策的进展更新、趋势和模式的数据及相关分析。能力和技能资质相关测量标准的适应、选择和频率受到组合和组织文化的规模、复杂性和自身特性的限制。

能力和技能资质相关测量标准对组合管理来说特别重要，它们对建立能够促进未来战略规划生命周期或组合管理活动的历史数据知识库也特别有价值。

审查和报告组合绩效包含下列活动：

（1）按照组织治理标准，审查组件的发起建议、责任及其他责任标准。

（2）按照组合控制标准及组织的预期价值和投资标准，审查组件的优先级、依赖关系、范围、预期回报、风险和财务绩效。

（3）审查商业预测、资源使用及能力约束条件对组织绩效的预期影响。

（4）确定是否继续、增加或结束某些特定组件，或重新排序这些组件并对它们进行调整，使其与战略目标保持一致。

（5）对组件管理提出建议和/或给予指导。

（6）对如何进行组合管理提出变更建议（按需要）。

审查和报告组合绩效，可以对组合及其组件产生下列影响：

（1）基于审查结果，组合管理团队向受影响组件的负责人下达指令。这些指令可能采用继续、优先级或依赖关系的重新调整、资源再分配、暂停或结束的形式。

（2）审查的目的是确保组织继续仅将资金投给支持战略目标和指标的组合组件，并确认这些投资仍然保持在实现战略目标和指标的轨道上。审查过程的一个周期性输出可能是重新调整或中止对一个现有组合组件的拨款，或在组合中建立一个新组件。如果或当组合团队认为组合再平衡可能是必要时，可能需要请求组件变更过程。

（3）相对于组织中对组件的指令是自上而下的，对业务的建议则是自下而上的。基于来自组件的反馈及从审查中得出的结论，组合管理团队可以识别新的或发生改变的值得高层领导关注的动态。这些建议可能包括对战略计划、组件选择标准或组合审查过程自身的变更。

（4）随着组织的发展，选择、评估和优先排序标准也会发生变化，而组合审查过程正是对这些标准进行评估的过程。如果选择标准使组件不能产生预期产出成果，则组织应改善这些组件标准，以便提高组合管理过程的价值提升能力。

（5）与组件选择标准一样，组织一定要确定它是否在使用正确的标准进行决策。视具体情况，组合管理团队一定要确定，当需要时，组件结果是否正在由所选定的标准驱动，是否使用了新的或经过改善的测量标准。

（6）组合管理团队周期性地提交报告，或按照实现组织目标或按照组合对组织的收益交付所要求的提交报告。

为了审查和报告组合绩效，下列因素需要考虑：

（1）组合数据。在组合生命周期过程中，与组合相关的数据需要定期更新，并提交给管理人员评估。这些信息包括，但不限于：进展与计划、预算、预期投资回报及优先排序等。

（2）资源分配和能力数据。在这一背景下的资源包括，如财务能力、人力资源和生产能力等。应检验全部资源类别的能力，以便经理在选择和评估组件时，有能力做出优先排序和分配的决策。

（3）环境约束条件。当某一指令或某一影响超出了组织能控制的范围时，应引入外部约束条件。组合经理通常无法控制环境约束条件，最多只能对其发挥有限的影响。环境约束条件的例子包括政府法规、利率及季节性天气等。

（4）组织治理的标准、控制和约束条件。组织治理标准是组织用于管理组合和制定决策的规则，如人力资源政策或组织战略。控制业务过程的常规检查点，如财务控制或预算和分配过程。约束条件可能包括组织结构。组合经理通常无法控制组织的约束条件，但是他们可能有能力对它们施加影响。

（5）评估和选择标准。组合审查使用评估和选择标准确定一个具体的组件是否应该保持作为组合的一部分或被另一个组件替换，从而帮助组织实现它的目标。

（6）关键绩效指标（KPI）更新。组合管理团队使用 KPI 进行测量，以便确定一个组件的进展是否符合预期，其结果是否与组织预期保持一致。

（7）战略目标和战略。组合管理团队应通过调整保持每一个组件与组织战略目标保持一致。如果没有达成这种一致，管理人员应质疑为什么稀缺资源被占用，为什么组件能够获得资金。战略是组合构成方案的基础，任何战略变更都需要进行审查，以确保全部组件与战略的持续一致性。当重要变更需要执行时，如收购或重组一个企业，组织可能还要审查它的选择标准并对全部组件进行优先排序。

（8）组合管理标准。组合经理在管理组合时会使用一些特定的指标、约束条件或指导方针。可能的例子包括多元化投资指标和风险承受能力阈值。

每个组合都应识别用于监控的绩效报告过程，这些过程将会增加每个需要被管理的项目和项目集的价值，并确保组合审查和绩效报告过程能够得到成功执行。每个组合都应识别能够从定量或定性的角度提供可测量绩效数据的审查和报告工具和技术。

审查和报告组合绩效需要使用的知识和技能包括，但不限于：

（1）项目/组合管理系统。组合管理系统通常采用电子技术来管理，是处理组件层级信息的中央数据仓库，这些组件层级的信息可以经过汇总用于管理分析和决策。该系统可以与组件使用的系统和应用进行信息交换。

（2）财务报告系统。与组合管理系统类似，财务报告系统提供经理使用的数据，以便确定组合中的组件是否应该被移出、重新排序或重新调整。

（3）绩效测量技术。每个组合都应指定通过报告工具实现的绩效测量技术，该技术应符合明确的和可重复的业务规则。

绩效测量技术应包括支持项目及其商业论证的分析和/或业务规则。

① 进展测量技术。组合层级使用的工具和技术与组件层级使用的工具和技术类似，如挣值管理。

② 价值测量技术。组合同样也对由组件进展产生的价值及组件如何为战略目标做出贡献感兴趣。这就是使用绩效指标进行管理之处，也是组织可能使用以测量战略绩效的模型。

（4）图形表示法。进展测量技术同样也可以使用图形表示法帮助进行预期和/或计划情况与实际情况的比较。

经常使用的工具是“交通信号灯”。这一工具将绩效结果与计划/预期的价值进行比较，通过代表不同指标的3种颜色的代码，显示大家都可接受的并在图形中定义的已识别范围：

① 绿灯。当前的进展情况及其预测与预期结果相符。

② 黄灯。遇到/感受到一些困难，但已制定了可能或已经得到执行的有效纠正措施。

③ 红灯。发生了必须修改计划或紧急干预的严重问题，可能包括需要推迟或结束某一组件。

“雷达图”同样也可以被用于进行项目进展与其预期绩效和/或组合总体绩效标准的比较（图10－3）。

相同类型的图形工具可以用于对几个进展中的组件进行比较，包括组件自身之间的比较或与预设定的组合总体绩效指标进行比较。例如，为了查看与具体标准相关的总体趋势，并揭示可能影响组合总体的系统问题，这些工具可能会被使用。

通过使用新的当前组件的绩效结果及其他特性，可以绘制类似于图9－1或图9－2的泡泡图。这些泡泡图可以与先前平衡步骤的结果进行比较，以便查看组合及其组件随时间推移的进展情况，并确保预期的总体平衡和一致性得到维护。

（5）组合管理资源。依赖于组织的规模和复杂程度，管理组合的可能是一个人或一个团队，并且负责对组件进行决策的可能是某一高层管理人员或获得特别授权的审查委员会。组合经理应负责协调跨越每一组件的绩效审查和报告的角色和责任。

（6）组合管理绩效偏差/报警技术。偏差/报警技术应提供内容支持，并遵循组合中涵盖项目集和项目的标准化格式。

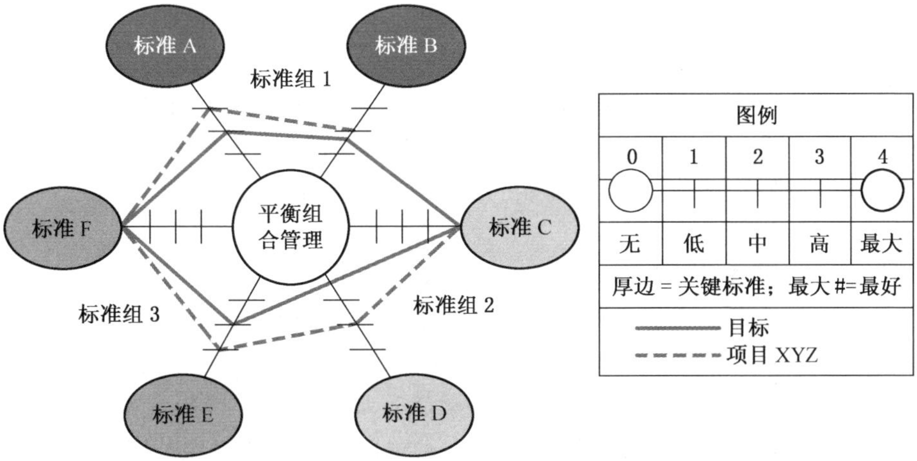

说明：审查 XYZ 项目，脱离目标的项目提交给高管讨论。图中符号“#”代表数字，数字最大代表最好。

来源：Project Management Institute, Inc., THE STANDARD FOR PORTFOLIO MANAGEMENT THIRD EDITION, Published by Project Management Institute, Inc., 2013, P. 101.

图 10-3 将项目与绩效标准进行比较

10.4 监控组织战略变更

监控组织战略变更的目的是使组合管理团队能够对商业战略变更做出响应。对战略计划增量性的变更通常不需要组合进行相关变更。然而，有关商业环境的重要变更常常导致新的战略决策，从而对组合产生影响。有关战略方向的重要变更将影响组件的分类或优先级排序，并且这将需要对组合进行再平衡。

监控组织战略变更，可以对组合及其组件产生下列影响：

当组织内部或外部的环境发生改变时，用于确定组合构成和方向的标准也可能需要改变。新的领导人可能要根据不同的目标调整商业战略。市场成熟度或部门关注点的改变可能需要不同的财务利润阈值。当对新标准的需求变革越来越明显时，组合团队需要检查战略计划中的当前标准并进一步做出适当改变，通常首先关注组件分类。如果战略变更没有发生，则下一步工作将会专注于组合的平衡。

为了监控组织战略变更，下列因素需要考虑：

（1）组合周期性报告和审查。组合周期性报告和审查过程提供了有关组合和组件绩效的信息及对组织的建议。

（2）战略计划更新。战略计划被组织用于调整它的组织和预算结构，使其与组织的优先级、使命和指标保持一致。

跟踪和记录战略变更的工具和技术专注于帮助组织有效地考虑随着时间的推移而产生新的商业条件。这些将有助于测量基于组织战略新条件的作用效果，并确定对这些变更的适当响应。这可能包括落实新的标准/指标和/或新的用于评估组合权重及调整和平衡它的当前组件或新要求的组件，以便对战略变更做出响应。

监控组织战略变更需要使用的知识和技能包括，但不限于：

（1）专家判断。专家判断常常用于评估战略变更是否将要发生及对当前组合会产生哪些影响。

（2）标准化再权衡。改变商业条件可能有必要重新考虑用于调整和监控组合及其组件的原始标准。这将导致分配给关键指标和标准的权重发生改变，和/或增加用于组件后续再平衡以便能够处理新商业条件的新标准。

（3）图形展示。组合管理团队可以使用图形展示说明在商业条件改变之后所需的对组合管理标准的变更。图 10－4 是两个标准权重调整后发生的变化，正如标准 A 和标准 B 上的黑色圆圈，调用了由于新的商业条件导致的对原始权重的变更。这导致对组合管理使用的 6 个标准中的两个重新进行加权。

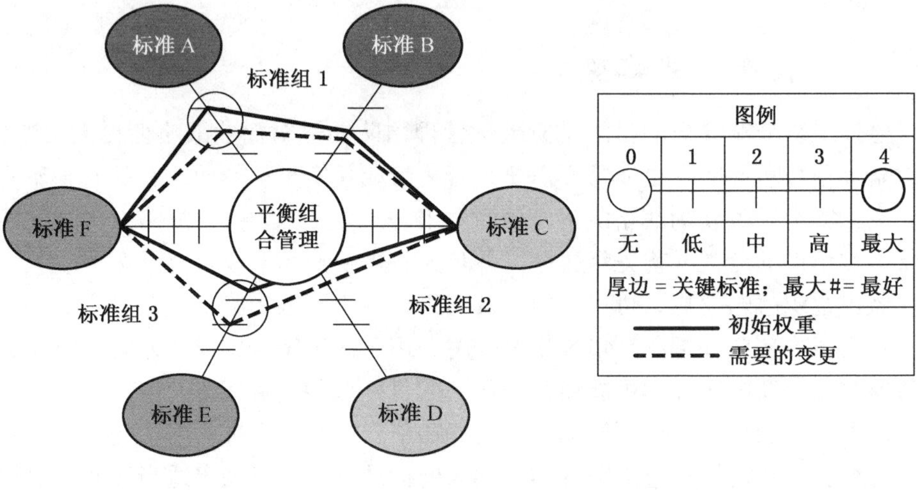

说明：业务权重变更，新业务条件对两个标准的权重提出变更需求。

来源：Project Management Institute，Inc.，THE STANDARD FOR PORTFOLIO MANAGEMENT THIRD EDITION，Published by Project Management Institute，Inc.，2013，P. 101.

图 10－4　两个标准权重调整后发生的变化

10.5　监控组合价值

价值测量框架定义了组合价值将怎样测量。应认识到报告价值是组织的一个基本行动方针，测量绩效的关键是要与共识的价值测量框架、有效的干系人认可和执行中的透明性相符。在项目集组件中，价值通常由项目集实现的收益来定义，从而使收益实现分析成为一项重要的技术。作为可执行的组件，如项目集和项目，当开始交付时，很可能要及时启动对这些可交付成果所带来收益的测量。组合经理应在这些受可交付成果影响的组件中使用适当的测量方法，并且持续地获得它们的报告及按计划实现收益的进展情况。

组合价值报告提供有关组合绩效和预测方面的信息。这些报告也包括偏差识别、偏差分析及纠正措施或优化的建议。每一个组合组件都应主动地跟踪它的交付价值，并预测价值风险承受能力及当前的风险等级评估。报告可以涉及不少议题，每个议题都会比前一个议题更加政治化包括，但不限于下列议题：

（1）风险报告。这包括风险状态，以及如果风险发生，可能对组合价值产生的影响。

（2）为获得组合所需产出成果而需要的成本。这些成本应是基于客观事实的。

（3）任何成本改变的理由。可以由一些客观事实构成，但是在许多组织中，困难可能是如何就改变的理由达成一个普遍共识。

（4）组合组件之间实现的成本协作。协作可以是正面的（减少成本）或负面的（增加成本）。多数情况下，它们的识别和报告不可能是完整客观的。投资或撤资的决策过程可能导致领导人直觉与经验数据的整合，被用于各种组合组件资源中的沉没成本可能导致整个组合或多个组合的净成本保护。

（5）组合实现的价值。这不可能是完整客观的。在4.5节已经解释了环境的复杂性怎样导致由其他因素引起的组合影响彼此不再孤立。干系人对价值测量框架及执行一致性和透明性的认可有助于达成一致。

（6）任何价值改变的理由。这些不可能是客观的。服务绩效受到专注于提高价值的项目集绩效和包括组织战略及任何无法控制的环境变化的挤压。

10.6　监控组合风险

一旦计划的风险响应措施被纳入风险管理计划，组合团队便可以执行这些措施。监控组合风险的目标是在组合执行期间确保对组合不确定性的有效控制。它包括下列活动：

（1）保持对已识别风险的跟踪，包括记录在观察清单中的风险。

（2）监控触发条件，并且必要时请求相应的应急计划。

（3）监控残余风险。

（4）重新分析现存风险。

（5）审查风险响应措施的执行情况，同时评估它们的有效性。

（6）识别、分析和计划新发生的风险。

监控组合风险过程应用技术，需要使用在组件执行过程中产生的绩效数据的偏差与趋势分析。伴随其他风险管理过程，该过程是跨越全部组合生命周期的持续进行的过程。监控组合风险过程的其他目的还包括确定下列问题：

（1）组合假设条件是否依然有效？

（2）当评估组合风险时，是否需要依据趋势分析改变它的状态？

（3）当前的风险管理政策和过程是否要遵循？

（4）为保持与风险一致，成本或进度的应急储备是否需要修改？

监控组合风险过程还包括选择备选策略、执行应急或回退计划、执行纠正措施及修改组合管理计划等。风险责任人定期向组合经理报告计划执行的有效性、未预料到的风险及为处理相应风险所需的中间纠正措施。监控组合风险过程还包括更新组织过程资产，如有益于未来组合活动和项目的经验教训数据库及风险管理模板。

监控组合风险，可以对组合及其组件产生下列影响：

（1）一个更新的风险登记册包括：

① 风险再评估、风险审计和定期风险审查的产出成果。这些产出成果包括对风险登记册中的概率、影响、优先级、响应计划、责任人及其他元素的更新。这些产出成果还包括关闭不再适用的风险。风险经理可以将这些信息整合进入由审查和报告组合绩效过程所生成的风险状态报告。

② 组合风险和风险响应措施的记录。组合/组件经理应记录组合风险和风险响应措施的实际产出成果。这可以帮助经理为未来组合组件及其组织制订风险计划。

（2）执行应急计划或工作措施常常引起变更组合管理计划以响应风险的需求。如果得到批准，组合经理应将这些变更整合进入执行中的含有监控组合风险过程的组合管理计划。

（3）执行组合风险监控过程可以产生可用于管理组合的信息，并且这些信息应放入组织过程资产的目录中。来自组合风险监控活动的经验教训可以用于充实组织的经验教训知识库。类似的，组合经理可以记录组件实际成本和持续时间的数据，以供将来使用。

为了监控组合风险，下列因素需要考虑：

（1）组合管理计划。这个过程的关键输入包括人员分配、时间及组合风险管理的其他资源。

（2）组合风险登记册。风险登记册列出了已识别的风险和风险责任人、已协商达成一致的风险响应措施、具体的执行措施、风险征兆和报警信号、残余和次生风险、低优先级风险观察清单及时间和成本的应急储备。

（3）战略目标实现报告。组件经理应定期向组合经理报告组合的进展是否与它的战略成功标准保持一致。组件经理需要解决与计划绩效的显著偏差。

（4）组件数据。有关组件进展、交付和关闭的信息提供了可能影响风险管理过程的工作绩效信息。

监控组合风险需要使用的知识和技能包括，但不限于：

（1）组合风险评估。监控组合风险过程常常需要使用其他适用的风险过程来识别新风险及分析和响应计划。组合风险评估应定期实施或与组合生命周期的一些特定事件相关联。例如，如果出现了之前在风险登记册中没有考虑到的并且也没有纳入观察清单中的风险，或者风险对指标的影响与预期影响不同，已纳入计划的响应措施可能是不够的。因此，有必要制订一个附加响应计划以控制风险。

（2）组合风险审计。风险涉及检查和记录已识别风险的风险响应措施的有效性及其根本原因，以及风险管理过程的有效性。

（3）偏差和趋势分析。组合经理应使用绩效数据审查组合执行的趋势。这些分析的产出成果可以帮助预测组合与战略指标的长期潜在偏差。与基准计划的偏差可能揭示了威胁或机会的潜在影响。趋势对于早期响应措施有效性的评估也是很有用的。

（4）状态会议。组合风险监控应是定期状态会议上的一个议程项。基于已识别的风险、风险优先级及响应措施的难度，开展这类讨论的周期会有所变化。

参 考 文 献

[1] Project Management Institute, Inc.. THE STANDARD FOR PORTFOLIO MANAGEMENT FOURTH EDITION [S]. Newtown Square, PA, Project Management Institute, Inc., 2017.

[2] Project Management Institute, Inc.. THE STANDARD FOR PORTFOLIO MANAGEMENT THIRD EDITION [S]. Newtown Square, PA, Project Management Institute, Inc., 2013.

[3] Project Management Institute, Inc.. THE STANDARD FOR PORTFOLIO MANAGEMENT SECOND EDITION [S]. Newtown Square, PA, Project Management Institute, Inc., 2011.

[4] R. G. Cooper, S. J. Edgett, E. J. Kleinschmidt. Best Practices for Managing R&D Portfolio [J]. Research – Technology Management, 1998, 41 (4): 24.

[5] R. G. Cooper, S. J. Edgett, E. J. Kleinschmidt. PORTFOLIO MANAGEMENT FOR NEW PRODUCTS SECOND EDITION [M]. Cambridge, MA, Basic Books, A Member of the Perseus Books Group, 2001.

[6] 李雪峰. 投资组合管理 [M]. 北京：清华大学出版社，2015.

[7] 汪小金. 项目管理方法论 [M]. 2 版. 北京：中国电力出版社，2015.

[8] Project Management Institute, Inc.. THE STANDARD FOR PROGRAM MANAGEMENT FOURTH EDITION [S]. Newtown Square, PA, Project Management Institute, Inc., 2017.

[9] Project Management Institute, Inc.. THE STANDARD FOR PROGRAM MANAGEMENT THIRD EDITION [S]. Newtown Square, PA, Project Management Institute, Inc., 2013.

[10] Project Management Institute, Inc.. A Guide to the PROJECT MANAGEMENT BODY OF KNOWLEDGE (PMBOK GUIDE) Sixth Edition [S]. Newtown Square, PA, Project Management Institute, Inc., 2017.

[11] Project Management Institute, Inc.. A Guide to the PROJECT MANAGEMENT BODY OF KNOWLEDGE (PMBOK GUIDE) Fifth Edition [S]. Newtown Square, PA, Project Management Institute, Inc., 2013.

[12] Project Management Institute, Inc.. ORGANIZATION PROJECT MANAGEMENT MATURITY MODEL (OPM3) KNOWLEDGE FOUNDATION Third Edition [S]. Newtown Square, PA, Project Management Institute, Inc., 2013.

[13] Project Management Institute, Inc.. IMPLEMENTING ORGANIZATIONAL PROJECT MANAGEMENT: A PRACTICE GUIDE [S]. Newtown Square, PA, Project Management Institute, Inc., 2014.

[14] Project Management Institute, Inc.. MANAGING CHANGE IN ORGANIZATIONS: A PRACTICE GUIDE [S]. Newtown Square, PA, Project Management Institute, Inc., 2013.

[15] Project Management Institute, Inc.. GOVERNANCE OF PORTFOLIOS, PROGRAMS AND PROJECRS: A PRACTICE GUIDE [S]. Newtown Square, PA, Project Management Institute, Inc., 2016.

[16] Project Management Institute, Inc.. NAVIGATING COMPLEXCITY: A PRACTICE GUIDE

[S]. Newtown Square, PA, Project Management Institute, Inc., 2014.

[17] 张富民，王洪琛，许江林. 高效运作项目管理办公室 PMO 实践、案例和启示 [M]. 北京：电子工业出版社，2011.

[18] N. Archer, F. Ghasemzadeh. Project Portfolio Selection Techniques: A Review and a Suggested Integrated Approach [G]. Innovation Research Centre Working, McMaster University, 1996: 46.

[19] R. G. Cooper, S. J. Edgett, E. J. Kleinschmidt. New Problem, New Solution: Making Portfolio Management More Effective [J]. Research – Technology Management, 2000, 43 (2).

[20] R. G. Cooper, S. J. Edgett, E. J. Kleinschmidt. Portfolio Management – Fundamental to New Product Success, PDMA New Product Development Tool Book [M]. New York Wiley & Sons, 2002.

[21] F. Ghasemzadeh, N. Archer. Project Portfolio Through Decision Support [J]. Decision Support Systems, 2000 (46): 73 – 88.

[22] J. Taggart, T. Blaxter. Strategy in Pharmaceutical R&D: A Portfolio Risk Matrix [J]. R&D Management, 1992, 22 (3): 241 – 54.

[23] B. Jackson. Decision Methods for Selecting a Portfolio of R&D Projects [J]. Research Management, 1983, 26 (5): 21 – 26.

[24] American Productivity and Quality Center. Portfolio Management: Optimizing for Success [M]. Houston, TX, American Productivity and Quality Center, 2007.

[25] Blomquist, T., Muller, R.. Middle Managers in Program and Project Portfolio Management: Practices, Roles and Responsibilities [M]. Newtown Square, PA, Project Management Institute Inc., 2006.

[26] Enterprise Management Council. Project Portfolio Management: A View from the Management Trenches [M]. Hoboken, NJ, John Wiley & son, 2009.

[27] Te Wu, Panos Chatzipanos. Implementing Project Portfolio Management [M]. Newtown Square, PA, Project Management Institute, Inc., 2018.

[28] Lain Fraser. The Business of Portfolio Management [M]. Newtown Square, PA, Project Management Institute, Inc., 2017.

[29] Peerasit Patanakul, Audrey Curtis, Brian Koppel. Effectiveness in Project Portfolio Management [M]. Newtown Square, PA, Project Management Institute, Inc., 2013.

[30] Joana Geraldi, Mario Arlt, Visuals Matter. Designing and Using Effective Visual Representations to Support Project and Portfolio Decisions [M]. Newtown Square, PA, Project Management Institute, Inc., 2015.

[31] Project Management Institute, Inc.. The Standard for Risk Management in Portfolios, Programs and Projects [S]. Newtown Square, PA, Project Management Institute, Inc., 2019.

[32] Project Management Institute, Inc.. The Standard for Organizational Project Management (OPM) [S]. Newtown Square, PA, Project Management Institute, Inc., 2018.

[33] Project Management Institute, Inc.. Project Portfolios in Dynamic Environments: Organizing for Uncertainty [S]. Newtown Square, PA, Project Management Institute, Inc., 2012.

图书在版编目（CIP）数据

项目组合管理原理与方法 / 李京基编著. -- 北京：应急管理出版社，2019

ISBN 978-7-5020-7885-0

Ⅰ. ①项… Ⅱ. ①李… Ⅲ. ①项目管理 Ⅳ. ①F224.5

中国版本图书馆 CIP 数据核字（2019）第 288243 号

项目组合管理原理与方法

编　　著　李京基
责任编辑　刘永兴　杨晓艳
责任校对　孔青青
封面设计　于春颖

出版发行　应急管理出版社（北京市朝阳区芍药居 35 号　100029）
电　　话　010-84657898（总编室）　010-84657880（读者服务部）
网　　址　www. cciph. com. cn
印　　刷　中煤（北京）印务有限公司
经　　销　全国新华书店

开　　本　710mm × 1000mm $^{1}/_{16}$　**印张**　$18^{3}/_{4}$　**字数**　350 千字
版　　次　2019 年 12 月第 1 版　2019 年 12 月第 1 次印刷
社内编号　20192789　**定价**　68.00 元
